Michio Kaku

The Future of Humanity

人类的未来

移民火星、星际旅行、永生以及人类在地球之外的命运

[美] 加来道雄 著
徐玢 尔欣中 译

中信出版集团 | 北京

图书在版编目（CIP）数据

人类的未来 /（美）加来道雄著；徐玢，尔欣中译
. -- 北京：中信出版社，2019.7
书名原文：The Future of Humanity
ISBN 978-7-5217-0579-9

I. ①人… II. ①加… ②徐… ③尔… III. ①科学知识—普及读物 IV. ① Z228

中国版本图书馆 CIP 数据核字（2019）第 091544 号

人类的未来

著　　者：[美] 加来道雄
译　　者：徐玢　尔欣中
出版发行：中信出版集团股份有限公司
（北京市朝阳区惠新东街甲 4 号富盛大厦 2 座　邮编　100029）
承 印 者：北京诚信伟业印刷有限公司

开　　本：787mm × 1092mm　1/16　　印　　张：23　　字　　数：248 千字
版　　次：2019 年 7 月第 1 版　　印　　次：2019 年 7 月第 1 次印刷
京权图字：01–2019–1580　　广告经营许可证：京朝工商广字第 8087 号
书　　号：ISBN 978–7–5217–0579–9
定　　价：69.00 元

献　给

我挚爱的妻子静江

以及我们的女儿米歇尔和艾莉森

目 录

第三部分
宇宙中的生活

推荐序一

“我是谁？我从哪里来？我要到哪里去？”被视为人类思考的终极问题。人类作为宇宙中的一员，必然也与宇宙的终极问题紧密相关。茫茫宇宙，浩瀚星空，自古至今，吸引了很多人思考着宇宙的终极问题。2 000多年前，屈原就在《天问》中写道：“遂古之初，谁传道之？上下未形，何由考之？”试图追问宇宙诞生之理。

纵观人类历史，在智人走出非洲的几十万年间，人类凭借着肉眼直接观察宇宙，得到的认知非常有限。一直到大约400多年前的17世纪初，望远镜的偶然发明为我们认识宇宙打开了一扇新的窗口，认知的边界在缓慢扩大。到了20世纪20年代，人类对宇宙的认知加速，并且发生了翻天覆地的变化。美国天文学家哈勃通过当时世界上最大的2.5米的胡克光学望远镜，发现仙女座星云原来是一个河外星系，从而验证了岛宇宙模型的正确性。之后不久，哈勃又发现了更为重要的宇宙膨胀现象，为之后的宇宙大爆炸理论提供了观测基础，而60年代宇宙微波背景辐射的发现，最终使得“屈原之问”得以解答。

在宇宙起源问题得以回答之后，科学家们开始尝试回答关于人类自身的问题——我是谁？我从哪里来？美国天文学家卡尔·萨根说

“人是星尘”，但没有生命的有机物是如何演化成具有鲜活生命的个体的？随着生物技术能够在基因层面上进行操作，回答这些问题逐渐变得可能。

要想回答“我要到哪里去”这样的问题，涉及知识非常广。现在看来，要想回答这个问题的基本知识差不多均已具备，由美籍物理学家加来道雄所写的这本《人类的未来》就是试图对这一问题进行解答。说实话，在看到这本书之前，我从来没有认真地考虑过人类作为一个种族的命运，也从来没有仔细地思考过地球不太适合人类居住这样的问题。

不知是不是刚刚过完生日的缘故，最近有一个问题时常在我的脑海里盘旋：“我还能活多久？”按照中国最新的平均寿命来算，我的人生已经过半了。死亡，自古以来都是一个令人畏惧的话题。古有徐福寻仙、葛洪炼丹，古埃及人做木乃伊，都是为了追求肉体或精神上的长生不老。如今，追求长生不死、青春永驻依旧是生物学的重要研究课题之一。虽然不时有生物学家说人类即将通过某种手段获得永生，但是这些人中的绝大多数只是为了吸引眼球而已，至少目前生老病死依然是一个无法打破的自然规律。对一个人如此，对于一个社会、人类文明亦如此。本书作者曾采访过经典科幻小说《基地三部曲》的作者阿西莫夫。当被问到为何要写这部小说时，阿西莫夫说，因为他在曾盛极一时的罗马帝国的兴衰中想到了人类。而这一回答也是激发本书作者从科学角度撰写人类未来的一个动机。

本书所撰写的人类未来的时间尺度可以说是相当的长，可能是几万年、几十万年，也可能是几十亿年，更可能是上百亿年。相较于我们人类自身的寿命，这里涉及的时间尺度可谓异乎寻常地长，长到现在看来我们似乎无须考虑，甚至看起来有点杞人忧天。然而，为了遥远的某一天，人类可以顺利地离开无法生存的地球，地球上的人类必须从现在开始着手准备。

区别于地球上其他生物，人类最大的优势在于能够使用技术。所以当地球面临灾难，不太适合人类居住之时，人类就有希望利用科技手段离开这个星球，找到新的集聚地，从而让人类的生命基因在宇宙中得以延续。

为了离开地球并到达我们的目的地，我们需要足够先进的航天技术。本书的开始章节介绍了人类火箭技术的发展历史，以及探索太阳系不同星球的雄心。

在电影《星际穿越》中，也有人类探索宜居星球的类似场景。当时地球面临灾难，美国宇航局派出宇航员去寻找可能的人类未来栖息地，最终失败而归，令人很是遗憾。不过地球上的天文学家早已未雨绸缪，做着这方面的探索。自从 90 年代起，天文学家通过多方面的努力，已经探测到将近 4 000 颗系外行星，而其中有 10 多颗与地球非常类似，并且宜居，很有可能成为人类未来移居的目的地。可以预见，进行星际旅行时所需要的技术肯定会与我们目前所使用的技术完全不同，否则我们将很难抵达最终的目的地。本书中，作者也就未来的各种可能技术做了一番总结，包括虫洞和曲率加速等。

在电影《星际穿越》中，人类利用人造虫洞快速抵达了距离银河系 130 亿光年之外的地方。未来的人类是否能够具有这样的能力，或许这与一个文明的智能程度有很大关系，这也是本书探讨的主题之一。

在移居其他星球之前，人类还面临着一个很重要的问题，那就是，让人类延续是要同时保留人类的肉体形式，还是仅仅让人类的意识以数字形式存在？而且很有可能，其他星球上的环境会与地球有所不同，我们的身体很可能不太适应新的环境，那么这将需要我们人类对基因进行相应的改造。

尽管我在余生无法看到书中所畅想的种种未来，然而我还是为作者所描述的未来而激动。或许，地球环境终有一日会变得极度恶劣，人类将无法在地球栖居，然而在未来航空和众多技术的帮助下，人类会像蒲公英一般，在我们的这个宇宙中，甚至在其他的多重宇宙中繁衍生存下去。这本书是我看过的众多类似主题的书中写得最好的一本，有一种一旦开始、就想一股脑全部读完的冲动。如果你偶尔动了宇宙之心，而且对人类的未来命运感兴趣，那么读完此书，你肯定能得到一些意想不到的收获。故推荐之。

中国科学院国家天文台研究员、《中国国家天文》杂志执行总编

苟利军

推荐序二

科学家眼中的未来

畅谈过《爱因斯坦的宇宙》《平行宇宙》，说到过《超空间》《不可思议的物理》，展望过《物理学的未来》《心灵的未来》，雄心勃勃的美籍日裔物理学家加来道雄又将注意力转向对人类终极命运的探索，推出了新作《人类的未来》。其主旨依然关涉科学怎样决定人类的命运并改变我们的生活，以及我们应该怎样应对未来的各种挑战。

身为理论物理学家和弦理论创始人之一的加来道雄，可谓知名科学家中的一个另类。他科研做得很棒，在学界广有影响；他所撰述的多部科普著作十分畅销，广受赞誉；他还长年主持一档全美联网的科学广播节目，以科学家严谨的态度阐释科学。他甚至以记者的身份去采访他的科学家同行，进行富有启示的对话、交流，这样做打开了他观察世界的全新视野，同时大大拓展了他的研究、思考的疆界。这在某种程度上也形成了加来道雄作品的一种独特品质。

加来道雄认为，完全准确地预测将来是不可能的，最好的方式就是钻进处于科学研究的前沿、正在为创造未来而辛勤工作的科学家的大脑里，他们是使人类文明发生变革的人。他坦言，他的书之所以精确，很大程度上受益于他为写书而采访过的很多科学家的智慧和远见。我们来看，在《人类的未来》一书中，类似这样的话语比比皆是：

> 我曾经就这一问题采访过已故的天文学家卡尔·萨根，询问他对这种威胁的看法。他向我强调，“我们生活在一个宇宙的打靶场中”，被潜在的危险包围着。他告诉我，一颗小行星早晚会撞击地球，一切只是时间问题。
>
> 我曾问过古斯博士，是否有可能在实验室里创造出一个婴儿宇宙。他回答说自己确实做了相关计算，这必须在某一点集聚大量的热量。如果在实验室里形成了婴儿宇宙，它会在大爆炸中剧烈爆炸。
>
> 马文·明斯基曾为人工智能写下一些奠基性论文。他在20世纪50年代曾做出乐观的预测，但他在我最近的一次采访中透露，他不再愿意预测具体日期，因为人工智能研究人员过去常常犯错误。
>
> 发明家、畅销书作家雷·库兹韦尔是最佳愿景的一位支持者。每次我采访他时，他都会描述一个清晰、富有吸引力但充满争议的未来愿景。他相信，到2045年，我们将到达“奇点”，即机器人的智力水平与人类相当或超越人类的时间点。

加来道雄作品的另外一个鲜明特色，是常常穿插讲述大量的科幻故事和构想。他将其视为一种“讲授技巧”，并坦承这是受到了一位物理学同行多年前在一次演讲中谈及科学普及工作时的启发。

当代前沿科学，尤其是物理学中一些非常重要而又艰深的思想，往往因为难以形象浅显地解说而不易为公众所了解。40 多年前，诺贝尔物理学奖得主伊西多尔·拉比在一次有关物理学的讲座中，有感于美国科学教育的糟糕状况，批评物理学界在向公众，特别是青少年普及科学进展上忽视了自己的职责。他甚至告诫道：科幻作家们比所有的物理学家做了更多的科学普及工作。

如何让复杂的科学概念变得通俗易懂？科幻小说的阅读体验给加来道雄带来了灵感启示。他早已注意到，一些在过去属于科幻范畴的概念，如时间旅行和平行宇宙，现在已被物理学家重新评估。回想 150 年以前那些被当时的科学家宣布为“不可能”的科技，如今又有多少已经发展成为我们日常生活中的一部分？同时正是基于在自己的人生历程中，已经一次又一次目睹了看起来不可能的事情成为确定无疑的科学事实，加来道雄将“不可思议”的事物划分为三个类别：

第一类，他称为“一等不可思议”：现在不可能实现，但是它们并不违背已知的物理学理论。它们有可能在 21 世纪或 22 世纪以改良后的形式成为可能，它们包括隐形传送、反物质发动机、某些形式的心灵感应、意志力和隐形。

第二类，他定义为“二等不可思议”：它们是一些游走于我们现在了解的物理学领域边缘的技术，人类或许能在一千年或数百万年后真正弄明白它们。它们包括时间机器、超空间旅行和穿越虫洞。

第三类，他称为“三等不可思议”：它们是一些违背人们现在已知的物理学定律的技术。如果它们最终被证实有可能实现，那么将标志着我们对于物理学的认识发生了根本性转变。

加来道雄之所以感到这个分类至关重要，是因为科幻小说中有如此之多的科技被科学家不屑地视为全然不可能，然而他们事实上想说的是：这些科技对于如人类这般“原始”的文明而言是不可能的。如果我们通过某种途径遇见一种比我们领先100万年的文明，他们的常用科技对我们来说是否会显得“像魔法一样”？某些事物会仅仅因为在今天是“不可能的”，就在未来的数百年或百万年中仍旧是不可能的吗？

在《人类的未来》一书中，也有数个篇章探讨了诸多包含科幻意味的前沿科学话题，例如，会不会出现不受约束的、可自我复制的机器人，反物质飞船、太空电梯是否能够建成，数字化永生、基因改造的“超人类”将给人类社会带来哪些影响，等等。

有些人通过个人利益、个人关系或个人经历寻求自己人生的意义。然而，在加来道雄看来，能有幸得到领悟自然终极奥秘的智慧，才能赋予生命充分的意义。从个人角度而言，致力于发现一种最终能够回答当今科学领域一些最困难的“不可思议”问题的“终极理论”，着实让他感到兴奋。“我仍然陶醉于我与不可思议的事物的终身恋爱，并且想知道这些不可思议的事物中是否有一些能进入日常生活的范畴。”

加来道雄知识广博、学养深厚、思想旷达，对科学的本质洞察入微，对科学的思维方式有着精深的理解。这也使得他的作品往往立意高远、视野开阔、引人入胜，呈现出多姿多彩的科学景象。在我看来，《人类的未来》便是这样一部耐人寻味的佳作。

《科普时报》总编辑、中国科普作家协会常务副秘书长

尹传红

序 言

大约 7.5 万年前的一天，人类几乎就灭绝了。

发生在印度尼西亚的一场惊天动地的火山喷发将一团巨大的火山灰送上了天空，火山岩屑覆盖了几千英里[①]。这次多巴火山的喷发是如此猛烈，是过去 2 500 万年时间里最猛烈的火山喷发事件。它不可思议地把 670 立方英里的灰尘喷入了大气层，致使马来西亚和印度的大片地区被 30 英尺[②]厚的火山灰覆盖。最终，这些有毒的烟尘还飘到了非洲，仿佛留下了一条死亡和毁灭的轨迹。

想象一下，这次灾难性事件所引发的混乱。我们的祖先生活在炙热的和被火山灰云层遮挡的暗淡太阳的恐怖环境中。许多人因这些烟尘窒息而亡或被毒死。之后，温度急剧下降，引发了一季“火山寒冬”。人们眼睁睁地看着植物和野生动物相继死去，留下了一派荒凉且毫无生气的景象。人们和动物需要在荒凉的土地上四处寻觅一点点食物残渣，结果大多数人被饿死了。看上去就像整个地球正在死去。少数幸存者只有一个目的：从世界的死亡之地逃走，逃得越远越好。

---

① 1 英里 ≈1.609 千米。——编者注

② 1 英尺 ≈0.305 米。——编者注

这次灾荒的残酷证据也许能从我们的血液中找到。

遗传学家已经注意到一个奇特的事实，那就是任何两个人都有几乎相同的DNA（脱氧核糖核酸）。相比之下，任何两个黑猩猩所携带的基因之间的差异都比整个人类群体之间的差异大。从数学上看，解释这种现象的一个理论是，假设在那次火山爆发时大部分人都死了，只留下了我们中的一小部分——大约2 000人。出乎意料的是，这群肮脏、衣衫褴褛的人将成为古代的亚当和夏娃，他们的后代最终遍布整个地球。我们所有人几乎都是另一个人的克隆体，是一小群强壮人类后代的兄弟或姐妹，这群人少到可以很轻松地被一家现代旅馆的舞厅容纳。

当他们艰难地穿越贫瘠的地带时，他们根本没想过有一天自己的子孙后代会占领我们这个星球的每一个角落。

今天，当我们畅想未来时，我们发现7.5万年前发生的那一幕实际上可能是未来大灾难的一场大彩排。我是在1992年回想起这些的，当时我听到了一个令人震惊的消息：一颗环绕着遥远恒星运转的行星首次被发现。有了这个发现，天文学家就可以证实在太阳系之外也存在行星。这是我们了解宇宙模式的重大转变。但当我听到接下来的消息时又十分悲伤：这颗陌生星球环绕的是一颗死亡的恒星——一颗脉冲星，它经历过一次超新星爆发，很可能毁灭了住在那颗行星上的所有生物。科学已知的任何生物都无法禁受邻近恒星爆发时所产生的毁灭性核能量冲击波。

意识到了他们的母恒星正在死亡后，我想象那颗星球上的一种文明紧急集合起一支庞大的宇宙飞船舰队，可以把他们运送到另一颗恒星系统上。那颗星球上绝对是一片混乱，人们处于极度的恐慌和绝望之中，拼命往上爬，并抢占即将起飞的飞船上的最后几个座位。我想象着当他们的母恒星爆发时，那些被抛在后面的人感受到的恐惧。

这像物理定律一样无法逃避，有一天，人类也会面对某种类型的灭绝性事件。但是我们会像我们的祖先一样，疾驰向前，坚定地生存下来并走向繁荣吗?

如果我们能够细数所有在地球上存在过的生命形式，从微生物细菌到高耸入云的森林、笨拙的恐龙和雄心勃勃的人类，我们会发现超过 99.9% 的物种最终都灭绝了。这意味着物种灭绝是一种常态，这种可能性已经重重地压在我们身上。当我们挖开我们脚下的土壤，直到地下的化石，我们看到许多古代生命形式存在的证据。然而它们只有很少一部分存活到了今天。数以百万计的物种曾经在我们之前出现，它们也曾有过繁荣的日子，之后凋零，最终走向死亡。这就是生命的故事。

无论我们多么珍视那些浪漫动人的落日景色，海洋微风的清新味道，还有那夏日的温暖，总有一天它们都会结束，然后这颗星球将不再适合人类生物居住。大自然终将如此对待我们，就像它对待所有其他灭绝的生命种类一样。

地球上生命印迹的悠久历史显示，当面对一种恶劣的环境时，生命体将不可避免地面对三种选择——离开那种环境，改变适应那种环境或者接受死亡。但是如果我们用更长远的眼光来看就会知道，我们终将面对一场巨大的灾难，这场灾难是任何形式的改变或适应都不可能改变的。我们必须离开地球或者等待毁灭。没有其他的出路。

这些灾难曾经在过去反复出现，未来，它们的出现也将不可避免。地球已经经历了 5 次大型灭绝过程，每一次都有超过 90% 的生命形式从地球上消失。只要太阳还会升起，昼夜还在交替，更多的灾难就不可避免。

在几十年的时间里，我们面临的威胁并非来自自然界，而很大程度上是由我们自身的愚蠢和短视造成的。当地球的大气层与我们敌对时，我们就会面临全球变暖的威胁。我们面临现代战争的威胁，因为核武器在全球最不安定的一些区域扩散。我们面临微生物武器的威胁，如通过空气传播的埃博拉病毒，它可以通过一次简单的咳嗽或喷嚏来传播，这就已经可以毁灭多达 98% 的人类。此外，我们面临的人口大爆炸正以不可思议的速度消耗着资源。人类也许会在某一时刻超过地球的承载能力，我们会发现自己置身于生态学的末日战争，争夺着地球上仅剩的资源。

除了我们自己制造的灾难，还有自然灾难，我们一点儿办法也没有。在一个上千年的时间跨度内，我们面临另一个冰河时期的开始。在过去的 10 万年里，地球的表面被厚达半英里的冰层覆盖。那种阴郁冰冷的陆地环境致使许多动物灭绝了。之后，在 1 万年前，天气开始转暖。这段短暂的温暖时期迎来了现代文明的出现，人类抓住这一时期繁衍兴旺起来。但是这个繁荣发生在一个间冰期，也就意味着我们很可能在未来几万年的时间里将进入下一个冰河时期。当它来临时，我们的城市会消失在雪山之下，文明也会被冰川毁灭。

我们还会面临黄石国家公园下的超级火山从长久的休眠中苏醒的可能性，火山爆发会令美国支离破碎，并将地球湮没在令人窒息的有毒烟尘云和岩屑残渣中。之前的火山爆发分别发生于 63 万年、130 万年和 210 万年前，每次喷发大约间隔 70 万年。因此，我们预期下一次火山大爆发会在接下来的 10 万年内发生。

在以百万年为单位的时间尺度上，我们还面临被流星或彗星撞击的危险，就像 6 500 万年前恐龙灭绝的那次一样。那个时候，一块大概 6 英里的岩石坠入了墨西哥的尤卡坦半岛，天空中腾起了巨量炙热的碎片，之后它们如雨水般落回地球。随着多巴火山的爆发，更大的尘埃云最终使太阳光变得暗淡，使全球温度下降。植物的凋零使食物链断裂。植食性恐龙被饿死，很快便轮到它们的肉食性表亲。最终，地球上 90% 的生命形式在那场灾难性事件中灭亡了。

几千年来，我们快乐地无视这样一种现实：地球飘浮在一群具有潜在死亡威胁的岩石中间。直到最近几十年，科学家才开始测算出一次巨大撞击的真正威力。我们现在知道存在几千个与地球轨道相交的近地天体，它们威胁着我们星球上的生命。截至 2017 年 6 月，有 16 294 个近地天体被记录下来。但这些仅仅是我们已经发现的，天文学家估计，太阳系可能有几百万颗未标记的天体会经过地球。

我曾经就这一问题采访过已故的天文学家卡尔·萨根，询问他对这种威胁的看法。他向我强调，“我们生活在一个宇宙的打靶场中”，被潜在的危险包围着。他告诉我，一颗小行星早晚会撞击地球，一切只是时间问题。如果我们能以某种方式照亮这些小行星，我们将看到夜空中布满数千个具有威胁的亮点。

即使我们避开了所有这些危险，也有另一个更加巨大的危险。从现在起的 50 亿年后，太阳将会膨胀成一颗红色巨星占据整个天空。太阳将会非常巨大，地球的轨道也会处于这个火焰球的体内。在这个火球的炙热能量下，生存将不再可能。

不像这颗星球上其他的生命形式，它们只能被动地听天由命，我们人类是自己命运的主宰者。幸运的是，我们现在正在研发各种工具，以抵御自然的逆境，让我们不会成为注定灭绝的 99.9% 的生命形式之一。在本书里，我们将遇到一些有能量、有远见，还有资源来改变人类命运的先驱者。我们也将遇到一些梦想者，他们相信人类能在外太空生存并繁衍。我们将分析一些技术上的革命性进步，正是它们，将使我们离开地球并在太阳系其他地方甚至更远的地方定居成为可能。但如果说有什么是我们能以史为鉴的，那就是人类在面对威胁生命的危机时，会迎难而上并达到更高的目标。从某种意义上讲，探索精神就在我们的基因里，是我们灵魂里与生俱来的东西。

但现在我们面临的大概是有史以来最艰难的挑战：离开地球的范围并在外太空畅游。物理定律说得很清楚：我们将不得不直面威胁我们生存的全球性危机，或早或晚。

生命太珍贵了，不能都放在一个星球上，任由其被小行星撞击的危险摆布。

萨根告诉我，我们需要一个保险机制。他总结说我们应该成为一个“两星球物种”。换句话说，我们需要一个后备计划。

在这本书里，我们将涉及历史、挑战，还有摆在我们面前可能的解决方法。这条道路注定不会平坦，必定充满挫折，但我们没有选择。

从大约 7.5 万年前的最近一次灭绝来看，我们的祖先冒险向前并开始移民整个地球。我希望，本书能拟定我们在将来不可避免遇到的障碍，指出征服它们的必需步骤。也许我们的命运是成为一个多星球物种，居住在星际。

如果我们的长期生存受到威胁，那么去其他世界冒险是我们对人类的基本责任。

——卡尔·萨根

恐龙灭绝了，因为它们没有太空计划。如果我们也因为没有太空计划而灭绝，那么，活该。

——拉里·尼文

前 言

成为多星球物种

小时候，我读过艾萨克·阿西莫夫的《基地三部曲》。它被誉为科幻史上最伟大的传奇之一。阿西莫夫让我惊叹的，不是他对激光枪战争以及与外星人太空大战的描写，而是那个简单却深邃的问题：人类文明将在 5 万年后走向何方？我们的终极命运是什么？

在他开创性的三部曲中，阿西莫夫描绘了一幅横跨银河系的人类图景，数百万个有人居住的行星被一个巨大的银河帝国维系在一起。我们已经到达异常遥远的地方，这个伟大文明诞生的最初家园的坐标，已经消失在史前时代的迷雾中。而在整个星系中分布着那么多先进社会，有那么多人被一个复杂的经济网络联系在一起，如此巨大的样本量，使利用数学方法来预测未来成为可能，就像预测分子运动一样。

多年前，我曾邀请阿西莫夫博士到我的大学演讲。听了他充满智慧的话，我对他渊博的知识感到惊讶。而后，我问了一个我从小就感兴趣的问题，是什么启发了他写作“基地”系列小说，他是如何想到一个包含了整个银河系的巨大主题的。他毫不犹豫地回答说，灵感来自罗马帝国的兴衰。在帝国的故事中，人们可以看到罗马人的命运如何终结在动荡的历史中。

我开始考虑人类是否也有自己的宿命。也许我们的宿命是最终创造一个跨越整个银河系的文明，也许我们的命运真的在恒星之间。

在更早的时候，奥拉夫·斯塔普尔顿就在其开创性的小说《造星者》中探讨过阿西莫夫作品的许多主题。在这部小说中，我们的主角幻想着他以某种方式在太空翱翔，一直到达遥远的行星。他用纯意念飞越整个星系，从一个恒星系统漫游到另一个恒星系统，见证了奇异的外星帝国。他们中的一些人走向伟大，开创了和平与富足的时代，一些人甚至用他们的宇宙飞船创造了星际帝国。另一些人则在痛苦、冲突和战争中走向毁灭。

斯塔普尔顿小说中的许多革命性概念，都融入了后来的科幻小说中。例如，《造星者》中我们的主角发现，许多超级先进的文明故意向低等文明隐藏自己，以防止他们的先进技术意外地影响低等文明。这一概念与“星际迷航”系列中的联邦的指导原则之一——最高指导原则相一致。

我们的主角也遇到了一个很复杂的文明，它的成员将其母恒星包围在一个巨大的球体中，以充分利用它的能量。这一概念后来被称为“戴森球”，现在已是科幻小说的主要题材之一。

他遇到了通过心灵感应相互联系的种族。他们中的每个人都知道别人的隐秘想法。这一想法早在《星际迷航》的博格种族之前就已经存在了，而在那里，每个人的精神都是相通的，并且服从于母体（Hive）的意志。

在小说的结尾，他遇到了造星者本人——一个创造和调整整个宇宙的仙人，而每个宇宙都有自身的物理定律。我们的宇宙只是多重宇宙中的一个。在敬畏中，我们的主角见证了造星者的工作，他召唤出新的、令人兴奋的王国，抛弃那些令他不悦的王国。

对那个连收音机都被认为是科技奇迹的时代来说，斯塔普尔顿的这部开拓性的小说令人震惊。在 20 世纪 30 年代，实现太空文明的想法似乎是荒谬的。在那个时代，螺旋桨驱动的飞机是最先进的交通工具，它好不容易才能在云层上面冒险，所以飞向星星的可能性遥不可及。

《造星者》立即获得了成功。阿瑟 · C. 克拉克称它是迄今为止已出版的科幻小说中最优秀的作品之一。它激发了整整一代战后科幻小说作家的想象力。但在普通大众中，这部小说很快就被遗忘在“二战”的混乱和野蛮之中。

在太空中寻找新的行星

现在，“开普勒号”宇宙飞船（或开普勒太空望远镜）与地球上的天文学家团队已经发现了大约 4 000 颗行星围绕着银河系其他恒星运行，人们开始想知道斯塔普尔顿所描述的文明是否真的存在。

2017 年，NASA（美国国家航空航天局）的科学家发现了 7 颗地球大小的行星在围绕一颗邻近恒星运行，它们与地球的距离仅为 39 光年。在这 7 颗行星中，有 3 颗离母恒星足够近，可以形成液态水。很快，天文学家就能确定它们以及其他行星上是否具有含水蒸气的大气。由于水是一种“通用溶剂”，是能混合构成 DNA 分子的有机化学物质，科学家也许能够证明，存在生命的条件在宇宙中是很普遍的。我们也许正处在寻找行星天文学的圣杯——外层太空中地球孪生兄弟的边缘。

大约在同一时间，天文学家又有了另一项能改变游戏规则的发现：在比邻星（Proxima Centauri）周围，发现了一颗地球大小的行星比邻星 b（Proxima Centauri b）。而比邻星距离我们只有 4.2 光年，是离太阳最近的恒星。科学家一直推测，这颗恒星将是最早被探索的恒星之一。

太阳系外行星这本巨大的百科全书几乎每星期都在更新，这些行星只是其中新增添的一些条目。百科全书中包含奇特的、不寻常的恒星系统，连斯塔普尔顿都只在梦中见过，其中包括 4 颗或更多的恒星彼此旋转的系统。许多天文学家认为，如果你能想象出任何奇异的行星形成方式，那么它就可能存在于银河系的某个地方，只要它不违反什么物理定律。

这意味着我们可以粗略计算出银河系有多少个地球大小的行星。由于银河系拥有大约 1 000 亿颗恒星，因此仅在我们的星系中就可能有 200 亿颗类地行星围绕着类似太阳的恒星运行。而可以用仪器观测到的星系有 1 000 亿个，因此可以估计，在我们可见的宇宙中，地球大小的行星有惊人的 2×10^{21} 个。

意识到银河系中可能充满了宜居行星，你大概再也不会以同样的方式仰望夜空了。

一旦天文学家找到这些地球大小的行星，下一个目标将是分析它们大气中的氧气和水蒸气，因为这是生命的标志。同时还要接收它们的射电信号，因为这标志着一个智慧文明的存在。这样的发现将会是人类历史上最伟大的转折点之一，堪比驭火。它不仅会重新定义我们与宇宙其余部分的关系，还将改变我们的命运。

太空探索的新黄金时代

所有这些已经发现的系外行星，以及新一代梦想家带来的新奇想法，正在重新点燃公众对太空旅行的兴趣。最初，推动太空计划的是冷战和超级大国的竞争。公众并不反对我们惊人地把美国联邦预算的 5.5% 花在阿波罗登月计划上，因为当时美国的威望受到了挑战。然而，这种狂热的竞争不可能一直持续下去，而且经费最终也崩塌了。

美国宇航员上一次登上月球大约是 45 年前。现在，土星 5 号火箭和航天飞机都已经被肢解并成了博物馆和垃圾堆里锈迹斑斑的碎片，它们的故事也在布满灰尘的历史书中渐渐失去吸引力。在之后的时间里，NASA 被批评为“哪里也不去的局”。它的轮子转了几十年，大胆地去了每个人都去过的地方。

但是经济状况已经开始改变。太空旅行的价格一度太高，以致国家预算瘫痪。但现在它已经稳步下降，很大程度上是因为越来越多的企业带来了能源、资金和热情，由于对 NASA 缓慢的步伐失去耐心，埃隆·马斯克、理查德·布兰森和杰夫·贝索斯等亿万富翁已经打开他们的支票夹，开建新的火箭。他们不仅是为了赚钱，更是想实现飞向星星的童年梦想。

现在，国家的意志正在复苏。问题不再是美国是否将会把宇航员送到那颗火星上去，而是什么时候。美国前总统巴拉克·奥巴马声明，宇航员大约会在 2030 年之后踏上火星表面，现任总统唐纳德·特朗普则要求 NASA 加快进度。

能够进行星际旅行的舰队火箭和太空舱，比如 NASA 的太空发射系统（SLS）推进火箭和“猎户座号”太空舱，以及埃隆·马斯克的“战隼号”重型运载火箭和“龙号”太空舱，已经处于早期测试阶段。它们将会载重升空，载着我们的宇航员到月球、小行星、火星，甚至更远的地方。事实上，这一任务产生了如此多的宣传和热情，围绕它已经展开了竞争。不同团队在争夺在火星土壤上插上第一面旗帜的机会，火星上也许会发生交通堵塞。

有些人曾写道，当探索宇宙在被忽略了几十年后再次成为国家议程中激动人心的一部分时，我们进入了一个太空旅行的新黄金时期。

展望未来，我们能看到科学家如何改变太空探索的轮廓。由于现代科技在很大范围上的革命性发展，我们现在能推测我们的文明有一天能进入外太空，在其他行星上创建类似地球的环境，并实现在恒星间的旅行。虽然这是一个长期的目标，但现在有可能给出一个合理的时间表，并预测收获每一个宇宙里程碑的时间。

在这本书里，我将研究实现这一宏伟目标的必需步骤。但是发现我们的未来如何被展开的关键，是理解所有这些奇迹般的进展背后的科学。

技术革命的浪潮

考虑到我们面前有如此长足的科学进步，这可能有助于展望人类历史的广阔前景。如果我们的祖先能够看到今天的我们，他们会怎么想？人类在大部分的历史里都过着恶劣的生活，在一个充满敌意、不受关注的世界里挣扎，那时的人类寿命估计只有二三十年。我们通常是流浪者，把我们所有的财产背在背上。每天为了获得食物和一处藏身之所而挣扎。我们生活在不间断的恐惧中——恶毒的捕食者、疾病和饥饿。但是如果我们的祖先能看到今天的我们，可以瞬间跨过整个地球发送图片，用火箭把我们带到月球甚至更远的地方，还有自动驾驶的汽车，那么他们可能会认为我们是巫师和魔术师。

从历史上看，科学的革新是一波一波地出现的，往往随着物理学的进展一步步地展开。在 19 世纪，建立了机械和热力学理论的物理学家使第一波科学技术浪潮成为可能。这让工程师能制造出蒸汽机，带来火车头和工业革命。这项意义深远的技术变革使得文明从无知的诅咒、辛苦的劳作和贫困中脱离出来，把我们带入机械时代。

在 20 世纪，掌握了电磁规律的物理学家引领了第二次浪潮，由此开创了电气时代。这使得我们城市的电气化成为可能，出现了发电机、电视、收音机和雷达。第二次浪潮催生了现代的太空项目，使我们登上了月球。

在 21 世纪，第三次科学浪潮以高科技的形式出现，以发明晶体管和激光的量子物理学家为先锋。这使得超级计算机、互联网、现代电信、GPS（全球定位系统）和微小芯片的爆炸式出现成为可能，它们已经渗透我们生活的方方面面。

在本书中，我将讲述那些带我们探索行星甚至更远恒星的技术。在第一部分，我们会讨论如何建造一个永久的月球基地还有移民火星，并创建类似地球的生存环境。为了做到这些，我们必须开拓第四次科技浪潮，它由人工智能、纳米技术和生物技术组成。在火星上建立生存环境的目标超过了我们今天的能力，但是 22 世纪的技术将会让我们把这个荒凉、寒冷的沙漠变成一个可居住的世界。我们将会考虑使用可自我复制的机器人，高强度、轻便的纳米材料，以及生物工程作物，以大幅降低成本，使火星成为一个真正的天堂。最终，我们将超越火星，并在小行星和气体巨行星木星和土星的卫星上建立定居点。

在第二部分，我们将展望一个能飞出太阳系并探索周围恒星的时代。又一次，这项任务超越了我们当前的技术，但第五次技术浪潮将会使其成为可能，如纳米飞船、激光帆、冲压喷气聚变发动机、反物质发动机。NASA 已经资助了实现星际旅行所必需的物理研究。

在第三部分，我们将分析为了在群星中找到一个新家需要对我们的身体进行的改造。一场星际旅行可能要花费数十年甚至几个世纪，因此可能需要通过基因帮我们延长在遥远太空中生存的时间，也许是通过延长人类的寿命来实现。尽管长生不老泉在今天还不现实，但科学家已经在研究一些潜在可能的途径使我们减缓甚至停止衰老。我们的子孙后代也许能享受某种形式的永生。此外，也许我们必须对基因进行改造，才能让身体在遥远行星的不同重力、大气成分和生态环境下生长。

多亏了人类连接体工程，它将绘制出人类大脑的每一个神经元，有一天我们也许能够把我们的连接体通过巨大的激光束发射到外太空，从而消除星际旅行中的许多问题。我把它称为激光传送，它能使我们的意识以光速自由探索星系甚至宇宙，因此我们不需要担心星际旅行中那些显而易见的危险。

如果我们上一个世纪的祖先认为今天的我们是魔术师和巫师，那么我们会如何看待一个世纪后的子孙后代？

更可能的是，我们会觉得自己的子孙后代像希腊众神。像墨丘利，能够在太空翱翔，拜访邻近的行星；像维纳斯，拥有完美不朽的身体；像阿波罗，能从太阳那里得到无限的能量；像宙斯，能够拥有精神的力量，并使自己的愿望成真。而且，他们将能够用基因工程召唤像飞马一样的神话中的动物。

换句话说，我们的命运是成为我们曾经畏惧和向之祈祷的神。科学将给予我们按照自己的意愿来重塑宇宙的方法。问题在于，我们是否拥有所罗门国王的智慧来拥有这巨大非凡的力量。

还有可能我们会接触到地外生命。我们将讨论如果遭遇了一个比我们先进百万年的文明，它们已经有能力在星系中漫游并改变时间太空的组织结构，那将会发生什么？它们可能将黑洞把玩于手中，并用虫洞来进行超光速旅行。

2016 年，天文学家和媒体对太空中先进文明的猜测达到了狂热的程度。天文学家宣布，发现了某种巨大的“超级建筑”的证据，它也许像戴森球一样大，围绕着远在数光年外的一颗恒星运动。虽然证据还不够确凿，但科学家有史以来第一次正视了在外太空也许真的有先进文明存在的证据。

最后，我们还探讨了我们不仅要面对地球的终结，还要面对宇宙自身的终结的可能性。尽管我们的宇宙还很年轻，但我们能预见，在遥远的未来，我们可能会进入大冻结时期，那时温度会突降到接近绝对零度，我们所知的所有生命都可能不复存在。那时，我们的技术或许已经足够先进，能让我们离开宇宙，并通过超太空探索寻找一个新的、更年轻的宇宙。

理论物理学（我自己的专长）提出了一个观点，认为我们的宇宙可能是飘浮在由其他宇宙泡组成的多重宇宙中的一个宇宙泡。也许在多重宇宙的其他宇宙中，有一个我们的新家园。凝视众多的宇宙，也许我们能揭示造星者的宏大设计。

因此，科幻小说中那些曾被认为是空想家过热想象力的副产品的惊人设想，有一天也许会成为现实。

人类即将展开可能最伟大的一次冒险。阿西莫夫和斯塔普尔顿的猜想与现实之间的鸿沟，也许会被科学中惊人和快速的发展填补。而当我们离开地球时，我们飞往外星的漫长旅行的第一步就开始了。正如古代中国谚语所说，千里之行，始于足下。这个飞往外星的旅行从第一艘火箭开始。

第一部分

离开地球

无论是谁坐在这个世界上最大的氢氧燃料堆上，并知道他们将在下面点火，却一点儿都不着急，那这个人根本就没有搞清楚状况。

——宇航员 约翰·杨

第 1 章　准备起飞（发射）

1899 年 10 月 19 日，一个 17 岁的少年爬上了一棵樱桃树，然后灵光一现。他刚刚读了赫伯特·乔治·威尔斯的《世界大战》（*War of the Worlds*），对书中火箭可以载着我们探索宇宙的想法感到激动。他想象着，如果能够造出一个飞到火星并以探索这颗红色星球为使命的设备，那该多么美妙。当他从树上爬下来的那一刻，他的生命被彻底改变了。这个男孩一生都在致力于制造一艘火箭，因为这能使他的梦想成为现实。在生命余下的时间里，他都将铭记 10 月 19 日这一天。

他的名字是罗伯特·戈达德。他不断完善第一艘液体燃料多级火箭，让这项改变人类历史进程的项目运转了起来。

齐奥尔科夫斯基：一位孤独的梦想家

尽管孤独、贫穷，还遭到同行的嘲笑，但始终在逆境中前行并为太空旅行打下基础——戈达德是少数几位受到如此待遇的先驱之一。在这些远见卓识者中，有一位就是伟大的火箭科学家康斯坦丁·齐奥尔科夫斯基，他建立了太空旅行的理论基础，并为戈达德铺平了道路。齐奥尔科夫斯基生活得很清贫，靠在学校当老师勉强度日。年轻时，他大部分时间都泡在图书馆里，如饥似渴地阅读科学文献，学习牛顿的运动定律，并把它们应用到太空旅行上。他的梦想是到月球和火星旅行。在没有科学团队的帮助下，他凭一己之力推导出了火箭的数学原量、物理现象和机械运动，他计算了地球的逃逸速度，即逃离地心引力所需的速度是每小时 2.5 万英里。这比他那个时代靠马来实现的每小时 50 英里的速度快太多了。

1903 年，他发表了著名的火箭方程，让人们可以通过火箭的重量和燃料来计算它的最大速度。这个方程揭示了速度和燃料之间的指数关系。一般来说，我们会假设，如果想让火箭的速度加倍，你可以简单地增加一倍燃料。然而，你需要的燃料消耗量是随着速度变化呈指数增长的，所以额外提高速度需要大量的燃料。

这个指数关系非常清楚地说明，你需要大量的燃料才能离开地球。

通过这个公式，齐奥尔科夫斯基第一次计算出了去月球所必需的燃料数量，但这离真正实现他的梦想还有很远的距离。

齐奥尔科夫斯基的指导哲学是："地球是我们的摇篮，但是我们不能永远待在摇篮里。"而且他信奉宇宙论，该理论认为，人类的未来就是探索外太空。他在 1911 年写道："让一个人的脚踏上小行星的土地，亲手从月球上捡起一块石头，在太空建造移动的空间站，在地球、月球和太阳周围组织起宜居带，以几十英里的距离观察火星，然后降落在它的卫星上，甚至降落在它的表面——还有比这更疯狂的事吗！"

齐奥尔科夫斯基太贫穷，无法使他的数学方程转变成真实的模型。接下来的工作由罗伯特·戈达德接手。他真的建造了火箭原型，并在日后成为太空旅行的基础。

罗伯特·戈达德：火箭研究之父

当他还是个孩子时，罗伯特·戈达德就对科学产生了兴趣。他目睹了家乡的电气化过程，由此相信科学将会彻底改变我们生活。他的父亲支持他发展自己的兴趣，给他买了望远镜、显微镜，还给他订了《科学美国人》(*Scientific American*)杂志。一开始，他用风筝和气球做实验。有一天，当他在图书馆读书时，无意中发现了艾萨克·牛顿著名的《自然哲学之数学原理》(*Principia Mathematica*)一书并学习了移动规律。他的注意力很快就转移到把牛顿定律应用到火箭科学上。

通过引入三项创新，戈达德把这种好奇心系统地变成一个有用的科学工具。首先，戈达德试验了不同种类的燃料，并意识到粉末燃料是低效的。中国人在几个世纪前就发明了火药并将其用在火箭上，但是因为火药的不均匀燃烧，这种火箭基本上就是玩具。他的第一项天才工作就是用液体燃料替换了粉末燃料。液体燃料可以被精确地控制，因此可以清洁稳定地燃烧。他制造了一个带有两个燃料箱的火箭。其中一个燃料箱装着燃料，比如酒精；另一个装着氧化剂，比如液氧。这些液体通过一系列的管道和阀门被注入点火室，在精准控制的情况下发生爆炸，其能量能推动一艘火箭升空。

戈达德意识到，随着火箭升入天空，它的燃料会逐渐耗尽，燃料箱就没用了。于是他的下一项创新是提出了多级火箭，也就是丢掉用光了的燃料箱，这样做能在太空旅行中减少一些静态负载。这极大地增加了它们的航程和效率。

他的第三项创新是引入陀螺仪。陀螺仪一旦开始自转，它的轴总是指向同一个方向，即使你干扰它。例如，如果开始时它的轴指向北极星，你将它调转方向，那么它的轴会继续指向北极星的方向。这意味着，如果一艘航天飞船的航线发生偏离，那么可以调整火箭来弥补这个偏航，然后使它回归初始路线。戈达德意识到，可以使用陀螺仪来帮助火箭保持航线。

在 1926 年，他创造了历史，首次成功发射了一艘液体燃料火箭。它上升到 41 英尺的高度，飞行了 2.5 秒，在 184 英尺外的卷心菜田地里着陆。（这个确切着陆地点现在是每个火箭科学家的圣地，并且已经被评为美国国家历史名胜。）

戈达德在克拉克大学的实验室中构建起所有化学火箭的基本构架。我们今天从发射台看到的雷鸣般的巨兽，就是他建造的原型的直系后代。

面对嘲笑

尽管取得了成功，戈达德还是成了媒体嘲笑的理想对象。当1920年他认真考虑太空旅行的消息被传出后，《纽约时报》发表了一篇批评文章，其尖酸刻薄的程度可能会击垮任何心理脆弱的科学家。《纽约时报》嘲讽道："那位戈达德教授坐在他克拉克大学的'椅子'上……不知道作用力与反作用力的关系，也不知道需要有些比真空更好的东西来产生反作用，也就是说那很荒唐。当然，他看起来只是缺乏一些在中学里学的日常的知识。"然后在1929年，当他发射了一艘火箭后，伍斯特当地的报纸列出了一个带有侮辱性的标题：月球火箭偏离目标238 799.5英里。显然，《纽约时报》和其他人并不理解牛顿的运动定律，而且错误地认为火箭不能在外太空的真空环境里运动。

牛顿第三定律指出，每一个作用力都存在一个大小相等并方向相反的反作用力。这决定了太空旅行可能实现。这个定律任何一个孩子都知道。只要他吹一个气球，然后松开手，就能看到气球不规则地飞出去。这个作用力是突然从气球里冲出去的空气，反作用力就是气球自己向前的运动。类似地，在一艘火箭里，作用力就是从尾端喷射出的热气体，而反作用力就是推动火箭向前运动的推力，即便在太空的真空环境中也是如此。

戈达德于1945年去世，没有机会看到1969年“阿波罗号”登月后《纽约时报》编辑写的道歉声明。他们写道：“现在清楚确定了火箭在真空中也可以像在大气层中一样工作。《纽约时报》对自己的错误感到懊悔。”

为了战争与和平的火箭

在火箭科学发展的第一阶段，我们有像齐奥尔科夫斯基这样的梦想家，他计算出了太空旅行的物理和数学原理。在第二阶段，我们有像戈达德那样的人，能实际制造出这些火箭的第一代原型。在第三阶段，火箭科学家引起了政府的注意。韦纳·冯·布劳恩重拾前辈们的方案、梦想和模型，先是在德国政府后是在美国政府的支持下，制造出巨大的火箭，成功地把我们送上月球。

所有火箭科学家里最有名的一位出身贵族。韦纳·冯·布劳恩男爵的父亲是魏玛共和国时期德国的农业部长，他的母亲祖上可以追溯到法国丹麦、苏格兰和英格兰的皇室。冯·布劳恩在孩童时期颇有钢琴天赋，甚至还创作过原创音乐作品，他可能差一点儿就成了一位有名的音乐家。但自从他的母亲送给了他一架望远镜起，他的命运随之改变。他开始对太空着迷。他如饥似渴地阅读科幻小说，并深受装有火箭推进器的汽车创下的速度纪录的启发。12岁的一天，他把一组烟花绑到了一个玩具车上，然后点燃了烟花，这在柏林拥挤的大街上制造了一场混乱。他非常高兴地看到玩具车像火箭一样飞了起来。然而，警察对此可没什么好印象。冯·布劳恩被拘留了，但由于他父亲的影响力又被释放了。若干年后，他激动地回忆："那超乎我最大胆的想象。玩具车疯狂地颠簸着，喷出的烟火轨迹像一颗彗星。当烟花烧尽后，最后的闪烁像一次壮丽的霹雳，玩具车剧烈翻滚后停了下来。"

冯·布劳恩承认，他数学一直不是非常好。但是，想要完成火箭的动力驱使他掌握了微积分、牛顿定律，还有太空旅行的机械学。他曾经告诉他的教授："我计划到月球去旅行。"

他成为一名物理专业研究生并在1934年拿到了博士学位。但是他的大部分时间都花在了柏林火箭爱好者协会上，那是一个利用业余时间在城区外300英亩[①]的荒地上建造和测试火箭的组织。那一年，他们的协会成功地将一艘火箭升到空中，并飞行了2英里。

冯·布劳恩本来也许会成为德国某所大学的一名物理学教授，撰写关于天文学和航天学的研究文章。但空气中弥漫着战争的味道，所有德国的社会组织，包括大学在内，都被军事化了。与他的前辈罗伯特·戈达德不同，他向美国军方申请经费被拒绝了，却在纳粹政府那里得到完全不同的待遇。德国相关军需部门一直在寻找新式战争武器，它们注意到了冯·布劳恩，并为他提供了充足的基金。他的工作过于敏感，以至他的博士论文被军方列为机密，直到1960年才发表。

据各方面的说法，冯·布劳恩是不关心政治的。火箭科学是他的爱好，如果政府资助他的研究，他就会接受。纳粹向他承诺的是：由

① 1英亩≈4 046.856平方米。——编者注

他管理一项建造未来火箭的巨大工程，预算几乎无上限，他还可聘请精英的德国科学家。这是他一生的梦想。对冯·布劳恩而言，被邀请加入纳粹党甚至党卫军只是政府工作者的通行仪式，并不是他的政治表达。但是当你与魔鬼做了交易，魔鬼总是会索取更多。

V–2 火箭的升空

在冯·布劳恩的带领下，齐奥尔科夫斯基杂乱的手稿和草图，还有戈达德制造的火箭原型，变成了 V–2 火箭（复仇武器 2 型火箭）。这种先进的战争武器可以炸掉整个城市街区，使伦敦和安特卫普陷入恐惧。V–2 型火箭的强大令人不可思议。它使戈达德的火箭相形见绌，让它看着就像玩具一样。V–2 火箭直立起来有 46 英尺高，2.76 万磅[①]重。还有着惊人的速度：每小时 3 580 英里，能达到的最高高度大约是 60 英里。它能以三倍的音速击中目标，除了在打破音障时发出两声刺耳的响声外，没有任何警告。它的射程范围达到了 200 英里。反制措施对它无效，因为没有人能跟踪它，也没有飞机能追上它。

V–2 创造了多项世界纪录，碾压了过去在火箭速度和航程方面的所有成就。它是第一个远程的弹道制导导弹，第一艘打破音障的火箭。最令人印象深刻的是，它还是第一艘冲破了大气层边界并进入外太空的火箭。

① 1 磅 ≈0.454 千克。——编者注

英国政府官员被这种先进的武器搞得惊慌失措，不知道该说什么。他们编造故事说所有这些爆炸都是由煤气管道故障造成的。但是因为这些恐怖的爆炸明显来自天上，所以公众讽刺地称呼它们为“飞翔的煤气管道”。直到纳粹宣布是他们向英国投放了一种新式战争武器后，温斯顿·丘吉尔才被迫承认英格兰已经被火箭袭击了。

突然，欧洲及西方文明的未来，似乎就掌握在冯·布劳恩带领的这一小群与世隔绝的科学家手中。

战争的恐怖

德国新式武器的成功带来了巨大的人员伤亡。超过 3 000 枚 V–2 火箭被投向盟军，造成 9 000 人死亡。据估计，死亡的人数甚至要更高——至少有 1.2 万人，还有在奴隶集中营里制造 V–2 火箭的囚犯们。魔鬼想要得到回报，但冯·布劳恩意识到这一点时已经太晚了。

当他看到火箭的制造地时被吓坏了。冯·布劳恩的一个朋友引用他的话说：“这就是地狱。我的第一反应是找党卫军的人谈谈，却被严肃而不留情面地告知应该管好自己的事，否则就会发现自己穿着同样的条纹服！……我意识到任何以人道理由解释的尝试都是无效的。”当被问到冯·布劳恩是否批评过死亡集中营时，他的另外一个同事回答道：“我认为，如果他说过就会被就地枪决。”

冯·布劳恩成了自己协助创造的恶魔的爪牙。1944 年，当战事处于困境时，有一次他在宴会上喝醉了，然后谈起战争进行得不怎么好，他只想做火箭方面的工作。他后悔它们被用来当作武器而不是宇宙飞船。不幸的是，宴会上有一名间谍，他将布劳恩酒后说的话报告给了政府，然后布劳恩就被盖世太保抓了起来。有两周时间，他被关在波兰的牢房里，不知道是否会被枪决。其他的指控，包括他曾是共产党的同情者的传言，也在这个时候被公开。一些官员担心他会叛逃到英格兰，并破坏 V–2 火箭。

最终，阿尔贝特·施佩尔直接向希特勒求情，救了冯·布劳恩的命，因为他认为冯·布劳恩对 V–2 的工作仍然至关重要。

在那个时代，V–2 火箭太先进了，其技术领先了几十年，因此直到 1944 年年末它才被全力投入战斗，但这已经来不及阻止纳粹帝国的倒塌了，当时苏联红军和盟军已经在柏林会师。

1945 年，冯·布劳恩和他的 100 多名助手向盟军投降。他们连同装了 300 节火车车厢的 V–2 火箭零件被偷运回美国。这是一项名为“回纹针行动”的秘密计划的一部分，目的是将前纳粹科学家秘密引入美国。

美国军方仔细检查了 V–2，它最终成了红石火箭的基础，冯·布劳恩和他助手们的纳粹记录也被“洗白”。但是冯·布劳恩在纳粹政府中非常模糊不清的角色始终困扰着他。喜剧演员莫特·萨尔用一句俏皮话总结了冯·布劳恩的职业生涯：“我寻找星星，但有时却击中了伦敦。”歌手汤姆·莱勒写了几句歌词：“火箭一旦升空，谁还在乎它们落在哪里，那不归我管了。”

火箭科学和超级大国的竞争

在 20 世纪 20 年代和 30 年代，美国政府官员们没有认识到戈达德在他们的后院里完成了预见性的工作，因此错过了一次战略机遇。当战后冯 · 布劳恩到达美国时，他们第二次错过了战略机遇。20 世纪 50 年代，他们把冯 · 布劳恩和他的助手搁置一边，没有给他们任何真正的关注。最终，军种间的竞争发生了。陆军在冯 · 布劳恩的带领下造出了红石导弹，而海军有了“先锋号”导弹，空军有了大力神导弹。

当卸下了对陆军的直接义务后，冯 · 布劳恩开始对科学教育感兴趣。他和华特 · 迪士尼制作了一系列电视动画特辑，激发了一批未来火箭科学家的想象力。在这个系列剧里，冯 · 布劳恩描绘了一个巨大科学项目的轮廓，其目的是登上月球以及组建能够抵达火星的舰队。

当美国的火箭项目断断续续地进行时，苏联已经遥遥领先。约瑟夫 · 斯大林和尼基塔 · 赫鲁晓夫把握住了太空项目的战略意义，并把它放到了第一位。苏联的项目是在谢尔盖 · 科罗廖夫的带领下完成的，他的身份一直是最高机密。多年来，他一直只是被神秘地称为“首席设计师”或“那位工程师”。苏联也吸引了一些 V–2 的工程师，并把他们转移到苏联。在这些工程师的带领下，苏联采用了基本的 V–2 设计，很快制造出一系列火箭。至此，美国和苏联军火库里的火箭都是基于对 V–2 火箭的修改或捆绑，而它们又都基于戈达德的开创性原型。

美国和苏联的主要目标之一都是发射第一颗人造卫星。首先提出这个概念的是艾萨克·牛顿本人。在一张著名的图表中，牛顿指出，如果你从山顶发射一颗炮弹，它将会落在山脚附近。然而，根据他的运动学方程，炮弹的速度越快，它将飞得越远。如果你能以足够快的速度发射炮弹，它将会绕着地球转一整圈并成为一颗卫星。牛顿创造了这个历史性的突破：如果你用月球替换这个炮弹，那么他的运动方程将能够精确地预言月球轨道的状态。

在他的炮弹思想实验里，他问了一个关键问题：如果苹果会落下来，月亮会不会也落下来？既然炮弹在围绕地球公转的时候会自由落下，月球也一定会自由落下。牛顿的洞察力引发了历史上最伟大的革命之一。牛顿现在可以计算炮弹、月球、行星以及几乎所有东西的运动。例如，使用他的运动定律，可以很容易证明你必须以每小时 1.8 万英里的速度发射炮弹，才能使它绕着地球转。

1957 年 10 月，苏联发射了世界上第一颗人造卫星“史普尼克号”，牛顿的想象成了现实。

史普尼克时代

在得知史普尼克号成功发射后，美国人受到了巨大的心理冲击，这是不可低估的。美国人很快就意识到，苏联在火箭科学领域是世界领先的。两个月后，当美国海军的“先锋号”导弹在国际电视上遭受灾难性失败时，这种羞辱感变得更加严重。我清楚地记得，小时候我问妈妈能不能熬夜看导弹发射，她不情愿地答应了。我惊恐地目睹了先锋号导弹升起 4 英尺，然后又落了回来，翻倒，最后在一次巨大的刺眼的爆炸中毁了它的发射台。我清楚地看到导弹顶部的头椎体，里面装有卫星，它轰然倒塌，然后消失在一团火球中。

耻辱还在继续，几个月后，先锋号的第二次发射也失败了。这成了媒体的比赛日，它们称这个导弹为“Flopnik”和“Kaputnik”（意思都是失败了的卫星）。苏联驻联合国代表甚至开玩笑说，苏联应该给美国一些援助。

为了从这次巨大的媒体打击中挽救国家声望，冯·布劳恩被命令尽快使用“朱诺 I 型”导弹发射一颗卫星“探索 1 号”。“朱诺 I 型”基于红石火箭，而红石火箭又是以 V–2 为基础的。

但是苏联手里有一大把王牌。在接下去的几年里，其创造的一系列的历史“首次”占据了新闻头条：

1957 年：“史普尼克 2 号”首次搭载动物，一只名叫莱卡的狗进入轨道

1957 年：“月球 1 号”成为第一艘飞越月球的火箭

1959 年：“月球 2 号”第一次击中月球

1959 年：“月球 3 号”成为第一艘为月球背面拍摄照片的火箭

1960 年：“史普尼克 5 号”首次安全地把动物从太空带回

1961 年：“金星 1 号”成为首个飞越金星的探测器

1961 年，当尤里·加加林安全地绕地球飞行后，苏联太空项目取

得了最辉煌的成就。

我清楚地记得，在那些年里，史普尼克号引发的恐慌遍及整个美国。他们想，苏联那样一个看起来似乎落后于我们的国家，怎么能突然跑到我们的前面去了？

评论员总结说造成这场惨败的根源是美国的教育体系。美国学生被苏联学生远远抛在后面。必须开展一场应急行动，这样金钱、资源和舆论才能集中投入培育新一代美国科学家，他们才能与苏联竞争。那时的文章是这样说的："伊万能识字读书，但是约翰尼不能。"[①]

在这个困难时期，史普尼克一代应运而生，这群美国学生认为他们的国家使命就是成为物理学家、化学家和火箭科学家。

在巨大的压力下，为了让军方从看似倒霉的平民科学家手中夺回对美国太空项目的控制权，时任总统德怀特·艾森豪威尔勇敢地坚持继续由民间监督，并成立了NASA这一机构。之后的美国总统约翰·F.肯尼迪为了回应加加林的太空旅行，呼吁加快步伐，在10年内把人类送上月球。

这个要求刺激了全美。到1966年，美国将联邦预算中惊人的5.5%投入月球计划。NASA一如既往地谨慎行事，进行了数次发射，改善了实现登陆月球所需的技术。首先是一艘名为"水星号"的单人载人飞船，然后是可载双人的"双子星号"，最后是可载三人的"阿波罗号"。NASA也谨慎地部署了太空旅行的每一步。首先宇航员安全地离开他们的宇宙飞船，然后实现第一次太空行走。之后宇航员实现了从

① 伊万是常见的苏联名字，约翰尼是美国常见名字。——译者注

一艘飞船到另一艘的复杂搬运工作。接下来，宇航员完整地绕月飞行但没有降落到月球表面。最后，NASA 已经准备好直接将宇航员送上月球。

冯·布劳恩被招募进来以帮助建造“土星 5 号”的研发，这将是有史以来最大的火箭。这个火箭真的是一件工程上的非凡杰作。它直立起来比自由女神像还要高 60 英尺，可以把 31 万磅重的有效载荷送入地球轨道。最重要的是，它可以把大量有效载荷以超过每小时 2.5 万英里的速度送出，这是地球的逃逸速度。

NASA 曾考虑过发生致命性灾难的可能性。时任美国总统理查德·尼克松要在电视上宣布“阿波罗 11 号”任务的结果，为此他准备了两份演讲稿。其中一份是报告这次努力失败了，美国宇航员牺牲在月球上。实际上，这个场景差一点儿就发生了。在登月舱即将着陆的最后几秒，计算机警报在太空舱内响起。尼尔·阿姆斯特朗手动控制宇宙飞船并缓缓地在月球上着陆。后来的分析显示，他们只剩下维持运行 50 秒的燃料了，太空舱甚至可能会坠毁。

幸运的是，1969 年 7 月 20 日，尼克松总统用上了另外一份演讲稿，祝贺宇航员成功着陆。即使在今天，土星 5 号也是唯一一艘搭载人类飞出地球轨道的火箭。令人惊讶的是，它的表现完美无瑕。“土星”系列火箭一共建造了 15 艘，其中的 13 艘飞上了天空，没有一次事故。全部算起来，从 1968 年 12 月到 1972 年 12 月，土星 5 号一共送出 24 位宇航员，他们或者在月球登陆，或者绕月飞行。阿波罗号的宇航员被誉为英雄，他们恢复了美国的国家名誉。

苏联人也踊跃地参与了登月竞赛。但是，他们遇到了许多困难。

苏联火箭项目的指挥官科罗廖夫在1966年去世了。雪上加霜的是：准备把苏联宇航员送上月球的N–1火箭出现了4次失败。但或许最具决定性的事实是，苏联经济在冷战中已经捉襟见肘，无法与经济规模超过其两倍的美国竞争。

迷失在太空

我还记得当尼尔·阿姆斯特朗和巴兹·奥尔德林踏上月球那一刻。那是1969年7月，我在美国军队服役，正在华盛顿的路易斯堡进行步兵训练，以为自己可能会被送去越南打仗。我非常兴奋地得知，历史就在我们的眼前被创造出来，但是也非常不安地知道我可能会死在战场上，我将不能把登陆月球的这一历史记忆与我的孩子们分享。

在1972年土星5号完成最后一次发射后，美国公众开始关注其他事情。反贫困战争如火如荼地进行，越南战争吞噬了越来越多的金钱和生命。当你的邻居开始遭受饥饿或在海外战死时，去月球似乎是一种奢望。

太空项目费用的天文数字是无法维持的。后阿波罗时代的计划已经做出。有几项提议已经提上议事日程。一个优先的项目是发送非载人火箭到太空去，这是一个由军事、商业和科学团队领导牵头的项目。他们对英雄主义不那么感兴趣，而对有效载荷更感兴趣。另一个提案强调把人类送入太空，因为严峻的现实是，说服美国国会和纳税人支持把宇航员送上太空似乎比让他们支持那些无名的太空探测器要更容易。正如一位国会议员总结的：“没有巴克·罗杰斯[①]，就没有美元。”

载人和载物两个领域都想快速而经济地进入外太空，而不想变成耗时多年的昂贵任务。但最后的结果是产生一个奇怪的混合体，这让大家都不高兴。那就是宇航员将和货物一起被送入太空。

妥协的方案是采用航天飞机的形式，这个方案从 1981 年开始运行。这个航天器是一项工程奇迹，吸收了过去几十年的所有教训和先进技术。它能够发射 6 万磅的有效载荷进入轨道，然后与国际空间站对接。不同于每次发射后就退役的阿波罗太空模块，航天飞机的有些部分是可以重复使用的。它可以把 7 名宇航员送入太空，并带他们重返地球家园，就像一般的飞机一样。之后，太空旅行在人们眼中逐渐变得很平常。美国人开始习惯看到宇航员在最近一次访问国际空间站时向我们挥手，这本身就是许多为这项航天事业支付账单的国家之间的一种妥协方案。

随着时间的推移，航天飞机的问题出现了。其一就是，尽管初衷是为了省钱，花费仍然不断增长，每次发射都要花费大约 10 亿美元。用航天飞机发射任何东西到近地轨道的花费大约为每磅 4 万美元，约等于其他运载系统花费的 4 倍。公司抱怨说用传统的火箭来发射它们的卫星会便宜很多。另一方面，飞行并不频繁，每次发射都要间隔数月。美国空军对这些限制感到沮丧，并最终取消了一些航天飞机的发射计划而改用其他方法。

对于航天飞机为什么不能满足我们的期望，美国普林斯顿大学高

① 巴克·罗杰斯是一部科幻电影中的男主角，是一位宇航员。——译者注

等研究院的物理学家弗里曼·戴森有自己的看法。当我们回顾铁路的历史时，会看到它最初是作为运输工具，运输包括人和商业产品在内的所有货品。铁路运输这个行业在商业和消费者领域有着不同的优先重点和关注点，最终分成两个领域，这既提高了运输效率又降低了运输费用。然而，航天飞机从来没有将这两者分开，仍然将商业和消费者利益混合在一起。它没有成为“每个人的一切”，而是成了“对任何人都没有用”的一种存在，特别是它有成本超支和航班推迟的问题。

在“挑战者号”和“哥伦比亚号”的悲剧发生后，事情变得更糟，两次事件夺去了14位勇敢的宇航员的生命。这些灾难减弱了公众、个人和政府对太空项目的支持。作为物理学家，詹姆斯和格雷戈里·本福德写道：“国会把NASA主要看作一个解决就业的项目，而不是一个研究机构。”他们还发现，“在空间站没有完成什么有用的科学研究……空间站成了太空野营地，而不是让人在太空生活”。

没有了冷战的东风，太空项目的前进很快就失去了资金和动力。回顾阿波罗登月计划的全盛时期，有个笑话是说NASA到国会去申请基金资助，只需要说一个词：苏联！国会就会打开它的支票夹，然后询问：“要多少？”但那些日子已经一去不复返了。艾萨克·阿西莫夫曾经说过，我们只要努力触地得分一次，然后就可以拿起橄榄球回家了。

事情最终在2011年到了危急关头，时任美国总统巴拉克·奥巴马发动了一个新的“情人节大屠杀”。在这场凶猛的行动中，他停止了星座项目（为了取代航天飞机）、探月项目，还有火星项目。为了减轻公众的纳税负担，他不再资助这些项目了，并希望由私人部门来弥补这些差额。太空项目的 2 万资深员工瞬间被解雇了，NASA 最优秀、最聪明的集体智慧被抛弃了。最大的耻辱是美国的宇航员们，他们在经历了与苏联宇航员几十年的白刃战后，现在将被迫搭乘俄罗斯发射的火箭。似乎，太空探索的全盛时期结束了，一切都跌入谷底。

问题可以用一个 4 个字母的单词来总结——c–o–s–t（花费）。基本上，把任何一件 1 磅重的物品送到近地轨要花费 1 万美元。想象一下，你的身体是用纯金做成的——那大约就是把你送入太空轨道所需的费用。而如果是去月球，花费大约为每磅 10 万美元；去火星的费用更高，大约为每磅 100 万美元。因此，把一名宇航员送到火星的总费用大约为 4 000 亿 ~5 000 亿美元。

我住在纽约。对我来说，当航天飞机被搬到这座城市的时候，那是悲伤的一天。好奇的游客们排成队，看着停在大街上的航天飞机欢呼雀跃，但事实上，这意味着一个时代结束了。这架航天飞机放在那里做展览，最终停在了第 42 大街的柱子边。在看不到任何替代者的情况下，这感觉好像我们放弃了科学，也放弃了我们的未来。

回过头来看那些黑暗时期，会让我回想起 15 世纪伟大的中国船队的遭遇。那时候，中国人是科学和探索领域无可争议的领导者。他们发明了火药、指南针，还有印刷术。他们在军事力量和技术上也是空前的。与此同时，中世纪的欧洲饱受宗教战争摧残，陷入了宗教法庭、巫术审讯和迷信的困境，就连伟大的科学家和梦想家，如布鲁诺和伽利略，要么被活活烧死，要么被软禁，他们的作品也被封禁。那时候的欧洲是技术的纯输入者，而不是创新的源头。

在商船领路人郑和的带领下，中国皇帝派出了有史以来最雄心勃勃的海军探险队，这支队伍由 317 艘大船组成，还有 2.8 万名水手，每一艘船都比哥伦布的船大 5 倍。这样的场景在之后的 400 年里没有再次上演。1405—1433 年，郑和不是一次，而是七次穿过已知的世界航行，环绕东南亚，经过中东，最终到达东非。有一些古代奇怪动物的木刻，像长颈鹿，就是他在航行中发现并带回宫廷中展示的。

但是当这位皇帝去世后，新的统治者认为探索和发现无用武之地。他甚至下令任何一个中国国民都不能拥有船只。舰队船只被丢弃，任由其腐烂或被烧毁，郑和的伟大成就被尘封起来。后面的皇帝奉行闭关锁国政策。中国开始封闭，这带来了灾难性的后果，最终导致国力衰退、政权崩塌、混乱、内战，还有革命。

我有时候想，一个国家在享受了几十年的安逸之后，是多么容易陷入自满和毁灭。科学是繁荣的发动机，那些放弃科学和技术的国家最终会走向衰败。

美国的太空项目同样陷入了衰退。但是现在，政治和经济环境在改变。一套崭新的角色阵容正在走向舞台中心。勇敢的宇航员们正在被冲劲十足的亿万富翁企业家替代。新思想、新能源和新资金正在推动这次复兴。但是私人资金和政府资助的结合能铺平通向天堂的路吗？

你的光芒是我精神的源泉。你是我的太阳，我的月亮以及我所有的星星。

——E. E. 卡明斯

第 2 章　太空旅行的新黄金时代

不像中国海洋舰队经历了几世纪的没落，美国载人太空项目在冷落了十年后，正在经历重生。许多因素正在扭转这一趋势。

其中一个是来自硅谷的企业家注入的资源。私人资金和政府财政的罕见组合使制造新一代的火箭成为可能。同时，太空旅行花费的减少使得一系列的项目变成可能。公众对太空旅行的支持也达到了最高点，因为好莱坞电影和电视剧重新点燃了美国人对太空探索的热情。

而且最重要的是，NASA 最终重新找回了工作重点。2015 年 10

月 8 日，在经过多年的混乱、动摇和犹豫不决后，NASA 终于宣布了它的长期目标：把宇航员送上火星。NASA 甚至给自己描绘了一组粗略的目标，从回到月球开始。即使不是一个最终的目标，月球只是登陆火星这个更宏伟目标的一个跳板，这也让这个曾经漫无目标的机构突然有了方向。分析人士为这个决定欢呼，并将此举总结为 NASA 再一次夺回了太空探索的领导地位。

所以首先，让我们来谈谈离我们最近的天体邻居——月球，然后再飞向更遥远的深空。

回到月球

NASA 回到月球的信心是 SLS（太空发射系统）重型推进火箭和猎户座号太空舱的组合，它们都是时任美国总统奥巴马在 21 世纪初，经费削减后遗留的项目。那时他取消了星座计划，但是 NASA 还是挽救了星座计划的太空舱、猎户座号太空舱，还有 SLS 重型推进火箭。当时它们还处于计划阶段，而且由完全不同的项目发起，最后修补到一起成了 NASA 的基本发射系统。

当前,SLS/ 猎户座号火箭被列入 2020 年中期载人月球飞行计划中。

首先，你会注意到这个组合系统看起来一点儿也不像它的直系前任——航天飞机，反而有点儿像土星 5 号火箭。在大约 45 年的时间里，土星 5 号已经成了一件博物馆展品。但在某种意义上，它又以 SLS 重型推进火箭的形式复活了。看着这个组合系统，你会有某种似曾相识的感觉。

SLS 能够承载 130 吨的负荷。它有 322 英尺高，可以和土星 5 号火箭相媲美。与坐在航天飞机火箭一侧的飞船里不同，坐在推进火箭顶端的太空舱里，就像土星 5 号上的阿波罗号宇宙飞船那样，因为 SLS/ 猎户座号的设计主要是为了运送宇航员而不是货物。此外，SLS/ 猎户座号的设计不仅仅是为了到达近地轨道。它还要像土星 5 号一样，速度能达到地球的逃逸速度。

猎户座号太空舱可以搭载 4~6 名成员，而土星 5 号火箭运载的阿波罗号太空舱只能容纳 3 人。像阿波罗号太空舱一样，猎户座号太空舱的内部也很狭窄。它的直径有 16 英尺，高 11 英尺，重 5.7 万磅。（因为空间是第一优先考虑要素，所以历史上的宇航员都是小个子。例如，尤里 · 加加林只有 1.57 米。）

此外，不像土星 5 号火箭，是专门为飞到月球而设计的，SLS 火箭几乎能把你带到任何地方——月球、小行星，甚至火星。

亿万富翁们受够了 NASA 官僚作风的缓慢步伐，想尽快把宇航员送到月球甚至火星上去。时任总统奥巴马的提案迷惑了这些年轻的企业家，因为提案说私人企业可以接管载人太空项目。

NASA 的拥护者声称其谨慎的步伐是出于安全的考虑。由于航天飞机两次带来灾难性的后果，国会听证会几乎在公众的强烈反对声中完全关闭了太空项目。所以只要再有一次这种程度的失事就会终结这个项目。此外，他们还指出，在 20 世纪 90 年代，NASA 曾试图采用“更快，更好，更便宜”的标语。然而，1993 年“火星观察者号”在即将进入火星轨道时，由于燃料箱破裂而失去了控制，于是许多人认为，NASA 可能对此项目太过仓促了，而后“更快，更好，更便宜”的标语被悄悄地放弃了。

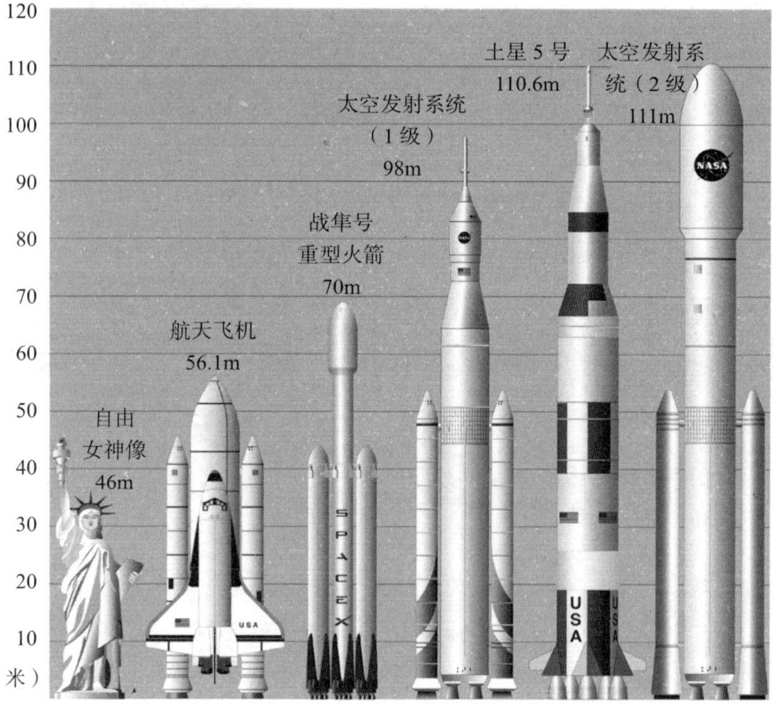

排列的这组图片比较了最初把宇航员带到月球的土星 5 号火箭和航天飞机，以及其他正在测试中的推进火箭。

因此，需要在想要加快步伐的急性子人群和对安全与失败代价风声鹤唳的官僚中找到一个微妙的平衡。

尽管如此，两位亿万富翁已经在快速发展太空项目方面占据了领先位置：亚马逊的创始人兼《华盛顿邮报》的老板杰夫·贝索斯，还有 Paypal（在线支付服务商）、特斯拉和美国太空探索技术公司

（SpaceX）的创始人埃隆·马斯克。

媒体已经开始炒作有关“亿万富翁争夺战”的话题。

贝索斯和马斯克都想把人类送到外太空去。而马斯克已经将眼光瞄准了火星，贝索斯则有一个更直接的目标——到月球上去。

去月球

来自四面八方的人聚集到了美国佛罗里达州，希望能看一眼第一个把宇航员送上月球的登陆舱。月球登陆舱在人类历史上史无前例地在一次航行中搭载三名宇航员，与另一个天体相遇。到达月球的旅行要花费三天时间，宇航员将经历前所未有的体验，例如失重。在经历了一次英勇的航程后，飞船会安全地落到太平洋上，飞船上的成员将会以英雄的身份凯旋，为世界历史翻开新篇章。

所有的计算都用牛顿定律完成了，并确保了一次精确的航行。但是有一个问题，事关儒勒·凡尔纳 1865 年出版的一本具有预见性的小说《从地球到月球》中的一个故事。那时美国南北战争刚刚结束。月球之旅的组织者不是 NASA 的科学家，而是巴尔的摩枪支俱乐部成员。

真正卓越的是儒勒·凡尔纳在第一次登月的 100 多年前，就能够预言那么多月球航行的实际特点。他能够正确描绘太空舱的尺寸、发射的地点，还有回到地球时着陆的方法。

他这本书唯一的瑕疵是使用了一门口径巨大的火炮来把宇航员送到月球。发射时的瞬时加速度大约是引力的 2 万倍，这是飞船上任何一位成员都无法承受的。然而，在液态燃料火箭出现之前，凡尔纳没有其他方法来想象这个旅行。

凡尔纳还假设了宇航员会经历失重，但这只有当他们处于月球和地球中间的某个点上时才会发生。他没有意识到宇航员在整个航程中都是处于失重状态的。（即使今天，评论员还是会对失重问题犯错误，有时说那是由于太空中没有引力造成的。事实上，太空有非常强大的引力，足以驱使像木星一样巨大的行星围绕太阳转。失重是由这样一种事实造成的：每样东西都以同样的速率下落。所以在宇宙飞船中的宇航员将会以和飞船一样的速率下落，并产生一种错觉，认为引力消失了。）

今天，并不是巴尔的摩枪支俱乐部成员的私人财富在推动着这项新的太空竞赛，真正的推动力是像杰夫·贝索斯这样的富翁的支票夹。他没有等待 NASA 用纳税人的钱来建造火箭和发射架，而是成立了自己的公司“蓝色起源”。他用自己的钱来建造这些东西。

这个项目已经完成了计划阶段。蓝色起源公司已经建造了自己的火箭系统，名为“新谢泼德号”（New Shepard）（以第一位通过亚轨道火箭进入太空的美国人艾伦·谢泼德的名字命名）。事实上，新谢泼德号火箭是世界上第一艘成功回到初始发射平台的亚轨道火箭，一举打败了埃隆·马斯克的战隼号火箭（第一艘可重复使用并向地球轨道输送有效载荷的火箭）。

贝索斯的新谢泼德号火箭只是亚轨道火箭，这意味着它不能以每小时 1.8 万英里的速度进入近地轨道。虽然它也不能带我们到月球上去，但可能是第一艘可以带游客看一眼太空的美国火箭。蓝色起源近期发布了一段视频，是在新谢泼德号上的假想视频，看上去就像你在一艘豪华游轮的头等舱里。当你进入太空舱后，它宽敞的空间将给你留下深刻的印象。远不像科幻电影里看到的狭窄空间，那里有充裕的空间留给你和其他 5 位旅行者坐上豪华的躺椅，那时你会立刻陷入黑色的真皮座椅中。你可以通过 2.4 英尺宽、3.5 英尺高的巨大窗子往外看。“每个座位都有窗子，那是太空最大的窗子。”贝索斯声称。太空旅行从未如此华丽。

因为将要进入外太空，你必须准备一些预防措施。在旅行的两天前，你要飞到得克萨斯州的范霍恩，那里有蓝色起源公司的发射装置。在那里，你将遇到你的旅行伙伴，并听取机组人员的简短讲话。因为这个旅行是完全自发的，机组成员并不随旅行者一起飞上天空。

你的指导员向你解释整个旅行将耗时 11 分钟，你将垂直升空 62 英里，到达大气层和外太空的边界。在那里，天空将会变成暗紫色，然后变得一片漆黑。一旦太空舱到达外太空，你就能解开座位安全带，然后体验 4 分钟的失重。你会像一名杂技演员一样飘浮，不受地球引力的束缚。

有些人在体验失重的时候会晕机并呕吐，但这不是什么问题，指导员如此解释道，因为这个旅行的时间非常短。

（为了训练宇航员，NASA 使用了“呕吐彗星”，那是一架能够模拟失重的 KC–135 飞机。呕吐彗星会在垂直升起后突然关闭它的引擎大约 30 秒，然后落下。宇航员就像被扔到空中的石头，经历自由落体运动。当飞机重新启动引擎后，宇航员会落到地板上。这个过程会重复几个小时。）

在新谢泼德号旅行的最后，太空舱会打开降落伞然后用它自己的火箭缓缓降落，回到地面。它没有在海洋中降落的必要，也不像航天飞机，而是有一个安全系统。如果在发射过程中发生误点火，你可以从火箭中被发射出去。（“挑战者号”航天飞机就没有这样一种发射系统，7 名宇航员因此丧生。）

蓝色起源还没有公布这次进入太空的亚轨道旅行的价格表，但是分析专家认为初始价格可能是每位旅行者 20 万美元左右。这是另一位亿万富翁理查德·布兰森正在开发的一款亚轨道火箭单次旅行的价格。他曾在太空探索史上留下了自己的印记。布兰森是维珍大西洋航空公司和维珍银河系公司的创始人，他还支持了航空工程师伯特·鲁坦的探索。2004 年，鲁坦的“宇宙飞船 1 号”因赢得 4 000 万美元的安萨里 X 奖而登上头条。宇宙飞船 1 号能够到达地球表面 70 英里之上的大气层边缘。尽管“宇宙飞船 2 号”在 2014 年飞越莫哈韦沙漠上空时发生了一次致命的事故，但是布兰森还是计划继续测试火箭并把太空旅行变成现实。时间将告诉我们，哪个火箭系统会获得商业成功。但似乎很明显，太空旅行将会成为生活的一部分。

贝索斯正在制造另一艘火箭，用它把人类送入地球轨道。那是“新格列号”火箭，它以第一位进入地球轨道的美国宇航员约翰·格列的名字命名。这艘火箭将会是一个三级火箭，立起来有 313 英尺高，能产生 380 万磅的推力。尽管新格列号火箭还处于设计阶段，贝索斯已经暗示他正计划制造一艘更加先进的火箭，名为“新阿姆斯特朗号”。也许它能飞越地球轨道，然后一直到达月球。

当他还是个孩子的时候，贝索斯就梦想着到外太空去，同行者主要是《星际迷航》里“企业号”的成员。他希望参与到基于这部电视剧而创作的戏剧中，扮演斯波克，柯克船长，哪怕是里面的计算机角色。高中毕业时，大部分青少年可能会幻想他们的第一辆汽车或者毕业舞会，但那时他拟定了下一个世纪的梦想计划。他说自己想“在太空建造旅馆、游乐场、游艇和移民地，让两三百万人绕着地球飞行”。

“这个想法就是保护地球……目的是让人类能够撤离。这颗星球将成为一个花园。”他写道。正像贝索斯看到的，地球上的污染行业最终会被转移到太空中去。

为了用实际行动证明自己，成年后，他成立了蓝色起源公司来建造未来的火箭。他的火箭公司的名字指的就是地球这颗行星，因为从外太空看，它是一颗蓝色的球。他的目标是“为付钱的顾客开发太空旅行项目。蓝色的梦想非常简单”。他说道：“我们想看到上百万的人在太空生活和工作。虽然那将花费很长时间，但是我想那是一个值得实现的目标。”

2017 年，他宣布了蓝色起源的一个短期计划，为月球建立一套传输系统。他规划了一项宏大的工程。就像在亚马逊网站只要点击一下鼠标就能迅速地投递许多种不同的商品，这个工程可以向月球投递机器、建筑材料以及商品和服务。月球曾经被认为是太空中一所孤独的前哨站，现在将成为一个热闹的工业和商业中心，配有永久的人类基地和制造业。

这段不经意的关于在月球上建造城市的对话，可能会被一般人当成古怪的疯言乱语而被忘掉。但是当它是从地球上最富有的人嘴里说出来，而他的听众是总统、国会和《华盛顿邮报》的编辑们时，这件事情就会被非常认真地对待。

永久的月球基地

为了支付这些远大工程的开销，天文学家已经研究了在月球上采矿的物理条件和经济性，并注意到至少有三个潜在的资源值得开发。

20 世纪 90 年代，一次不经意的发现引起了科学家的注意：在月球的南半球存在大量的冰。在那里，在大型山脉和陨石坑的阴影里，有一处永久的黑暗之地处于冰点之下。这片冰的起源大概是在太阳系早期历史上的一次彗星碰撞。彗星主要由冰、尘埃和岩石构成，所以任何一个撞到这些月球阴影区域的彗星都可能留下这片水和冰。这些水反过来可以转化成氧和氢（这恰好是火箭燃料的主要成分）。这可以使月球成为一个宇宙加油站。这些水还可以净化后用来饮用，或者用来建设一个小型的农场。

事实上，另一群硅谷的企业家已经成立了一家名为“月球快车”的公司，用来推进从月球采冰的准备工作。这是史上第一家得到政府许可开始这种商业活动的公司。然而，月球快车的主要目标非常审慎。这家公司计划将一辆月球车送到月球上，系统地寻找冰矿场的存在。这家公司通过私人基金筹集了足够多的钱来完成这项计划。随着资金的到位，所有的系统都将开始运转。

科学家已经分析了阿波罗号宇航员带回的月球岩石，并且相信月球上存在其他具有显著经济意义的元素。稀土元素对电子工业至关重要，但大都只有在中国才能找到。(稀土元素在世界各地都有小量分布，但中国的稀土行业占据了全世界交易量的 97%。中国的稀土储量大约占全世界储量的 30%。）有估计表明，这类稀土元素供应将在未来几十年里枯竭，因此迫切需要寻找替代元素。在月球的岩石里已经发现了稀土矿，所以有一天可能从月球上提取它们会更划算。铂是另一种对电子工业非常重要的元素，在月球上也发现了类似铂的矿物，它可能是古代小行星撞击留下的。

最后，还有可能找到在核聚变中非常有用的氦 –3。氢原子在极端高温条件下聚合到一起，这种反应就是氢的核聚变，会产生氦和大量的能量。这些多出来的能量可以用来驱动机器。然而，这一反应过程也会产生大量的中子，这是非常危险的。在聚变过程中加入氦 –3 的优点是，这个过程会释放一个质子。而质子可以很容易地用电磁场控制和转向。热核反应堆还是高度试验性的，而且至今为止，地球上还不存在。但是如果能成功地开发它们，就可以从月球上开采氦 –3，就能为将来的热核反应堆提供原料。

但是这也引出了一个棘手的问题：在月球采矿是否合法。或者说，可以在那里划界宣布主权吗？

1967 年，美国、苏联和许多其他国家签署了《外层太空条约》，禁止任何国家声明对月球这样的宇宙天体享有所有权。它禁止在地球轨道使用核武器，也禁止在月球或太空其他任何地方使用核武器。对这些武器的试验也被禁止。《外层太空条约》是第一个也是迄今唯一一个这类协议。

然而，这个协议没有提到任何关于私人拥有土地或使用月球资源进行商业活动的内容，这大概是因为那些起草协议的人不相信私人有能力到达月球。但是这些问题必须尽快解决，特别是现在太空旅行的价格在持续下降，那些亿万富翁想要将外太空开发利用商业化。

中国人已经宣布，他们将在2025年把宇航员送上月球。如果中国人能在月球插上自己的旗子，那将是具有象征性的。但是如果一些私人开发者通过他们的私人宇宙飞船到达月球后，划界宣布个人所有权，那将会发生什么？

一旦解决了这些技术和政治问题，下一个问题就是，真的住在月球上会怎么样？

住在月球

我们最早的宇航员只在月球上待了很短的时间，通常是几天。为了建造第一所载人前哨站，未来宇航员将要在那里度过更长的时间。他们将需要调整以适应月球条件，那里和地球上的条件完全不同。

限制我们的宇航员在月球上停留时间的因素有食物、水和空气的供应等，因为他们几个星期就将耗尽所携带的补给。一开始，所有的东西都必须从地球上运输过去。月球无人探测器还要每隔几周就给空间站运送补给。这些运输系统将成为宇航员的生命线，所以它们发生的任何事故都可能变为紧急事件。建设月球基地，即使只是一个临时基地，为宇航员要做的第一件事可能就是生产呼吸用的氧气和种植他们自己的食物。有许多化学反应可以释放氧气，水源的出现提供了现成的供应。而且这个水源也可以用在水田里种植农作物。

幸运的是，与地球间的通信将不会是什么问题，因为无线电信号从月球到地球只需要几秒钟。除了这一点点的延迟，宇航员还可以像在地球上一样使用他们的手机和互联网，所以他们可以和自己亲密的人保持联系，并接收最新的消息。

一开始，我们的宇航员必须住在太空舱的内部。当他们出去探险时，第一件事就是展开太阳能电池板收集能量。因为月球上的一天相当于地球上的一个月，月球上的任何地方都是两周白天接着两周黑夜。因此他们需要大块的电池来储存那两周“白天”收集的能量，以便在接下来的漫长“黑夜”中使用。

一旦到了月球，有几个原因会促使宇航员想到极区去。在极区的几座山峰上，太阳是永远不落的，所以一个配有几千个太阳能板的太阳能农场能提供持续稳定的能量。宇航员也许还能获得在极区巨大山脉和陨石坑的阴影处的水源。有估计认为，在北极地区也许能找到6亿吨的冰。一旦开始开采作业，就可以大量收集这些冰，并将其净化为饮用水使用，这些冰还可以用来制造氧气。开发月球上的土壤也是可能的，那里含有惊人储量的氧气。事实上，每1 000磅月球土壤中就含有大约100磅氧气。

宇航员还必须调整适应月球的低重力。根据牛顿的引力理论，任何星球的引力大小都和它的质量相关。月球的引力大约是地球的1/6。

这意味着，在月球上，即便移动很重的机器也很容易；逃逸的速度也慢很多，所以火箭在月球上的起飞降落也将容易很多。在将来，人类很有可能在月球上建造一座繁忙的太空港。

但是我们的宇航员还必须重新学习简单的动作，比如走路。阿波罗号宇航员认识到在月球上走路是非常别扭的一件事。他们发现，最快能掌握的动作是蹦。因为月球上的低重力，你蹦一下比迈一步移动得更远，而且也更容易控制你的运动。

另一个需要应对的问题是辐射。持续几天的任务并不是什么严重的问题。但是如果宇航员需要在月球上待几个月，他们的身体就得长时间暴露在辐射中，这可能严重地增加他们患癌症的风险。(在月球上，再简单的疾病问题也可能升级成对生命的威胁。所以所有宇航员必须进行急救训练，他们中的一些人可能还是医生。例如，如果一名宇航员在月球上心脏病发作或者患上阑尾炎，医生很可能将利用特殊工具与地球建立远程会议系统，通过遥控的方式来进行手术。机器人也可以被带去，通过地球上技术高超的医生的引导，做多种形式的显微手术。）宇航员还需要从监控太阳活动的天文学家那里获得每天的“天气报告”。这些天气预报不需要指出即将到来的暴风雨，但需要对活跃的太阳耀斑活动给出警报。这些活动将向太空发出炙热的辐射流。如果太阳上发生大爆炸，宇航员就会被告知寻找掩蔽体。警告发出后，宇航员将有几个小时的时间，在一场致命的亚原子带电粒子风暴袭击基地前做好准备。

规避辐射的一种方法大概是在月球的熔岩洞穴里挖一座地下的基地。这些地下洞穴是古代火山的遗迹，可能很大，直径可达 1 000 英尺，可以提供足够的保护，使宇航员免受来自太阳和外太空的辐射。

一旦宇航员建立起临时的防护，就会有大量来自地球的机械和补给运输，为建造永久的月球基地做好准备。运输已经预先建造的材料和可充气的物品将会加速这个进程。（在电影《2001 太空漫游》中，宇航员住在巨大的现代化地下月球基地中，里面配有着陆平台可用于火箭着陆，也可作为协调月球采矿作业的总部。我们的第一座月球总部的功能也许不会那么全面，但电影里出现的场景大概不久就会实现。）

在建造这些地下基地的过程中，你将不可避免地想要具备建造和修理机器的能力。尽管推土机和起重机这样的大型设备必须从地球运输过来，但是通过 3D 打印，宇航员也能在现场制造小型的塑料机器零部件。

理想的情况下，工厂将会用金属建造而成。但是不太可能建一座高炉，因为无法提供熔炉需要的空气。然而，实验表明，月球的土壤在被微波加热后，可以熔化和熔融，制成像岩石一样硬的陶瓷砖块，这些砖块可以用作整个月球基地的基本建筑材料。原则上，所有的基础设施都可以用这种材料来建成，这种材料可以直接从月球土壤里采集。

月球上的娱乐消遣

最后，还有一些消遣项目可以帮助宇航员释放压力。当“阿波罗 14 号”在 1971 年登陆月球时，NASA 并不知道指挥官艾伦·谢泼德秘密地将一支 6 号高尔夫球杆偷偷带进了太空舱。当他把球杆拿出来然后在月球表面用一个高尔夫球打出200码[1]时，所有人都非常吃惊。这是第一次也是仅有的一次人类在另一个天体上从事一项体育活动。（这支高尔夫球杆的复制品现在被陈列在华盛顿特区的史密森尼学会的国家航空航天博物馆。）由于月球表面缺乏空气和重力，因此在上面进行体育活动的确是一种特殊的挑战，但这也将带来非凡的体育成绩。

阿波罗15、16和17号让我们的宇航员得以在满是灰尘的月球表面开着漫步车移动了17~22英里。这不仅是一项有价值的科学任务，还是一项刺激的探险，他们可以看到外面雄伟壮观的陨石坑和山脉，而且他们是第一批看到过这些令人震惊的景象的人。在未来，开着这些沙丘轻型车不仅有助于对月球表面进行调查研究，安装太阳能板和建设第一座月球站，它也会成为一种娱乐活动，甚至会使首届月球运动会成为可能。

外星地貌的奇特景观可能会使月球旅游和探险成为一种流行的娱乐活动。在低重力的条件下，远足旅行者即使长途跋涉也不会感觉累。登山者用很小的力气就能用绳索从山崖边上下来。在陨石坑和山脉的山顶上，他们将会看到前所未有的月球地貌景观。毫不夸张地说，那里几十亿年来都未曾有人到达。那些喜欢探索洞穴的人将会非常激动地研究月球上交错的巨大岩浆洞穴网。在地球上，这种洞穴是由地下河流雕刻而成的，并以钟乳石和石笋的形式保留了古代水流过的证据。但是在月球上，没有明显的液态水存在。因此月球上的洞穴被熔化的岩浆流重塑。它们和我们在地球上看到的山洞是完全不同的。

---

① 1码≈0.914米。——编者注

月球从何而来?

一旦采矿作业成功地开发出在月球表面勘探到的资源，我们的目光就不可避免地转向更加富饶的地下财富。找到它们将会改变经济格局，就像在地球上碰巧意外发现了石油一样。但是月球的内部是什么样的？为了回答这个问题，我们必须思考另一个问题，月球从何而来？

在上千年的时间里，月球的起源一直吸引着人类。因为月亮统治着黑夜，人们常常将它和黑暗还有疯狂联系到一起。疯狂（lunatic）这个单词来自月（luna），即拉丁语月亮的意思。

古代的海员痴迷于月球、潮汐和太阳的联系，并且正确地确定了三者的紧密关联。

古人还注意到另一个有趣的事实：你只能看到月球的一侧。想想一直以来你看到的月亮，你就会意识到自己一直在看月亮的同一侧。

艾萨克·牛顿最终把这些谜一样的碎片拼到了一起。他计算了由月球和太阳对地球海洋的吸引力引起的潮汐现象。他的理论表明，地球也会在月球上引发潮汐效应。因为月球是由岩石构成的，没有海洋，它实际上是在被地球挤压，而这种力量使它轻微地隆起。它曾经一度在绕着地球旋转的轨道上自转。最终，这种旋转变慢，直到月球的自转被地球锁定，因此它朝向我们的总是同一面，这就叫潮汐锁定。这种现象在整个太阳系都会发生，包括木星和土星的卫星。

使用牛顿定律，你还能确定潮汐力正在使月球缓慢地沿螺旋路线远离地球。它的轨道半径每年增大 1.6 英寸[①]。若想测量这个微小的变化，我们可以通过向月球发射激光，然后计算这束激光返回地球所需的时间——我们的宇航员在月球上留下了一面镜子，可以帮助我们完成这个试验。这个来回只需要大约两秒，但是这个数值正在逐渐增加。如果月球正在螺旋式飞离，那么，通过倒推法，我们就能估算出它过去的轨道。

一个快速的计算表明，月球是在几十亿年前和地球分离的。现代证据表明，45 亿年前，在地球形成后不久，地球和某一颗巨大的小行星发生过一次惊天动地的碰撞。这颗小行星，我们叫它“忒伊亚”（Theia），大小和火星差不多。计算机模拟让我们对这次碰撞有了深入的了解，它把地球撞下来巨大的一块，然后把它抛到了太空中。但是因为这次碰撞是一次侧面撞击而不是正面对撞，所以没有带走太多地球内部的铁芯。因此，尽管月球上也含有一些铁元素，却没有明显的磁场，因为它缺少一个熔融状态的铁核。

在碰撞后，地球就像吃豆人游戏里的那个小人，被吃掉巨大的一角。但是由于引力的作用，月球和地球最终又都被塑造成了球形。

碰撞理论的证据是由宇航员提供的，他们在登月的历史性旅途中带回了重 842 磅的岩石。天文学家发现，月球和地球有着近乎相同的化学成分，包括硅、氧和铁。相比之下，对小行星带上的岩石的随机分析却显示，它们的成分和地球非常不一样。

在伯克利辐射实验室做理论物理研究生时，我接触到了月球的岩

① 1 英寸 =2.54 厘米。——编者注

石。我有机会在高倍显微镜下观察，我对我看到的景象感到吃惊。这些岩石上有微型陨石坑，这是几十亿年前撞到月球上的微流星造成的。然后，更深入地，我看到陨石坑内的陨石坑，这里面甚至还有更小的陨石坑。在地球上，像这种在一连串的陨石坑内还有陨石坑的结构是不可能存在的，因为微流星在通过大气层时就被蒸发了。但是，因为月球没有大气层，这些微流星能撞到月球的表面。（这意味着，微流星可能也是宇航员登月时面临的一个问题。）

因为月球的组成成分和地球很相似，所以事实上，如果你想在月球上建造城市，从月球内部开采才真正有意义。如果月球岩石只提供我们已有的东西，那么把它带回地球可能过于昂贵了，但是月球上的物质对于在月表建造建筑物、道路和月球高速公路等基础设施可能有极大的价值。

在月球上行走

如果在月球上脱下宇航服会发生什么？没有了空气，你可能会窒息，但是还有一些更令人不安：你的血液会沸腾。

在海平面上，水会在212华氏度[①]或100摄氏度沸腾。水的沸点随着大气压强的下降而下降。在孩提时代，我有一天在上山露营的时候就生动地验证了这个原理。我们用平底锅煎蛋。这些蛋在锅里嗞嗞作

① 1华氏度 $=^5/_9$ 开。——编者注

响，看起来很好吃。但是吃它们时我差点儿吐出来。它们尝起来很糟糕。然后我才知道，当登上高山时，大气压强开始下降，水的沸点随之降低。尽管鸡蛋被煎得起泡，看起来像煎熟了，但它们永远也不会熟透。这些煎蛋根本不够热。

小时候过圣诞节时，我也遇到过类似的事情。我们家里有老式的圣诞节彩灯，它的电子固定装置的上面都有垂直的细水管。打开时非常好看，管子中色彩鲜艳的水开始沸腾。然后我做了一件愚蠢的事。我用手指直接去握那些有沸水的管子。我立刻想到会被沸腾的水的高温烫伤，但是我几乎没有什么感觉。多年后，我意识到当时发生了什么。水管内是半真空的，因此水的沸点降低，即使一个很小的电子固定装置的热量都可以使液体沸腾，但是那沸腾的水一点儿也不热。

如果宇航员的宇航服在太空或月球上漏气了，那他们将会遇到同样的物理状况。随着空气从宇航服中泄漏出去，里面的压强下降，水的沸点也随之下降。最终，宇航员体内的血液将开始沸腾。

坐在地球的椅子上，我们忘记了每平方英尺几乎有 15 磅重的气压压在我们的皮肤上，因为我们头顶上有一大团空气。为什么我们没有被压垮？因为我们身体内有 15 磅重的压力在向外推。它们达到了平衡。但是如果是在月球上，我们身上那 15 磅重的压力就消失了。而我们只有来自体内向外的 15 磅重的压力。

换句话说，在月球上脱下宇航服是一种非常难受的体验。最好一直都穿着它。

一座永久的月球基地是什么样子的？遗憾的是，NASA 还没有发布任何正式的蓝图，所以我们只能把科幻作家和好莱坞编剧的想象作为粗略的向导。但是一旦建立起月球基地，我们就会尽力使它完全实现自给自足。这样一个系统将极大地降低花费。但它也需要大量的基础设施：建造大楼的工厂，提供食物的巨大温室，产生氧气的化学工厂，还有提供能量的巨大太阳能板。为了能负担得起这些，人们需要收入来源。因为月球大部分是由和地球一样的矿物构成的，所以我们需要把目光放得更远，寻找收入来源。这也是硅谷的企业家已经把他们的目光放到了小行星上的原因。太空中有上百万颗小行星，它们也许就是数不清的财富之源。

“杀手”小行星是自然的提问方式，“那个太空项目进展如何？”

——佚名

第 3 章　开采天堂

托马斯·杰斐逊被深深地困扰着。

他刚刚和拿破仑签订了超过 1 500 万美元的合同，这在 1803 年是很大一笔钱，是他担任美国总统以来最具争议和涉及数额最大的决定。他使美国的国土面积增加了一倍。现在这个国家将一直延伸到落基山脉。购买路易斯安那州将可能是他总统生涯中最大的成就，也可能是最大的失败。

看看地图，这次花巨资购买的土地在地图上还没有被完全标记出来，他在纠结将来是否会后悔这个决定。

最终，他给梅里韦瑟·刘易斯和威廉·克拉克委派了一项任务，那就是去考察他买的土地。那里到底是一个等待移民的荒野天堂还是一片荒凉的废墟？

私下里，他承认，无论如何可能都要花上 1 000 年才能让人们在这么大的一片土地上定居下来。

几十年后发生的一些事情改变了这一切。1848 年，在美国加利福尼亚州的萨特山发现了金子。这个消息迅速传开，超过 30 万人像潮水一般涌入这个荒野之地寻找财富。来自各地的船只在旧金山港口成排地停泊。该州的经济规模迅速扩大。转年，加利福尼亚州申请成立州府。

农民、大牧场主和商人紧随其后纷纷到来，这使得建成西部第一大城市成为可能。1869 年，铁路修到了加利福尼亚，把它与美国的其他地区连接起来，支撑起了运输和贸易，促进了这个区域人口的快速增长。19 世纪，人们的口头禅是："去西部吧，年轻人。"淘金热极大地促进了人们对美国西部的开发和到那里定居，并使得所有这一切成为现实。

今天，有些人怀疑对小行星带的开采可能会引发另一波在外太空的淘金热。私人企业家已经对开发这个区域和它说不清的财富表现出很大兴趣，而 NASA 已经资助了好几个这样的项目，目标都是把一颗小行星带回地球。

下一次大扩张是小行星带？如果是这样，我们会如何运作和维持这种新型的太空经济？在 19 世纪西部蛮荒的农业供应链和未来的小行星供应链之间，人们可以想象一种潜在的类比。在 19 世纪初，成群的牛仔把西南地区农场主的牲口赶向 1 000 英里外的城市，比如芝加哥。在那里，人们将牛肉加工好，然后用火车送到东部地区以满足城市地区的需要。就像早期这些牛仔将西南和东北地区联系起来一样，也许会有一个经济体把小行星带和月球及地球联系起来。未来月球将会像芝加哥一样，加工来自小行星的富有价值的矿物，然后把它们运送到地球。

小行星带的起源

在我们进一步探讨开采小行星的细节之前，先澄清一些我们经常混淆的术语也许是有帮助的，这些术语是流星、陨石、小行星和彗星。流星是划过天空时在大气层燃烧起来的岩石。流星的尾巴，指向运动的相反方向，这是由空气摩擦引起的。在晴朗的夜晚，你抬头凝视，几分钟就可以看到一颗流星划过。

真正落到地球上的岩石叫作陨石。

小行星是太阳系里的岩石碎片。它们大部分处在小行星带，是火星和木星之间一颗未成形行星的残骸。所有已知小行星的质量加起来只有月球质量的 4%。然而，这些物体中的大部分还没有被我们探测到，它们可能高达几十亿个。大部分小行星运行在小行星带稳定的轨道上，但是偶尔会有一些小行星偏离轨道飞入地球大气层，燃烧起来成为一颗流星。

彗星是一块含冰岩石，起源于地球轨道之外很远的地方。小行星都位于太阳系内部，但许多彗星的轨道达到了太阳系外层边缘的柯伊伯带，甚至超出太阳系延伸到奥尔特云之中。我们在夜空中看到的彗星是它们之中沿着轨道运行到太阳附近的成员。当彗星接近太阳时，太阳风会把彗星上的冰和尘埃粒子吹离彗星，形成一条背向太阳的尾巴，而不会偏离运动方向。

多年来，对太阳系是如何形成的，我们已经有了大致图像。大约50亿年前，太阳是一团缓慢转动的巨大气体云，主要由氢气、氦气和尘埃构成。它的直径达到7光年（1光年是光走一年的距离，约6万亿英里）。因为质量巨大，它逐渐在引力作用下收缩。随着体积减小，它转得越来越快，就像花样滑冰选手在把他们的手臂收紧时会转得更快一样。最终，这团气体云凝聚成一个以太阳为中心的快速旋转的圆盘。环绕着它的气体尘埃盘开始形成原行星，随着它们持续吸收物质而变得越来越大。这个过程解释了为什么会出现所有的行星沿着同样的方向，在同一个平面绕着太阳旋转的现象。

人们相信其中一颗原行星离最大的行星木星太近了，以致被它强大的引力撕裂，形成了小行星带。另外一种理论认为，小行星带可能起源于两颗原行星的碰撞。

太阳系可以被描绘成围绕太阳的4个带：最内侧是由岩石行星构成的带，包括水星、金星、地球和火星；然后是小行星带；在这之外是气体巨行星带，由木星、土星、天王星和海王星组成；最后是彗星带，也被称为柯伊伯带。而在这4个带的外面，有一个名为奥尔特云的球状彗星云包围着太阳系。

水是一种简单的分子，在太阳系早期是一种常见的物质，但是因与太阳的距离远近而呈现不同的物态。我们在水星和金星上发现，当水离太阳很近时，会蒸发变成蒸气。地球距太阳要远很多，所以水以液态形式存在。（有时候它也被称为“金发姑娘带”[①]，那里的温度适合液态水的存在。）在这个距离之外，水就变成冰了。所以火星以及在那之外的行星和彗星上的水主要是冰冻形态。

开采小行星

了解小行星的起源以及它们的成分，对开采作业起着决定性作用。

开采小行星的想法并不像它看上去那么荒谬。我们其实对它们的组成有相当程度的了解，因为它们中的一些撞到了地球上。小行星由铁、镍、碳和钴组成，而且它们还含有大量的稀土和贵金属，比如铂、钯、铑、钌、铱和锇。这些元素天然地存在于地球上，但是它们非常稀少和昂贵。地球上这些资源的供应将在未来几十年内枯竭，从小行星带中开采它们将是非常经济的选择。而且小行星一旦被轻推进入月球轨道，就可以被随意开采。

2012 年，一群企业家成立了一家名为行星资源的公司，从小行星上提取贵重矿物并把它们带回地球。这个雄心勃勃并且有着潜在巨大利润的计划获得了硅谷一些大佬的支持，包括谷歌母公司 Alphabet 股份有限公司的 CEO（首席执行官）拉里 · 佩奇，及其执行总裁艾瑞克 · 施密特，还有奥斯卡最佳导演奖得主詹姆斯 · 卡梅隆。

---

① 指的是金发姑娘和三只熊的故事，比喻某种事物不大不小刚刚好。——译者注

从某种意义上讲，小行星就像一座在外太空飞行的金矿。例如，2015 年 7 月，有一颗小行星飞到了离地球 100 万英里之内的距离，大约是地月距离的 4 倍。它的直径大约为 900 米（或者说 3 000 英尺），据估计，它的核心含有 9 000 吨的铂，价值 5.4 万亿美元。行星资源公司估计，一颗直径为 39 米的小行星含有的铂，价值就可达 250 亿 ~500 亿美元。这家公司做了充足的功课，做出一份列表，标记了邻近地球适宜开发的小行星。如果它们中的任何一颗能被成功地带回地球，都相当于一座矿物母脉，能为投资者提供丰厚的回报。

在这约 1.6 万颗被认为是近地天体（那些轨道穿过地球轨道的小天体）的小行星中，天文学家鉴定甄选出 12 个非常适合带回地球的候选天体。它们每一个直径都在 10 英尺至 70 英尺之间，我们可以通过细微改变它们的轨迹，诱导其进入月球或地球轨道。

但是近地之外还有许多其他的小行星。2017 年 1 月，在一颗新的小行星即将从地球旁呼啸而过的几个小时内，天文学家意外地发现了它。它飞过地球时仅距离我们 3.2 万英里（或者说是地月距离的 13%）远。幸运的是，它的直径只有 20 英尺，即使撞到我们也不会引发严重的灾害。然而，它的确进一步证实了有很多小行星会与地球擦肩而过，而它们中的大部分还没有被探测到。

探索小行星

小行星非常重要，NASA 已经把探索它们作为火星计划的第一步目标。2012 年，在行星资源公司大型新闻发布会公布其计划后的几个月，NASA 就宣布了小行星机器人探矿者项目，这一项目将会分析从小行星采矿的可行性。而后，在 2016 年秋天，NASA 发射了价值 10 亿美元的探测器——OSIRIS–REx，以飞赴小行星贝努。那是一颗直径 1 600 英尺的小行星，它将在 2135 年经过地球。根据当时的估计，到 2018 年，这个探测器将会围绕着贝努运行，并在其表面着陆，然后将 2~70 盎司[①]的岩石带回地球进行分析。这个计划并不是没有风险，NASA 担心即使轻微扰动贝努的轨道也可能使它在下一次经过地球时撞上地球（如果它撞上了地球，撞击的威力将相当于 1 000 颗广岛原子弹）。但是这项任务能为拦截和分析太空物体提供宝贵的经验。

NASA 还在开发小行星转向任务，目标是从太空实际取回小行星石块。虽然经费还没有落实，但人们希望这个计划能为太空项目开辟一个新的收入来源。这一项目有两个阶段。首先，一个无人探测器会被送入深空，以拦截一颗小行星，这颗小行星已经用地球上的望远镜仔细地分析过了。在对其表面进行详细的调查研究后，探测器将在上面着陆，然后用钳状钩子抓取一块大石头。之后，探测器将点火飞向月球，用绳索把岩石拖回去。

与此同时，一艘载人火箭会使用 SLS 重型推进火箭和猎户座号太空舱离开地球。太空舱和无人探测器都在月球轨道上运行，太空舱会停靠在探测器上。宇航员将离开猎户座号太空舱，进入探测器提取样本进行分析。最后，猎户座号太空舱会与无人探测器分离，然后返回地球，落到海洋里。

---

① 1 盎司 ≈28.350 克。——编者注

这个任务一个可能的复杂之处在于，我们对小行星的物理结构还不是很了解。它们可能是固体，也可能是一些由引力束缚在一起的岩石块，如果是后者，当我们试图在上面着陆时，它们自己可能会散开。由于这个原因，在开展这项任务前，需要进行进一步的调查。

小行星有一个值得注意的特征是，它们的形状极其不规则。它们常常看起来像变形的土豆，而且体积越小，形状越倾向于不规则。

因此，这引出了一个孩子们经常问的问题："为什么星星、太阳，还有行星都是圆的？为什么恒星和行星不会变成立方体或金字塔的形状？"由于很小的小行星质量很小，因此重塑它们需要的引力也很小，而大的天体，比如行星和恒星有强大的引力场。这个引力场是均匀的，而且是向内吸引的，因此会把一个不规则形状的物体挤成一个球形。所以，行星在几十亿年前不一定是圆的，但是随着时间的推移，引力场的吸引会把它们挤压成光滑的球形。

孩子们经常提出的另一个问题是，当太空探测器穿过小行星带时，为什么它们不会被撞毁。在电影《星球大战》里，我们的英雄差一点儿就被四处乱飞的巨大岩石块撞倒。虽然好莱坞的描述令人激动，但幸运的是它并不能真正代表小行星带的密度。事实上，小行星带主要处于一个真空环境中，偶尔有飞过的岩石。当未来的开采者和移居者在寻找新大陆的过程中勇敢地面向外太空时，大部分时间，他们会发现小行星带是相对易于航行的。

如果按照计划执行这些小行星的开发步骤，那么我们最终的目标将会是建立一座永久的基站以维护、再供给和支持未来的任务。小行星带中最大的天体谷神星可能是这个行动的最佳地点。像冥王星一样，谷神星（它的名字源于希腊神话中的农业女神，它也是单词谷物的来源。[①]）最近被重新划分成一颗矮行星，而且我们认为它永远无法聚集足够多的物质来和周围的行星竞争。作为一个天体，它很小，大约是地球的 1/4，没有大气层也几乎没有重力。然而，作为一颗小行星，它又是巨大的；直径大约 580 英里，或者说大概和得克萨斯州差不多大，质量占整个小行星带所有质量的 1/3。考虑到它的弱引力，因而可能是一个理想的空间站，因为火箭将很容易着陆和离开这颗小行星，而这正是建造空间站非常重要的因素。

NASA 的"黎明号"小行星探测器于 2007 年发射，自 2015 年开始进入谷神星轨道。该计划发现谷神星是一个有大量陨石坑的球体，主要由冰和岩石构成。理论认为很多小行星和谷神星一样包含冰，可以用于加工提取出氢和氧，再作为燃料。最近，利用 NASA 的红外望远镜设备，科学家发现小行星忒弥斯女神 24 号完全被冰层覆盖，其表面存有机化学物质的迹象。这些发现增加了这个推测的真实性：小行星和彗星可能在几十亿年前把原始的水和氨基酸带到了地球上。

与月球和行星相比，小行星很小，因而它们很可能不会发展成永久的移民城市。在小行星带建立一套稳定的通信将会非常困难。在小行星带的大部分地方，没有空气可以呼吸，没有水喝，没有能源可用，也没有土壤可以种植食物，更不用提那里没有重力了。因此，小行星更可能会成为采矿者和机器人的临时住所。

但是小行星能为主要任务——载人火星任务提供一个必要的跳板。

① 其实是罗马神话。——译者注

火星就在那里，等着我们去。

——布斯 · 阿尔德林

我想要死在火星上——但不是被撞击而死的。

——埃隆 · 马斯克

第 4 章 火星，还是失败

埃隆 · 马斯克是有点儿标新立异，一个企业家却有一个宇宙使命：建造将来能带我们飞到火星的火箭。齐奥尔科夫斯基、戈达德，还有冯 · 布劳恩都曾梦想去火星，但是马斯克可能真的会实现这一目标。在这个过程中，他打破了所有的游戏规则。

他幼年在南非时，就已经爱上了太空项目，甚至还自己建造了一艘火箭。他的父亲是一名工程师，支持他的这个兴趣。刚开始时，马斯克的结论是要避免人类的终结只能通过到达其他星球来实现。因此，他为自己制定了一个目标—— “使生命多星球化”，这也成了他职业生涯的主旋律。

除了火箭科学，他还有两项其他热情，那就是计算机和商业。他从 10 岁开始编程，并在 12 岁时以 500 美元的价格卖出了他的第一款电子游戏——爆破工。他烦躁不安，始终希望有一天能到美国去。17 岁时他自己移民去了加拿大。当他从宾夕法尼亚大学拿到了物理学学士学位时，他纠结于两种职业选择。一种是成为物理学家或工程师，设计火箭或其他高技术设备。另一种是从商并利用他的计算机技术来积聚财富，这能让他为自己的梦想获取资金。

1995 年，当他在斯坦福大学开始应用物理的博士学习时，这个两难的困境走到了最后关头。仅仅两天之后，他毅然退学并投入互联网创业的世界中。他借了 2.8 万美元成立了一家软件公司，该公司为新闻出版行业制作了一个在线的城市向导。4 年后，他把这个公司以 3.41 亿美元卖给了康柏集团。他从中获得净利 2 200 万美元，之后他立刻充满干劲，把这些钱投入一家名为 X.com 的新公司，这家公司后来发展成了 PayPal。在 2002 年，eBay（易贝）以 15 亿美元的价格买下 PayPal，马斯克从中得到了 1.65 亿美元。

他终于有了充足的资金来实现他的梦想，他成立了美国太空探索技术公司和特斯拉公司。他一度将个人全部净资产的 90% 投入这两家公司。不像其他的航天企业，是基于现有的技术来制造火箭，美国太空探索技术公司为可循环使用火箭首创了革命性的设计。通常火箭在每次发射后都会被丢弃，而马斯克的目标是通过反复使用推进器，把太空旅行的花费降低至原来的 1/10。

几乎是从零开始，马斯克开发了战隼号（是以《星球大战》中的

“千年隼号”来命名的)，它可以推进一艘龙号太空舱进入太空(根据一首歌《喷，魔法龙》命名)。2012 年，美国太空探索技术公司的战隼号火箭创造了历史，它是第一艘到达国际空间站的商业火箭，也是第一艘在成功完成了一次轨道飞行后又在地球着陆的火箭。他的第一任妻子，贾斯汀 · 马斯克说过：“我喜欢把他比作终结者。他设定了程序，然后就不会停止了。”

在 2017 年，他实现了另一项伟大胜利，成功地将一艘已经使用过的火箭再次发射升空。这艘火箭曾经在发射台着陆，然后被清洗维修，并为第二次发射做好准备。反复使用火箭可能给太空旅行的经济性带来革命性影响。想想二手车买卖市场。在“二战”后，汽车的价格对许多人来讲还是难以承受的，特别是对军人和年轻人而言。二手车行业让大众消费者也能买上汽车，并改变了所有事情，包括我们的生活方式和社交关系。今天，在美国，每年大约有 4 000 万辆二手车被卖出，是卖出新车数量的 2.2 倍。同样，马斯克希望他的战隼号火箭能改变航天市场，并使火箭的价格大幅下降。大部分的组织不会在乎用于发射卫星的火箭是全新的还是被使用过的。它们会选择最便宜和最可靠的方法。

完成第一艘可再次利用的火箭是一个里程碑，但是当马斯克公布他那个飞向火星的宏伟计划的细节时，还是让听众感到很震撼。他期望在 2018 年向火星发射无人火箭，接着在 2024 年发射载人火箭，领先 NASA 十年。他的终极目标不仅是在火星上建设一个前哨站，而且还要建立一整座城市。他希望发射一个由 1 000 艘改装过的战隼号火箭组成的舰队，每一艘火箭可搭载 100 名移民者。他们将在那颗红色星球上建立第一个定居地。马斯克计划的关键是大幅减少太空旅行的花费并优化革新。一次火星发射计划的价格一般在 4 000 亿 ~5 000 亿美元，但是马斯克只用 100 亿美元就能建造并发射火星火箭。一开始，火星之旅的票价会很贵，但是由于太空旅行价格的下降，从地球到火星往返一次的价格最终会降到每人 20 万美元。这与仅仅到达地球上空 70 英里处的维珍银河太空船 2 号的价格相当，而用俄罗斯火箭抵达国际空间站的价格估计在 2 000 万 ~4 000 万美元。

马斯克提出的火箭系统最初名为“火星移民运输者”，但是后来他将其改名为“行星际间运输系统”，因为正如他所说，“这个系统将真正帮助你实现去太阳系任何一个地方的自由”。他的长远目标是建立一个联系各行星的网络，就像连接美国各个城市的铁路那样。

马斯克看到了他亿万帝国中各部分协同运作可能带来的潜力。特斯拉公司开发了一款先进的全电动车，马斯克大量使用了太阳能，而这将是任何火星前哨站的主要能量来源。因此，马斯克处在一个理想的位置，可以提供用于推进火星移民所需的电力机械和太阳能板。

虽然 NASA 的缓慢和迟钝经常令人苦恼，但企业家仍相信他们能很快地带来全新的、革命性的想法和技术。“有一个愚蠢的说法，在 NASA，失败不是一个选项，”马斯克说道，“在这里，（美国太空探索技术公司）失败是一个选项。如果事情没有失败，那说明你没有做到足够的创新。”

马斯克也许代表着当前太空项目的特点：鲁莽、无畏，除了创新和聪明之外，他还打破了常规。他是一类新型的火箭科学家——亿万富豪企业家型的科学家。他常常被比作托尼·斯塔克，这是钢铁侠的另一个身份，一个自信而世故的工业家和发明家，斯塔克在家时就像一个商业大亨和工程师。事实上，《钢铁侠》电影中的第一部分就是在洛杉矶的美国太空探索技术公司总部拍摄的。参观者只要来到这里，就会见到穿着钢铁侠盔甲的托尼·斯塔克真人大小的塑像。马斯克甚至影响了男装设计师尼克·格雷厄姆在纽约时装周上的太空主题发布会，他解释道："他们说火星是新的流行时尚——在每个人的雄心壮志中，火星是一种令人难以置信的顶级潮流。"这个想法就为了展示 2025 年秋季系列，这是埃隆·马斯克希望第一批人登陆火星的年份。

马斯克这样总结他的理念："对于积累个人财富，我真的没有任何动力。"他说："我只想在生命实现多星球生存方面，尽我所能。"XPRIZE（一家通过设计和实施创新竞赛模式以解决世界最严峻挑战的全球领先组织）的彼得·戴曼迪斯曾说过："这比仅仅盈利有着更大的驱动力。（马斯克的）愿景令人陶醉，也很有吸引力。"

登陆火星的新太空竞赛

这个关于火星演讲的所有内容，当然会引发竞争。波音公司的首席执行官丹尼斯·米伦伯格曾说道："我确信第一个踏上火星的人将会搭乘一艘波音火箭。"他在马斯克宣布其火星计划后的一周做出这一惊人的评论，这大概不是巧合。马斯克也许抢占了所有的头条，但是波音公司在太空旅行方面有着悠久的成功历史。毕竟是波音公司为著名的土星 5 号制造了推进火箭，它载着宇航员到达了月球，而且还有制造 SLS 重型推进火箭的合同，要知道，那是 NASA 火星任务计划中的基石。

NASA 的支持者曾指出，对于过去主要的太空项目来说，公共资助是关键，例如太空项目的一个珍品——哈勃太空望远镜。私人投资者会投资这样一个充满危险、对股东来说没有回报希望的项目吗？大型企业、官方的支持对这一冒险事业是必要的，因为它对私人企业来说太过昂贵了，或者没有产生回报的希望。

在这些互相竞争的项目上，各家都有自己的优势。波音的 SLS 可以把 130 吨重的东西送到外太空，比马斯克的战隼号重型运载火箭能发送更多载荷，战隼号重型运载火箭只能承载 64 吨。然而，战隼号的成本也许更容易负担。现在，美国太空探索技术公司的太空发射成本最低，大约是每磅 1 000 美元，或者说是通常的商业太空运送成本的 10%。随着美国太空探索技术公司进一步完善其可重复利用火箭这一技术，这个价格可能会继续降低。

NASA 发现自己处在令人羡慕的位置上，有两个请愿者在竞争一个美差项目。它原则上还可以在 SLS 和战隼号重型火箭之间做出选择。当被问起来自波音的挑战时，马斯克说："我想这是件好事，可以有多种方式到火星……有很多事情同时进行。你知道的，越多越好。"

NASA 发言人曾说过："NASA 赞赏所有那些想取得下一步巨大飞越，推进火星之旅的人……这个旅程将需要最好和最聪明的人……在 NASA，过去的几年我们一直在努力制订一个可持续的火星探索计划，并建立一个由国际和私人机构共同组成的合作联盟来支持这项梦想。"最后，竞争精神可能会成为太空项目的一项财富。

然而，对这项竞赛有一些颇具诗意的裁判。太空项目，通过迫使电子器件的小型化，打开了计算机革命的大门。这些由计算机革命所催生出的亿万富翁，被童年时期对太空项目的记忆鼓舞，兜了一圈把他们的财富重新投入太空探索。

欧洲人、中国人和俄罗斯人都表示，要在2040年到2060年开展火星载人航天项目，但这些项目的资金还是问题。然而，比较肯定的是，中国人会在2025年登上月球。毛主席曾经感叹中国如此落后，连一个土豆都不能送到太空中。自那时起，事情有了彻底的变化。中国从俄罗斯买入20世纪90年代的火箭，将其改进后把10名宇航员送入地球轨道。中国还在进行宏伟的计划，要建造一座空间站，并在2020年研发出像土星5号一样强大的火箭。在其各种类型的5年计划里，中国认真地沿着俄罗斯和美国率先采取的步骤前进。

即使最有希望的梦想家也十分清楚，在火星旅程中宇航员将面临许多危险。当被问起是否会亲自去火星时，马斯克也知道，在第一次飞向这颗行星的旅程中牺牲的可能性“非常高”，他说他还想看着自己的孩子长大成人。

太空旅行可不是周末野餐

载人火星任务的潜在危险是令人生畏的。

首先是灾难性的失败。我们进入太空时代已经超过50年了，然而火箭发生灾难性事故的可能性仍然有1%左右。在火箭内部有成百上千的活动部件，它们中的任何一个都可能导致发射失败。在航天飞机总共 135 次的发射中，发生过两次可怕的事故，或者说存在大约 1.5% 的失败率。太空项目的总死亡率是 3.3%。在 544 名去过太空的人中，有 18 位牺牲了。只有非常勇敢的人才会想坐在 100 万磅重的火箭燃料上面，等着以每小时 2.5 万英里的速度被发射到太空里，而且不知道自己能否重返地球。

还存在一个“火星魔咒”。我们发射到火星的太空探测器有 3/4 根本不会到达那里，这主要是因为距离遥远、存在辐射、机械故障、通信中断、微小流星等问题。即使如此，在这方面美国的纪录也比俄罗斯要好得多。俄罗斯人在试图到达这颗红色星球的过程中经历了 14 次失败。

另一个问题是火星之旅的时长。乘阿波罗号去月球只要 3 天，但是去火星的旅程单程就需要 9 个多月，而一次完整的往返旅行将花费大约两年时间。我曾经到 NASA 位于俄亥俄州克利夫兰市外的训练中心参观，那里有科学家团队分析太空旅行人体承受的压力。当宇航员在外太空度过很长时间时，失重的影响会使他们的肌肉和骨骼萎缩。我们生活在地球上，重力对身体来说是恰到好处的。如果地球重力增大或降低几个百分点，我们的身体就必须重新设计才能生存下去。我们在外太空的时间越长，身体就会变得越糟糕。俄罗斯宇航员瓦利里 · 波利亚科夫创造了在太空中生活 437 天的世界纪录，返回地球时他只能勉强爬出太空舱。

一个有趣的现象是宇航员在外太空会变高几英寸，这是由于他们的脊柱变长了。一旦回到地球，他们的身高就会恢复正常。宇航员在太空中可能会每个月损失 1% 的骨量。为了降低这个损失，他们必须在一种健身器上每天锻炼两个小时。即使如此，每次在国际空间站工作 6 个月后，宇航员就需要一整年的时间来恢复——而有时候，他们永远也无法恢复到原来的骨量。（失重更严重的后果是对视神经的损害，这个问题直到最近才被重视。过去，宇航员只注意到他们的视力在执行长时间的太空任务后会退化。对他们眼睛的详细扫描显示，其视神经常常会发炎，这大概是由于眼睛内液体的压力造成的。）

将来，我们的太空舱可能需要自转，这样离心力就能产生人造引力。我们每次去游乐场坐自转的海盗船时都会有这种经历。离心力产生了人造引力，把我们推回到海盗船上。当下，建造一艘能自转的宇宙飞船过于昂贵，还有这个概念很难执行。转动舱需要足够大，否则离心力的分布就会不均匀，那样宇航员就会感到晕船，分不清方向。

在太空里还存在辐射的问题，特别是来自太阳风和宇宙射线的辐射。我们常常忘记地球是被厚厚的大气层包裹着，还有磁场来保护着我们。在海平面，我们的大气层吸收了绝大部分的致命辐射，但是即使在一架横跨美国的普通飞机上，我们每小时也会额外吸收 1 毫雷姆辐射——我们每做一次横跨美国的飞行就相当于做了一次牙科 X 射线检查。宇航员飞往火星必须穿过环绕地球的辐射带，这将使他们暴露在大量的辐射中，增加他们患病、提前衰老和患癌症的可能性。在一次为期两年的行星际旅行中，一位宇航员将会比他在地球上的同胞兄弟接受多于两百倍的辐射。（然而，这个统计应该联系具体的背景情况。宇航员一生中发生癌症的风险将从 21% 升高到 24%。这个变化并不是无关紧要的，但与宇航员在一次单纯的事故或不幸中面临的致命危险相比，这个威胁显得那么微不足道。）

有时候，来自外太空的宇宙射线非常强烈，宇航员甚至用肉眼就能看到轻微的闪光，这是因为亚原子粒子电离了他们眼球中的液体。我曾经采访过几位宇航员，他们描述这些闪光说，它们看起来很漂亮，但也对眼睛造成了严重的辐射损害。

2016 年传来了辐射对大脑的影响的坏消息。加州大学尔湾分校的科学家把老鼠暴露在相当于两年深空环境所接收的大剂量的辐射中。他们发现了不可逆转的大脑损伤。实验的老鼠出现了行为问题，并且变得激动不安和机能失调。至少，这些结果证实了宇航员必须在深空中得到充足的防护才行。

此外，宇航员必须担心强烈的太阳耀斑。1972 年，当阿波罗 17 号已经准备好出发去月球时，一次强烈的太阳耀斑击中了月球表面。如果宇航员那个时候正在月球上行走，他们可能会被杀死。与随机的宇宙射线不同，科学家可以从地球上监测太阳耀斑，所以可以提前几小时向宇航员发出预警。曾发生过这样的事例，国际空间站的宇航员接收到太阳耀斑即将到达的通知，并被下令转移到空间站防护设施更好的分区。

另外还有微流星，它们可以撕破宇宙飞船的外壳。仔细检查航天飞机就可以发现，微流星撞击其陶瓷表面的许多痕迹。一张邮票大小的微流星以每小时 4 万英里的速度飞行，它的力量足以在火箭上撞开一个洞，并导致火箭迅速失压。把太空舱分隔成不同的房间也许是非常明智的，那样被击穿的部分能够迅速地与其他部分隔离。

心理上的困难将带来另一种障碍。一小群人被关在一间狭小的、受束缚的太空舱里很长一段时间，这是很有挑战性的。即使通过一系列的心理测试，我们也不能绝对预测人们将会如何合作，或者是否会合作。最终，你的生活可能会取决于某些让你心烦的人。

去火星

在经过几个月的深思熟虑后，NASA 和波音终于在 2017 年公布了前往火星计划的细节。比尔 · 格斯滕迈尔，NASA 的人类探索和行动部门理事透露了一个令人吃惊又雄心勃勃的时间表，包含把我们的宇航员送上这颗红色星球的必需步骤。

首先，在经过几年的测试后，SLS/ 猎户座号火箭将于 2019 年升空。它们将是全自动的，不载有任何宇航员，但是它将进入月球轨道。4 年之后，在经过了 50 年的空白期后，宇航员将最终重返月球。这项任务会持续 3 周，但是它只是绕月飞行，不会在月球表面着陆。这主要是为了测试 SLS/ 猎户座号的可靠性，而不是探索月球。

但是在 NASA 的新计划中，有一个意外之处令许多分析家感到吃惊。SLS/ 猎户座号事实上只是一项热身运动。它只是宇航员离开地球飞向外太空的主要联系环节，但是一整套新的火箭将会带我们去火星。

首先，NASA 设想建造深空通道。它与国际空间站没有什么不同，除了要小很多，在月球轨道而不是地球轨道上之外。宇航员将会依靠深空通道，它将会成为飞向火星或小行星任务的燃料补给站。它将成为一座人类在太空存在的永久的基站。这一月球空间站的建设将于 2023 年开始，然后将于 2026 年投入运行。建造这样的空间站需要 4 次 SLS 飞行任务。

但是主要的动作将由把宇航员送入火星的真正火箭来完成。这将是一套全新的系统，名为深空运输，它主要是在外太空建设。2029 年，深空运输将完成第一次主要性能测试，绕月飞行 300~400 天。这将提供关于长时间太空任务的非常有价值的信息。最后，深空运输在经过严格的测试后，将于 2033 年把我们的宇航员送上火星轨道。

NASA 的深空通道将会绕月运行，并成为飞向火星或更远小行星任务的燃料补给站。

NASA 的项目已经获得了许多专家的称赞，因为它有条不紊，一步一步地计划在月球上建立细致又复杂的基础设施。

然而，NASA 的计划与马斯克的梦想形成了鲜明对比。NASA 的计划是仔细地搭建起来的，包括在月球轨道上建设一座永久的基础设施。但是它很慢，也许比马斯克的计划要长十年。美国太空探索技术公司完全绕开了建设月球空间站而是直接飞向火星，最早也许在 2022 年就能实现这个目标。然而马斯克的计划中有一个不利条件，那就是龙号太空舱比深空运输号小很多。时间将会告诉我们哪种方法更好，还是把这些方法结合起来更好。

去火星的第一次旅行

因为第一次火星任务有更多的细节，现在我们可以猜测到达这颗红色星球的必需步骤。让我们描绘一下 NASA 的计划在未来几十年里的发展历程。

完成这项历史性火星任务的第一批人大概已经出生了，也许他们正在高中学习天文学，也许还有几百个希望成为第一批登陆另一颗行星任务的志愿者。在经过严格的训练后，根据受训者的技术和经验，也许会有四名候选者被选中。他们大概会包括一名经验丰富的飞行员、一名工程师、一名科学家和一名医生。

2033 年的某一天，在被媒体进行了一系列的热切采访后，他们最终将登上猎户座号太空舱。尽管猎户座号太空舱比最初的阿波罗号太空舱大 50%，但内部仍然很狭窄。但这没有关系，因为到月球的旅行只要三天时间。当宇宙飞船最终点火升空时，他们将感受到 SLS 重型推进火箭里燃料燃烧带来的剧烈震动。到目前为止，整个旅行看上去和感觉上都与最初的阿波罗登月计划非常相似。

但之后就不一样了。从那一时刻开始，NASA 的计划走上了一条与过去完全不同的路。随着宇航员进入月球轨道，他们将看到世界上第一座环绕月球的空间站——深空通道，宇航员将登上深空通道，并在那里休息一会儿。

之后他们会转移到深空运输号上，它和历史上的宇宙飞船看起来一点儿都不一样。这艘飞船和船员们的住所像一支长铅笔，一端是橡皮（那里包含宇航员生活和工作的太空舱）。沿着这支铅笔，有一系列巨大的又长又窄的太阳能电池组，因此，火箭从远处看起来像一艘帆船。猎户座号太空舱的重量大约是 25 吨，而深空运输号重 41 吨。

在之后的两年里，深空运输号将成为他们的家。这个太空舱比猎户座号大很多，宇航员有足够的空间伸展一下。这非常重要，因为他们必须每天锻炼以防止肌肉萎缩和骨量流失，否则他们到达火星时会瘫痪。

一登上深空运输号，他们就会启动火箭的发动机。但他们不会感受到强大的推力带来的颠簸，也不会看到巨大的火焰从火箭的尾部喷出，因为离子发动机会缓缓地加速，逐步达到所需速度。从窗户向外看，宇航员只会看到热离子发出的柔和的光从飞船的发动机里持续地喷出。

深空运输号使用了一种新型的推进系统把宇航员送入太空，它被称为太阳电动推进器。巨大的太阳能电池板捕捉到太阳光然后将其转化为电能。这通常会把气体（比如氙）的电子剥离，产生离子。然后一个电场将会从发动机的一端把这些带电离子发射出去，产生推力。与只能点火几分钟的化学发动机不同，离子发动机能缓慢加速几个月甚至几年。

之后就开始了这段漫长而枯燥的火星之旅，这将耗时大约 9 个月。宇航员面临的主要问题就是无聊，因此他们必须坚持锻炼，做一些活动保持警惕，练习运算，和他们的亲人聊天、上网等。除了常规的轨迹修正，在实际的航行中没有什么太多需要做的。然而，他们偶尔可能会被要求做一些太空行走，做一些细微的修理或更换旧的零部件。然而随着旅行的推进，发射无线电信号到地球的用时逐渐增加，最终会达到大约 24 分钟。这可能会让宇航员感到有点苦恼，因为他们已经习惯于即时通信。

当他们凝视窗外时，会看到红色的星球渐渐进入视野，在他们面前依稀可见。飞船上的活动将迅速加快，因为宇航员开始做准备了。在这个时候，他们会给火箭点火使飞船减速，那样他们就能稳妥地进入火星轨道。

从太空中，他们将看到一幅完全不同于地球的火星全景图。没有蓝色的海洋、绿色植被覆盖的高山，也没有城市的灯光，相反他们将看到贫瘠荒凉的景色，到处都是红色的沙漠、雄伟的山脉、比地球上大得多的巨型峡谷，还有巨大的沙尘暴，有些甚至能吞没整个行星。

一进入轨道，他们就会登上火星舱，然后与主飞船分离，主飞船将继续环绕火星运动。随着太空舱进入火星大气层，舱内温度将急剧升高，但是舱外覆盖的热保护层会吸收由空气摩擦所产生的大量的热。最终，热保护层会被弹射出去，太空舱将会点燃它自己的制动火箭，然后缓慢地降落到火星表面。

一旦离开太空舱踏上火星的表面，他们会成为翻开人类历史新篇章的先锋，将朝着让人类成为多星际物种的目标迈出历史性的一步。

他们将在这颗红色的星球上度过几个月，等待地球转到合适的位置再踏上归程。他们有时间来考察一下地形，做一些试验，比如寻找水和微生物生命的迹象，还有架设好太阳能电池板。一个可能的目标是在永久冻土层钻探冰，因为地下冰层也许有一天会成为饮用水、呼吸所需的氧气，还有燃料所需的氢的重要来源。

在完成任务后，他们将返回太空舱，然后点火。（因为火星的弱引力，比起离开地球来说，太空舱只需要很少的燃料。）他们将会登上火星轨道的主飞船，然后为返回地球的 9 个月旅程做准备。

他们返回地球时，会降落到海洋的某个地方。一踏上陆地，他们就会作为英雄被欢迎，因为他们迈出了建立人类新分支的第一步。

正如你能看到的，在通向这颗红色星球的路上我们将面临许多挑战。但是有了公众的热情，还有 NASA 和私人机构的承诺，我们很可能会在未来的十年或二十年实现载人登陆火星的梦想。这将开启下一个挑战：把火星变成一个新家园。

我认为当人类抽时间去火星上探索建设城镇的时候，就是人类最伟大的时刻之一，那是人类踏上另一个世界并自由建设他们自己世界的时刻。

——罗伯特·祖布林

第 5 章　火星：花园行星

在 2015 年的电影《火星救援》里，马特·达蒙扮演的宇航员面临着终极挑战：独自在一个寒冷、荒凉、没有空气的星球上生存。他意外地被队友落在了后面，只能维持几天的供给。他必须鼓起所有勇气并用上所有知识，坚持到救援队找到他。

这部电影非常真实，足以让观众感受到移民火星会遇到的困难。举个例子，强烈的沙尘暴就像红色的滑石粉席卷了整颗行星，在电影中几乎掀翻了宇宙飞船。火星大气层几乎完全是由二氧化碳组成的，其大气压只有地球的 1%。所以如果宇航员暴露在火星的稀薄空气里，他将在几分钟内窒息，而且他的血液会开始沸腾。为了制造足够多的氧气以供呼吸，马特·达蒙必须在他加压的空间站内设计化学反应产生氧气。

而且因为食物很快将被耗尽，他还必须在一座人造花园里自己种植作物。为了给农作物施肥，他必须用到自己的排泄物。

一步一步，火星上的这名宇航员经过极其痛苦的过程建立了一套在火星上必需的生态系统，这个系统足以维持他的生命。这部电影展示了新一代的想象力。但是人类对火星的迷恋实际上有一段漫长而有趣的历史，可以追溯到 19 世纪。

1877 年，意大利天文学家乔瓦尼·斯基亚帕雷利注意到火星上有奇怪的线状斑纹，看起来像通过自然过程形成的。他把这些斑纹称作“canali”，即意大利语的海峡。然而，当意大利语被翻译成英语时，单词最后的“i”被丢掉成了‘canals’。它有着完全不同的意思：它们是人造的，不是天然的。一个简单的错误翻译引发了大量的推测，神奇“火星人”的神话迸发了。富有又古怪的天文学家珀西瓦尔·洛厄尔提出一种理论，认为火星是一颗垂死的行星，火星人挖出了运河，绝望地试图从极地冰盖引来水源灌溉干涸的田地。洛厄尔终其一生求证他的推测，用他可观的私人财产在阿里索纳沙漠的弗拉格斯塔夫修建了一座顶尖水准的天文台。（他从未证明这些运河的存在。在多年后，太空探测显示那些运河其实是光学假象。但是洛厄尔的天文台在其他方面取得了成功，为发现冥王星做出了贡献，还提供了宇宙正在膨胀的第一手资料。）

赫伯特·乔治·威尔斯在1897年的时候写了《星际战争》。在小说中，火星人计划消灭人类并“重塑”地球，使地球的气候变得像火星一样。这本书创造了一种新的文学流派，你可以称之为“火星入侵”流派，此时专业天文学家那些无聊、神秘的讨论突然就变成人类生存的大问题了。

在1938年万圣节前一天，奥森·韦尔斯对这部小说做了一些摘录，形成一系列简短兼有戏剧性和现实主义的广播节目。这个节目呈现的是，地球似乎真的被敌对的火星人入侵了。一些人开始惊慌失措，收听入侵的最新消息——军队的武装力量如何被致命射线击倒，火星人如何聚集到纽约城的一个巨大的三脚架上。受到惊吓的听众迅速在全国散播谣言。在这场混乱的余波中，主流媒体约定再也不广播这种看似真实的恶作剧。这项禁令至今仍有效。

许多人沉浸在对火星的狂热中。年轻的卡尔·萨根就被有关火星的小说迷住了，例如火星系列里的约翰·卡特。1912年，因人猿泰山系列小说而出名的埃德加·赖斯·巴勒斯尝试了科幻小说，写下了一位内战时期美国士兵被运到火星的故事。巴勒斯猜测约翰·卡特将会变成一个超人，因为火星的重力比地球小。他能跳跃出不可思议的距离，并击败外星人塔卡斯，拯救了美丽的德佳·索丽斯。文化历史学家相信对约翰·卡特超级力量的解释，于是形成了超人故事的原型。在1938年发行的《动作漫画》中，超人首次出现，其超能力是地球的引力比他出生的氪星弱导致的。

在火星上生活

在火星上定居听起来也许像科幻小说里那样浪漫，但是真实情况却令人畏惧。在这颗星球上定居的一个主要策略就是利用现有的东西，比如冰。因为火星是冰冻的固体，因此你需要做的就是向下挖几英尺直到碰到永久冻土层，然后就可以开采冰，融化它，接着净化成饮用水，或者提取呼吸用的氧气和取暖用的氢，还有火箭的燃料。为了抵御辐射和沙尘暴，移民者也许需要深挖岩石层来建立地下防护所。（因为火星的大气层非常稀薄，而且磁场也非常弱，来自太空的辐射不会像在地球上那样被吸收或折射，因此这是一个实际的问题。）或者比较方便的做法是在火山附近的巨大熔岩洞里建立第一个火星基地，就像我们讨论在月球上所做的一样。考虑到火星上火山非常多，很可能这种熔岩洞也大量存在。

火星上的一天和地球上的一天差不多。火星相对于太阳的倾斜也和地球的一样。但是定居者需要适应火星的引力，它大约只有地球引力的 40%。此外，像在月球上一样，他们还必须进行严格的训练来避免肌肉萎缩和骨量流失。他们还要与寒冷的天气斗争，并一直与之斗争下去，以免被冻死。火星上的温度很少超过水的冰点，太阳落山后，有可能降到零下 127 摄氏度或零下 197 华氏度，因此，任何能源故障或断电都会带来生命危险。

即使我们能在 2030 年完成第一次载人任务，但因为这些障碍，也许我们要到 2050 年或更遥远的时候才能组织起足够多的设备和供给在那个星球上建立永久的前哨站。

火星上的运动

为了防止肌肉退化，锻炼是至关重要的，因此火星上的宇航员必须进行严格的运动。在那里，他们将会非常高兴地发现，自己拥有超人的能力。

但是这也意味着，运动场将要完全被重新设计。因为火星上的引力只比地球引力的 1/3 多一点，原则上人们在火星上跳起的高度会是在地球上的三倍。人们在火星上还可以把球扔得比地球上远三倍，因此，篮球场、棒球场，还有足球场都必须放大。

此外，火星上的气压大约是地球的 1%，这意味着棒球和足球的空气动力学会彻底被改变。主要的复杂之处在于精确地控制球路。在地球上，收入上百万的运动员之所以拥有高薪，就是因为他们能不可思议地控制球的运动，这需要多年的练习。这项技术与他们操控球自转的能力有关。

一个球在空气中运动时，会在其轨迹里产生涡流，微小的涡流引起球的轻微转向和减速。（对棒球来说，这些涡流是由球上的缝线产生的，缝线决定了球的旋转。在高尔夫球上，它是由球表面的凹槽产生的。对于足球来说，这是由于其表面上小块足球皮的连接产生的。）

橄榄球选手在投球的时候会让球在空中快速旋转。旋转减少了橄榄球表面的涡流，这样它就能更准确地冲破空气，不会晃动，还能飞得更远。此外，快速的旋转使它就像一个小的陀螺仪，能稳定地指向一个方向，这就使得橄榄球在运动时能保持正确的轨迹，更容易被接住。

利用空气流动的物理规律，还可以证明许多棒球投掷时产生的神奇现象是真的。一连好几代，都有棒球投手声称他们可以投出不旋转球和曲球，这样他们就可以控制球路，这看起来有违常识。

慢镜头显示这是真的。如果一个棒球被投出时只有最小的旋转（比如不旋转球），涡流达到最大，球的轨迹就会变得不确定。如果一个棒球飞快地旋转，那么棒球一侧的气压可能大于另一侧的气压（通过伯努利定律可以知道），球将会以某种特定的方式转向。

所有这些都意味着，对地球上的世界级运动员来说，火星上的低气压可能导致他们失去控制球的能力，因此一群全新的火星运动员可能会取代他们的位置。地球上某项运动的大师到了火星上可能什么都不是。

如果把奥林匹克运动会里的项目做个列表，我们会看到，每一项运动都必须考虑火星上引力和气压的减小，没有例外。事实上，一个新的火星奥林匹克运动会可能会出现，包括那些在地球上从物理学角度看行不通甚至根本不存在的激烈运动。

火星上的条件还可能促进其他一些运动的艺术性和优雅性。例如，一名花样滑冰运动员在地球的空气中只能转四周，还没有人能完成一次空中转体五周跳。这是因为跳起的高度是由起跳时的速度和引力的大小决定的。在火星上，花样滑冰运动员能跃起三倍的高度并完成令人赞叹的跳跃和转体动作，都是引力和气压变小的原因。地球上的体操运动员可以在空中表演非凡的旋转翻腾，因为他们的肌肉力量超过了他们身体的重量。但是在火星上，他们的力量将会极大地超过他们变轻的体重，他们可以在空中表演从未有过的更大幅度的旋转翻腾动作。

在火星上旅游

当我们的宇航员成功地通过了在火星上生存的生死考验之后，他们就可以体验一下这颗红色星球带来的美学享受了。

因为这颗星球的弱引力、稀薄大气，还有缺乏液体水，相比于受地球约束的山峰，火星上的山脉真的能达到宏伟的规模。火星的奥林匹斯山是太阳系内已知的最大火山山脉。它比珠穆朗玛峰高和宽大约 2.5 倍。如果将它移到北美洲，它将会从纽约一直延伸到加拿大的蒙特利尔。弱引力也意味着登山运动员即使背上很重的背包也不觉得那是个负担，而且还能像月球上的宇航员一样有惊人的忍耐力。

挨着奥林匹斯山有三座小一点儿的火山连成一条直线。这些小火山的存在和位置揭示了火星上有古代的地壳活动。地球上的夏威夷群岛是个有效的佐证。太平洋之下有个稳定的岩浆池，随着地壳板块在岩浆池上运动，来自岩浆的压力周期性地穿过地壳喷涌出来，形成了夏威夷群岛链上最新的岛屿。但是火星上的板块运动似乎在很久以前就停止了，这是这颗行星内核已经冷却的证据。

火星上最大的峡谷——水手号峡谷，大概也是太阳系里最大的峡谷。它是如此巨大，以至如果将它移到北美洲，它将从纽约一直延伸到洛杉矶。对科罗拉多大峡谷感到赞叹的远足者将会对这个外星的峡谷绵延的脉络大吃一惊。但是与大峡谷不同，水手号峡谷谷底并没有一条河流。最新的理论认为，这个超过 3 000 英里的峡谷是两块古代板块的衔接处，就像圣安德烈亚斯断层。

这颗红色星球的两个巨大极地冰盖将是一处主要的旅游胜地。它们包含两种类型的冰盖，而且与地球上的冰盖成分不同。一种类型的冰盖由水冰冻而成，是一种永久的固定地貌，并且经过较长的时间仍保持大致不变。另一种由干冰或冰冻的二氧化碳组成，它们随着季节膨胀或收缩。在夏天，干冰蒸发消失，只留下由水组成的冰盖。结果就是，极地的冰盖一年中在不断变化。

地球的表面一直在不断变化，火星的基本地形在过去的几十亿年里却没怎么改变。结果就是，火星的特征在地球上没有相似的对应体，比如上千个在很久以前形成的巨大陨石坑遗迹。地球也曾经有过巨大的陨石坑，但是水的侵蚀抹去了它们的许多痕迹。此外，地表的大部分由于板块活动每几百万年就循环一次，因此古代的陨石坑全都转变成新的地貌了。而看着火星，就如同注视着一片被时间冻结的景色。

从许多方面讲，实际上我们了解火星表面要多于地球表面。地球表面的 3/4 被海洋覆盖，而火星没有海洋。火星轨道探测器能给它表面的每一寸土地拍摄照片，给我们传回关于地形的详细图像。火星上冰、雪、尘埃和沙丘的组合产生了各种各样新奇的地质构造，而这些都是地球上没有的。穿越火星表面将成为背包客的梦想。

把火星建成一个旅游景点遇到的明显障碍可能就是尘卷风这个魔鬼。它十分常见，几乎每天都可以看到它在沙漠中纵横驰骋。它可能比珠穆朗玛峰还要高，它会使地球上只能升上天空几百英尺的沙丘相形见绌。还有极其凶猛、席卷整个星球的沙尘暴，它们能把整个火星裹在沙尘中长达数个星期。但是也感谢这颗星球上的低气压，它们不会造成太多破坏。对宇航员来说，每小时几百英里的风速感觉就像每小时 10 英里的微风。这风虽然可能是把尘埃吹进宇航服、机械和车辆里的讨厌鬼，会造成故障或失灵，但是不会造成建筑物或构筑物的倒塌。

因为空气非常稀薄，飞机在火星上飞行需要比在地球上大得多的机翼。一架太阳能动力的飞机需要巨大的表面，而且由于过于昂贵，无法用于娱乐目的。我们很可能无法看到游客像飞越大峡谷那样飞越火星的峡谷，但是气球和软式飞艇会成为一种可行的运输方式，即使火星有着低温和低气压。它们可以在比轨道探测器低很多的高度上探索火星地貌，还可以覆盖更广的范围。将来的某一天，气球和软式飞艇的舰队也许会成为那里地质奇观的一个常见景象。

火星：伊甸园

为了能在这颗红色星球上维持生存，我们必须找到一种方法，在这片不适合生存的土地上建立一座伊甸园。

罗伯特·祖布林，一位曾经与马丁·玛丽埃塔和洛克希德·马丁一起工作的航天工程师，也是火星协会的创立者，多年来一直是移民这颗红色星球的主要建议者之一。他的目标是说服公众资助载人航天任务。他曾经一度形单影只，向每一个愿意倾听的人恳求。但是现在，很多公司和政府都在寻求他的建议。

我曾在不同场合采访过他，每一次都能感受到他对这个项目的热情、活力和忘我精神。当我问他是什么激发了他对太空的痴迷，他告诉我，这一切是从他孩提时代阅读科幻作品开始的。他还记得早在

1952 年，冯 · 布劳恩在轨道上集合了一支由十艘宇宙飞船组成的舰队，并带领 70 名宇航员去火星。他对此很痴迷。

我问祖布林博士，他是如何将自己对科幻小说的着迷转变成登陆火星的毕生追求的。“实际上，是史普尼克号，”他说，“对成人世界来说，那很可怕，但是对我来说却是令人兴奋的。”他被 1957 年世界上第一颗人造卫星的发射迷住了，因为那意味着他在小说中看到的情节可能成为真的了。他坚定地相信科幻小说会在将来的某一天成为科学事实。

祖布林博士那代人目睹了美国从零开始，直到成为地球上最伟大的太空探索国家的历程。之后，美国被越南战争和内乱消耗殆尽，在月球上行走似乎变得越来越遥远，也不再重要了。经费被大幅削减，计划被取消。尽管公众变得反对太空项目，但是祖布林博士坚持认为火星应该是我们议程上的下一个里程碑。1989 年，时任美国总统乔治 · 布什宣布 2020 年登陆火星的计划，这让公众的想象力稍稍地激动了一下 ——直到随后一年，研究表明这个项目的花费大约是 4 500 亿美元。美国人对这个高额费用感到震惊，所以火星任务被再次束之高阁。

祖布林博士在数年时间里四处活动，试图为他雄心勃勃的计划寻求支持。在认识到公众不会支持任何超预算的方案后，祖布林提出了一系列新奇但是实际的方法以实现移民这颗红色星球的目的。在他开始之前，大部分人都没有认真考虑过未来太空计划的资金问题。

1990 年，他提出“火星直击”计划，祖布林把这个计划分成两部分以降低花费。首先，一个名为地球返回飞行器的无人火箭将被发射到火星。它仅携带了 8 吨氢，但是它会与火星大气里自然产生的无限的二氧化碳结合。这个化学反应会产生多达 112 吨的甲烷和氧，可以为后面的返回航程提供足够的火箭燃料。一旦燃料制备好，宇航员从第二艘名为火星居住舱号的飞行器起飞，它只携带足够到火星的单程燃料。当宇航员着陆后，会开展科学试验。然后他们离开火星居住舱，转移到最初的地球返回飞行器上，那时飞行器已经填入了新制备的火箭燃料，最后这艘飞船将带他们回到地球。

当听到祖布林建议只给旅行者一张去火星的单程票时，评论家感到很震惊，因为这就像期望他们在这颗红色星球上死去一样。祖布林仔细地解释返程的燃料是可以在火星上制造的。但是他加了一句话："生命就是一次单程旅行，度过生命的一种方式是到火星上去，然后在那里开始一种新的人类文明。"他相信从现在起五百年，历史也许不会记录下任何 21 世纪琐碎的战争或冲突，但是人类自己将会颂扬在火星建立的新社会。

NASA 已经采纳了"直击火星"计划的一些策略，这就改变了火星计划的优先级：成本、效率和依靠当地来建设。祖布林的火星协会也建立了一个真实火星基地的原型。他们选择犹他州作为 MDRS（火星沙漠研究站）的地点，因为那里的环境和要模拟的红色星球的条件接近：寒冷、荒凉、贫瘠，并且缺乏植被和动物。MDRS 的核心是它的栖息地—— 一座两层的柱形大楼，可以容纳 7 位成员。还有一座用来观星的观测站。MDRS 公开招募志愿者，他们需要承诺在站内居住两到三个星期。志愿者需要像真正的宇航员那样被训练，有特定的责任和义务，比如进行科学试验，进行设备维护，还要执行观测。MDRS 的组织者试图使这项试验尽可能真实，并利用这些时间来测试与陌生人一起隔离在火星上相当长时间所产生的心理问题。自 2001 年该项目启动以来，超过 1 000 人通过了该项目。

火星的诱惑力太大了，它吸引了诸多价值不确定的风险投资。不要把 MDRS 和火星一号项目混淆在一起，后者宣传说是为已经通过一系列测试的人，提供一次单程火星之旅。尽管数百人申请了，但是这个项目并没有实质性地要去火星的意思。它还声称要通过募捐来支付火箭制造的费用，并拍摄一部关于这次发射的电影。怀疑者指出火星一号项目的领导者更善于忽悠媒体，而不是吸引真正的科学专家。

另一个奇怪的尝试是建设一个孤立的移民地，就像我们将在火星上建立的生物圈 2 号工程，巴斯家族为此提供了 1.5 亿美元的资助。在阿里索纳沙漠中，一个由玻璃和钢铁制成的圆顶建筑被建造起来。它占地 3 英亩，可以容纳 8 个人和 3 000 种动植物。计划中它被作为一个与世隔绝的栖息地，用来测试人类能否在一个受控制的孤立环境下生存。这很像我们将来某天要在其他行星上营造的环境。从 1991 年运行开始，这项试验就遭受到一系列的倒霉事、争议、丑闻和故障，其上头条的次数反而比得出真正的科学结果更多。幸运的是，这些设备已经在 2011 年被亚利桑那大学接管，从那时起，它们成了一个健全的研究中心。

在火星上建立地球环境

基于 MDRS 和其他的试验，祖布林博士预测移民火星将按照可预测的顺序开展。在他看来，最优先的是在火星表面建立一座可以容纳 20~50 名宇航员的基地。他们中的一些人将只待几个月，而另一些人将会长期居住，并把这个基地变成他们永久的家。随着时间的推移，火星上的人将会不再视自己为宇航员，而是当地的居住者。

最初，大部分供给将来自地球。但到了第二阶段，人口将会增长到几千人，他们将有能力开发利用这颗星球拥有的原材料。火星上的沙子呈现红色是由于氧化铁或者说铁锈的存在，因此定居者将能提炼铁和钢用于建筑。还可以从巨大的太阳公园收集太阳能来产生电能。大气中的二氧化碳可以用来栽培植物。火星的定居将会逐渐变得自给自足和可持续发展。

下一步是最困难的。移民者最终必须找到一个缓慢加热大气层的方法，这样液体水就能在这颗红色星球上流动，这是 30 亿年来的第一次。它将使农业，最终还有城市建设成为可能。到那时，我们将进入第三个阶段，然后，一个新的文明将在火星上蓬勃发展起来。

粗略的计算表明，现阶段就改变火星的生态可能太过昂贵，它可能需要几个世纪来完成。然而，这颗行星吸引人而且充满希望的地方是，有地理学证据表明，其表面曾有大量的液态水。它蚀刻河床、堤岸，甚至留下像美国那么大的古代海洋的轮廓。几十亿年前，火星在地球之前冷却了下来，形成了热带气候，那时地球仍然还是熔融状态。这种温和的气候和大量水的组合使一些科学家猜测 DNA 是从火星上起源的。在这种设想里，一次巨大的彗星撞击把数量惊人的碎片炸到外太空——其中一些碎片落到了地球上，然后火星 DNA 成了种子。如果这种理论是正确的，如果你想看火星人的话，那么需要做的就是照照镜子。

祖布林指出，改变地貌生态不是什么新的或奇怪的过程。毕竟，DNA 分子一直在改变地球的地貌生态。生命已经重塑了地球生态的每个方面，从大气的组成成分，到地球的地形，再到海洋的组成。因此，当我们开始重塑火星的时候，就可以简简单单地遵循自然的剧本。

启动火星的变暖

为了启动这个重塑过程，我们也许要向大气中注入氨和水蒸气来人为地制造温室效应。这些温室气体将会捕捉太阳光，然后稳步提升冰盖的温度。随着冰盖的融化，它们将释放储存的水蒸气和二氧化碳。

我们大概也会将卫星发射到火星轨道，直接聚集太阳光到冰盖上。这些卫星能够在太空中同步运动，将能量指向极区。在地球上，我们调整电视的卫星天线，使它对准约 2.2 万英里之外一个类似的地球同步卫星。它每 24 小时完整绕转地球一圈，因此它看起来像固定在天际中。（同步卫星运行在赤道上空的轨道上。这意味着来自这些卫星的能量将会以某个角度到达极地，或者能量需要向下输送到赤道然后再转移到极地。遗憾的是，任何一种方式都会损失一些能量。）

在这种方案里，这些火星太阳能卫星将会展开宽度为几英里的巨大板片，其中包含一组巨大的镜子或太阳能电池板。这些太阳光将会被聚焦，然后瞄准那些冰盖，或者被太阳能电池转化后以微波形式向下输送。虽然花费很高，但这是改变地貌生态最有效的方法之一，因为它很安全，不会有污染，而且保证了对火星表面的破坏最小。

也有人提出一些其他策略。我们可以考虑开采富含甲烷的泰坦星——土星的一颗卫星，然后把那些甲烷带到火星上。甲烷可以帮助我们实现想要的温室效应——作为参考，甲烷比二氧化碳保存热量的效率要高 20 倍。另一种可能的方法是利用邻近的彗星和小行星。正如我们已经讨论过的，彗星大部分由冰组成，而我们知道小行星包含氨，它是一种温室气体。如果它们恰好经过火星，就可以让它们稍微转向，由此进入行星的轨道。接下来，它们的运动可以被进一步调整，直到进入一个朝向火星的缓慢的死亡螺旋轨道。随着它们进入火星的大气层，摩擦会加热它们直至瓦解，并释放出水蒸气和氨。从火星表面上看，这条轨迹将会是非常壮丽的景色。从某种意义上讲，NASA 的小行星变轨计划（ARM）可以被认为是这项工作的一次实弹演习。变轨计划是 NASA 未来的一项计划，准备从彗星或小行星取回岩石样本，或者轻微地改变它们的运动轨迹。当然，这项技术必须经过精细调整，否则我们就会冒着把一颗巨大的小行星转移到火星上的风险，给移民地造成严重破坏。

埃隆 · 马斯克提出了一个更加离经叛道的想法，即通过在高空引爆氢弹来融化冰盖。这个方法以现有的技术条件是可能实现的。原则上，氢弹虽然受到严格限制，但制造它们的费用相对较低，而且我们也有技术可以用现有火箭把它们投到冰盖上。然而，没有人知道冰盖有多稳定，或者这个方法的长期效果会怎样，而且许多科学家对意外后果的风险感到不安。

有估计表明，如果火星的冰盖完全融化，就会有足够多的液态水来填满这颗行星的海洋，其深度将达到 30~50 英尺。

达到临界点

这些提议都试图使火星的大气层达到一个临界点，那样它就可以自己保温了。温度只要提高 6 摄氏度就足以触发融化过程，而从冰盖中释放出的温室气体将加热大气层。几十亿年前被锁在荒漠中的二氧化碳将会被释放出来，并对这颗行星的升温做出贡献，引发冰层的进一步融化。因此，火星的加热将会自发持续下去，并不需要外界进一步的干涉。这颗行星越热，就会释放越多的水蒸气和温室气体，这颗行星就会更加温暖。这个过程几乎能够无限持续下去，而且还将增加火星大气的压强。

一旦液态水开始流入火星古老的河床，居住者就可以开始大规模的农耕。植物喜欢二氧化碳，因此第一批户外庄稼也许就长出来了，然后它们的废物可以用来转化成一层表层土。另外一个良性循环也会开始：庄稼越多，产生的土壤越多，然后又可以培育更多的庄稼。火星原始的土壤也含有宝贵的养分，比如镁、钠、钾和氯，它们都会促进植物生长繁衍。随着植物开始繁殖，它们将制造氧气，而这正是火星地球化的基本要素。

科学家已经建立了温室，用以模拟火星上的恶劣环境，看看植物和细菌是否能在那里生存。2014 年，NASA 的先进概念研究所与技术发射公司合作创建了封闭生态系统，那里有受控制的环境来种植能够产生氧气的蓝细菌和海藻。初步的测试表明，特定的生命形式的确能在那里繁殖。2012 年，由德国宇航中心维护的火星模拟实验室的科学家发现，青苔，一种和苔藓很相似的植物，能够在那里生存至少一个月。2015 年，阿肯色大学的科学家展示了 4 种能产生甲烷的微生物，它们能够在类似火星的自然生态环境下生存。

更加雄心勃勃的是 NASA 的火星生态试验平台。其目标是把适应能力强的细菌和植物装到漫步车上发送到火星上，比如极端微生物光合作用的海藻和蓝细菌。这些形态的生命将会被装到罐子里，被钻入火星的土壤层。水也会被加到这些罐子里，然后仪器会寻找氧气成分，而氧气代表着活跃的光合作用。如果这项试验成功了，火星也许某天会被这类农田覆盖，以产生氧气和食物。

到 22 世纪初期，第四波技术浪潮——纳米科技、生物技术和人工智能将会变得足够成熟，可以深刻地影响火星的形态改造工程。

一些生物学家认为，基因工程也许能制造出一种新型海藻。它被设计成能在火星上生存，也许是在其特定化学成分的土壤或者新形成的湖泊中生存。这类海藻能在寒冷、稀薄、富含二氧化碳的大气中茁壮成长，并释放大量的氧气。这类海藻是可食用的，可以通过基因工程来模拟地球上的味道。此外，它还能被设计用来制造理想的肥料。

在电影《星际旅行 2：可汗怒吼》中，提出了一种令人难以置信的名为创世纪设备的新技术。它几乎能够瞬间把一颗死亡的星球改变成适宜居住、繁荣的世界。它像一颗炸弹那样爆炸并释放强力的生物工程的 DNA 喷雾剂。随着这种超级 DNA 喷雾剂散落到星球的每个角落，这些细胞将扎根那里，然后，茂密的森林就会出现，直到整个星球在几天时间里被完全改变地貌。

2016 年，德国法兰克福歌德大学的一位教授，克劳迪斯·格罗斯在学术期刊《天体物理和太空科学》上发表了一篇论文，详细阐述了一个真实的创世纪设备将会是什么样子的。他预计一个初始型号将会在 50 到 100 年后出现。首先，地球上的科学家必须仔细分析无生命星球的生态环境、温度、土壤化学成分和大气，并决定应该引入哪种类型的 DNA。然后，无人驾驶的机器人飞船舰队将会被派往这颗星球，投放几百万个纳米尺度的胶囊，每个胶囊都携带着一组 DNA。当这些胶囊释放它们的成分时，那些被精确改造为能在此星球环境条件下茁壮发展的 DNA，会渗入土壤并开始生根发芽。这些胶囊的成分被设计为可以通过种子和孢子在贫瘠的星球繁殖，并利用那里的矿物质培育植被。

格罗斯博士相信新培育星球上的生命将必须以传统方式发展、进化。他告诫人们如果贸然加快这一过程，可能会发生“全球范围的生态灾难”，特别是如果某一种类型的生命体繁殖过快，最终它会挤压其他生命体的空间。

改变的地貌能够持续下去?

如果我们成功地改变了火星的地貌，那又怎样防止它变回最初的贫瘠状态？研究这个问题把我们带回一个困扰了天文学家和地质学家几十年的问题：为什么金星、地球和火星的演化区别那么大？

当太阳系形成时，这三颗行星在很多方面是相似的。它们都存在火山活动，可以向大气中释放大量二氧化碳、水蒸气和其他气体。（这就是为什么即使在今天，金星和火星的大气层也几乎是由二氧化碳组成的。）水蒸气凝结成云，然后雨水帮助冲刷出河流和湖泊。如果它们距离太阳很近，它们拥有的海洋将会被蒸发掉；而如果它们离太阳太远，海洋将会冻结。但是这三颗行星都处在或者非常接近“金发姑娘带”（宜居带），要知道，这一地带是一颗恒星周围能让水保持为液态的区域。液态水是“普遍的溶剂”，第一个有机化学物质将在那里形成。

金星和地球的大小几乎一样。它们是双胞胎天体，按理说，它们应该沿着同样的演化历史发展。科幻小说家曾经想象金星是一个翠绿的世界，它将为疲惫的宇航员创造一个完美的度假胜地。在20世纪30年代，埃德加·赖斯·巴勒斯在《金星海盗》一书中创作出另一个星际匪徒卡森·纳比尔。他把这颗行星描绘成丛林一样的奇境，充满了冒险和危机。但是如今，科学家意识到金星和火星根本就不像地球。几十亿年前发生的一些事情使这三颗行星走上了截然不同的道路。

1961年，当金星乌托邦的浪漫主义小说还占据着公众的想象力时，卡尔·萨根做出了有争议的推测，认为金星遭受了失控的温室效应，因此热得有如地狱一般。他新奇且令人不安的理论是，二氧化碳的作用像阳光的单行道。光线可以很容易地穿过金星大气中的二氧化碳，因为气体是透明的。但是一旦光线从地面反射上来，它就转变成热或者红外辐射，这就很难从大气中逃脱。这些辐射被困住了，这个过程类似于冬天的时候温室大棚捕获了太阳光或者夏天时汽车内部被太阳加热。虽然这个过程在地球上也会发生，但是在金星上的速度非常快，因为它离太阳更近，其后果就是一场失控的温室效应。

转年就证实了萨根的推测是正确的，“水手2号”探测器飞过金星的时候披露了一些骇人听闻的事实：金星温度达到惊人的900华氏度，足以融化锡、铅和锌。那不是一个热带天堂，而是像高炉一样的地狱。后来的太空任务证实了这个坏消息。即使下雨也没有什么缓解作用，因为雨水含有腐蚀性的硫酸。想想金星和象征爱与美的女神联系在一起的，具有讽刺意味的是，这种具有高度反射性的硫酸，竟是金星在夜空中显得如此明亮的原因。

此外，金星大气的压强还被发现几乎是地球的 100 倍。温室效应可以解释这是为什么。地球上大部分的二氧化碳都会进入循环，溶解进入海洋和岩石，但是在金星上，温度非常之高，以致海洋全都被蒸发了。气体不仅没有融入岩石，还被从岩石中烤了出来。从岩石中泄漏出越多的二氧化碳，行星就变得越热，从而引发了一个正反馈效应。

由于行星的高强气压，待在金星表面相当于在地球海洋 3 000 英尺深的地方。你会被压得像个蛋壳一样。但是如果你能找到某种方式抵抗这种压强和灼热的温度，那你将有机会看一看但丁笔下地狱火海的景象。那里空气的密度非常大，当在它表面行走时，你会觉得像走在糖浆里，而你脚下的地面感觉软软的又黏糊糊的，因为那是由熔化的金属构成的。酸雨会侵蚀宇航服里最小的裂口，所以只要有一步错误的移动你就可能落入熔岩的大坑中。

鉴于这些限制，改变金星的地貌似乎是不可能的。

火星的海洋发生了什么？

如果地球的双胞胎——金星，是由于距离太阳太近而变得不同，那么我们该如何解释火星的演化呢?

关键在于火星不仅仅离太阳更远，而且它还要小得多，因此它会比地球冷却得更快，它的核心不再是熔融状态。行星磁场是由液态金属核心的运动产生的，因为那会产生电流。火星的地核可能是由固体岩石构成的，因此它不能产生一个可观的磁场。此外，人们还认为在30亿年前左右，严重的彗星撞击引发了混乱，干扰了行星的初始磁场。这也许能解释为什么火星失去了它的大气和水。没有了磁场的保护，它很难对抗有害的太阳射线和耀斑，大气被太阳风逐渐吹到外太空。随着大气压强的降低，海洋蒸发光了。

另一个过程加速了它的大气流失。火星上大量的原初二氧化碳融入海洋并转变成碳的化合物，这些成分后来沉积到了海底。地球上的板块运动周期性地移动着陆地，这使二氧化碳重新回到地表。但是因为火星的地核很可能是固体，没有显著的板块运动，它的二氧化碳被永久地锁在了地底下。随着二氧化碳水平的降低，一个逆温室效应发生了，然后这颗星球进入深度的冰冻状态。

火星和金星戏剧性的对比帮助我们理解了地球的地质历史。地球的地核可能早在几十亿年前就冷却下来，但是它今天依旧是熔融状态，因为不像火星地核，它包含强放射性物质，比如铀和钍，它们的半衰期长达几十亿年。每当我们面对火山爆发的可怕力量，或者由高震级地震造成的破坏时，我们看到的就是地球放射性核心的能量如何带动了地表的活动，并帮助其维持生命的实证。

地球深层内部的放射性物质产生的热量使得铁核沸腾并产生了磁场。这个磁场使大气抵御住了太阳风，并使太空中的致命辐射发生偏转。（我们看到的北极光就是因此形成的，那是太阳辐射与地球磁场碰撞产生的。地球周围的磁场就像一个巨大的漏斗，将外太空的辐射导入极区，因此，大部分的辐射要么被折射出去，要么被大气吸收了。）地球比火星要大，所以它不会那么快冷却。地球也不会遭受由于巨大流星撞击所造成的磁场坍缩。

我们回到早前的那个问题：如何在火星被改造成地球之后阻止它恢复之前的状态。一个雄心勃勃的方法是在火星周围人为地制造一个磁场。为了实现这一点，我们必须在火星赤道上安置巨大的超导线圈。依据电磁学原理，我们能计算制造这个超导带所需的能量和材料。但在 21 世纪，这样一项宏大的事业已经超出了我们的能力。

然而，定居到火星上并不需要把这个威胁作为一个紧迫的问题。在一个世纪甚至更长的时间里，经过改造的大气能保持相对稳定的状态，因此，可以在几个世纪的时间里慢慢调整。这种维持可能是件麻烦事，但是对于人类在太空的前哨站来说，这只是一个很小的成本。

改造火星是 22 世纪的主要目标，但是科学家也会把眼光放得更远。最激动人心的前景可能是气体巨行星的卫星，包括木星的卫星欧罗巴、土星的卫星泰坦。气体巨行星的卫星曾经一度被认为是“一堆相似的大块贫瘠岩石”，但是现在看来，它们是独一无二的奇境，每一个卫星都有自己的天然温泉、海洋、峡谷，还有大气光。这些卫星现在正被视为人类未来的栖息地。

当一颗彗星飞过我们的行星时，景象是多么的闪亮和美丽啊，当然，当它只是飞过时。

——艾萨克·阿西莫夫

第 6 章　气体巨行星、彗星和其他

在 1610 年 1 月历史性的一周里，伽利略得出一个能动摇教会的发现，改变了我们的宇宙观念，开启了一次革命。

他用刚刚组装好的望远镜仔细观察木星。当他看到在这颗行星周围有 4 个明亮的天体时感到非常疑惑。在用了一个多星期仔细分析它们的运动后，他确信它们绕着木星旋转。此外，他在外太空发现了一个微缩版的“太阳系”。

他很快就意识到这次发现对宇宙学和神学都有意义。几个世纪以来，教会一直沿用亚里士多德的理论，宣扬包括太阳和行星在内的所有天体都是围绕着地球转的。然而这次是个例外，地球被剥夺了宇宙中心的地位。突然之间，支撑教会的教义和 2 000 年来的天文学信仰倒塌了。

伽利略的发现在民众中引起了极大的轰动。他不需要形象设计师和公关顾问来帮助他说服人们相信其所发现的事实。人们可以通过自己的眼睛看到他是正确的，转年他访问罗马时受到了英雄般的欢迎。然而教会很不高兴。于是他的书被禁，他被宗教法庭审判并被以严刑威胁，要求他公开放弃他的异教学说。

伽利略本人相信科学和宗教能够共存。他认为，科学的目的是决定天堂如何走，然而宗教的目的是决定如何走向天堂。换句话说，科学是和自然法则相关的，而宗教是和道德法则相关的。只要在脑海中将它们区分开来便不会有冲突。但是在对他的审判中，当这两者发生冲突时，伽利略面对死亡的威胁，被迫放弃了他的学说。他的指控者提醒他，曾经的修道士布鲁诺就是因为发表了宇宙学说被活活烧死了，而他的学说远没有伽利略的详尽。两个世纪后，伽利略大部分的书才最终被解禁。

木星的 4 颗卫星经常被称为伽利略卫星。在四个世纪后的今天，它们又点燃了一场革命。有些人甚至相信，它们和土星、天王星以及海王星的卫星一起，可能掌握着宇宙中生命的关键。

气体巨行星

“旅行者 1 号”和“旅行者 2 号”太空飞行器在 1979—1989 年与

这些气体巨行星擦身而过时，证实了它们是多么相似。它们的主要成分都是氢气和氦气，重量的大致比例是 4 : 1。（这个比例的氢氦组合也是太阳的基本成分，宇宙本身大体也是如此。这大概要追溯到大约 140 亿年前，在大爆炸的一瞬间，大约 1/4 的原始氢聚变成了氦。）

气体巨行星似乎有着同样的基本历史。正如之前讨论的，理论上认为，45 亿年前所有的行星都是从太阳周围氢和尘埃盘坍缩而成的小块岩石核。离太阳近的岩石核变成了水星、金星、地球和火星。那些离太阳远的行星核含有冰，在那个距离上冰像岩石一样多。冰的作用像胶水，所以有冰的核比那些只有岩石的核能大上 10 倍。它们的引力变得非常强，所以能吸引留在早期太阳盘面上的氢气。它们长得越大，就能吸引越多的气体，直到把周围的气体全都吸到自己身上。

有人认为气体巨行星有着同样的内部结构。如果把它们像洋葱一样切开，你将看到它们的外层有很厚的气体大气层。在那之下，我们预计会有一个超级冷的液态氢海洋。有一种推测是，由于巨大的压强，它们的最中心区域有一个小而致密的固态氢核。

气体巨行星都有彩色的条纹结构，它是由不纯净的大气层和行星自转相互作用形成的，而且它的表面都肆虐着巨大的风暴。木星有个大红斑，看起来像一个永久的特征，而且红斑非常大，可以装下几个地球。还有，海王星存在间歇性的暗斑，它有时会消失。

然而它们的大小不一样。最大的是木星，它是以罗马神话中众神之父朱庇特来命名的。它的质量非常大，比其他所有行星加起来还要重。它可以轻松地装下 1 300 个地球。我们对于木星的了解大多来自伽利略卫星，它忠诚地围绕木星绕转了 8 年后，于 2003 年坠入了这颗木星，结束了它历史性的一生。它在坠入大气层的过程中还持续传回无线电信号，直到被强大的引力场摧毁。这颗卫星的残骸大概沉入了液态氢的海洋中。

木星被一条巨大的死亡辐射带包围，它就是你在无线电或电视里听到的许多噪声的来源。（一小部分噪声来自大爆炸本身。）宇航员在靠近木星的时候需要对这个辐射进行防护，并会发现由于干扰很难进行通信。

另一个危险是它巨大的引力场，可以捕获或者把任何无意间靠得太近的天体弹到外太空去，包括卫星和行星。这个骇人的可能性，事实上在几十亿年间给了我们很大的帮助。太阳系在早期充满了宇宙碎片，甚至时常像雨水一样落到地球上。幸运的是，木星的引力场像个吸尘器，不是把它吸走就是弹开。计算机模拟显示，如果没有木星的话，地球甚至在今天随时都会被巨型流星轰炸，一旦成真，生命将无法存在。在未来，在考虑移民新的太阳系时，最好寻找那些有自己木星的行星系统，它们足够大，能清理宇宙碎片。

据我们所知，生物无法在气体巨行星上生存。它们没有能让有机体生存演化的固体表面，也缺乏液态水和必要的元素来形成碳氢化合物和有机化学成分。由于远离太阳几十亿英里，它们也极其寒冷。

气体巨行星的卫星们

从孕育生命的潜力来说，木星和土星的卫星比它们本身有趣多了。

它们各有至少 69 颗和 62 颗卫星。天文学家假设木星的卫星都是一样的：寒冷荒凉像我们的月球一样。然而当他们发现每个卫星都有各自的特点时，感到非常吃惊。这个发现让科学家改变了看待宇宙中生命问题的方式。

大概所有卫星中最有趣的就是欧罗巴。它是最初由伽利略发现的一颗卫星。欧罗巴像气体巨行星的其他卫星一样，被厚厚的冰层覆盖。一种理论认为在欧罗巴卫星上，早期火山喷发的水蒸气凝结到了古代海洋中，它随着卫星的冷却而冻结。这大概解释了一个有趣的事实，那就是欧罗巴是太阳系中最光滑的一颗卫星。尽管曾经被小行星重击过，但它的海洋大概是在大部分撞击发生过后才冻结的，因此掩盖了这些伤疤。从外太空来看，欧罗巴像一个乒乓球，几乎没有表面特征——没有火山、山脉或者陨石坑。仅有的可见特征是裂痕形成的网络。

当发现欧罗巴地表下的冰有可能是液态水的海洋时，天文学家热血沸腾。据估计，它可能是地球海洋体积的 2~3 倍——我们的海洋只存在于地表，而欧罗巴的内部大部分都是海洋。

记者常说“跟着钱走”，而天文学家说“跟着水走”，因为水是我们所知的形成生命的基本要素。他们对液态水能在气体巨行星的世界里存在感到震惊。水在欧罗巴的存在又引出了一个谜团：哪里来的热量融化了这些冰？这个状况似乎是对传统知识的挑战。我们长期假设太阳是太阳系中仅有的热源，而一颗行星必须处在宜居带才适宜生命生存，但是木星在这个区域外很远。然而我们忽略了另一个潜在的能量来源：潮汐力。木星的引力非常大，能拉伸和挤压欧罗巴卫星。欧罗巴围绕着木星运动，同时沿着自己的自转轴翻滚旋转，这导致其潮汐隆起不断移动。这种挤压和拉伸能使卫星核心的岩石被挤压，从而产生强烈的摩擦，摩擦过程产生的热量足以融化大量冰层。

由于欧罗巴上被发现有液态水，天文学家意识到，即使在太空最黑暗的区域，也有一个能量源使生命的存在变为可能。因此，需要改写所有天文学教科书。

欧罗巴帆船号

"欧罗巴帆船号"计划于2022年发射，耗资大约20亿美元。它的目标是分析欧罗巴冰盖及其海洋中有机物的化学成分和属性。

工程师在规划欧罗巴帆船号的路线时遇到了一个微妙的问题。因为欧罗巴处于环绕木星的强烈辐射带，环绕着卫星的探测器可能几个月后就会报废。为了规避这个威胁，延长任务寿命，他们决定把帆船号送到远远避开这个辐射带的环绕木星的轨道。这样，可以改变它的轨迹，使其轨道的近地点离木星距离更近，并且有45次飞越欧罗巴的机会。

飞越的一个目的是检验。也许卫星探测器会从欧罗巴升起的水蒸气间歇泉中穿过，这些间歇泉已经被哈勃太空望远镜观测到。帆船号也许还会向间歇泉释放一个微型探测器获取样本。由于帆船号不会降落到卫星上，研究水蒸气是这次计划中探究欧罗巴冰盖海洋的最佳机会。如果帆船号成功了，未来的任务也许是尝试着降落到欧罗巴上，钻入冰盖，并向海洋中派出一艘潜水艇。

然而，欧罗巴并不是我们仔细寻找有机物和微生物的唯一卫星。我们在土卫二恩克拉多斯的表面也发现有喷出水的间歇泉，这表明土星的卫星冰层下面也有一片海洋。

土星环

天文学家现在意识到，影响这些卫星演化的最重要力量是潮汐力。因此，研究潮汐力及其作用就变得非常重要了。潮汐力也许能为我们解开气体巨行星一个最古老的谜团：美丽的土星光环的起源。未来，当宇航员访问其他行星时，天文学家相信，许多的气体巨行星都会有光环围绕它们，就像我们的太阳系。这也能帮助天文学家精确算出潮汐力的大小，还有它们的力量是否足够把整个卫星撕裂。

这些神奇的光环主要由石块和冰块组成，它们让一代又一代的艺术家和梦想家为之着迷。在科幻小说中，驾驶宇宙飞船绕着它们旋转是每位太空军官都在训练中经历过的一项仪式。我们的太空探测器发现所有的气体巨行星都有光环，尽管没有哪个像围绕土星的那个那样大和漂亮。

人们提出了许多假设来解释它们，但其中最令人信服的也许是具有潮汐力的那个假设。和木星的吸引力一样，土星的吸引力也足以把环绕它的卫星轻微地拉伸成椭圆形或橄榄球的形状。这个卫星离土星越近，它被拉扯得就越严重。最终，拉扯卫星的潮汐力和将卫星维持为一个整体的引力达到平衡。这是一个临界点，如果卫星再靠近一点，它就真的会被土星的引力扯碎。

天文学家能用牛顿力学计算出这个临界点，它被称为洛希极限。当分析的不仅仅是土星还有其他气体巨行星的光环时，我们发现它们几乎总是在每个行星的洛希极限之内。我们看到围绕气体巨行星的所有卫星是在洛希极限之外。尽管不是那么肯定，但是这个证据还是支持了土星光环是由于一颗卫星离行星太近被撕碎而形成的理论。

将来，当我们造访围绕其他恒星的行星时，大概能预计在气体巨行星的洛希极限之内找到光环。此外，通过研究这些能把整个卫星撕碎的潮汐力强度，人们能着手计算潮汐力作用在欧罗巴这类卫星上的强度。

泰坦上的家园?

泰坦是土星的一颗卫星，是人类探索的另一个候选对象，尽管在那里定居的人不会像在火星上的那么多。泰坦是太阳系中的第二大卫星，仅次于木星的木卫三，即盖尼米德，而且是唯一含有厚大气层的木星卫星。不像其他卫星上稀薄的大气层，它的大气层非常厚重，以致早期的泰坦照片让人非常失望。它像一颗模糊的网球，没有什么表面特征。

“卡西尼号”宇宙飞船绕转着土星，最后在2017年坠入这颗行星。它揭示了泰坦的真实面貌。卡西尼号使用雷达穿透云层，绘制了其地表形态。它还发射了“惠更斯号”探测器，后者于2005年真的在泰坦上着陆并用无线电发回了第一批其地表的近距离照片。它们展示了由池塘、湖泊、冰川和陆地组成的复杂网络。

利用卡西尼号和惠更斯号收集的数据，科学家已经拼出了云层之下的一幅新图像。泰坦的大气像地球的一样，主要由氮组成。令人吃惊的是，它的表面还有甲烷和乙烷的湖泊。因为甲烷能被微小的火花点燃，所以人们也许会自然地认为这颗卫星很容易被烧成灰烬。但是因为其大气没有氧气而且极度寒冷，达到了零下 180 摄氏度，所以爆炸是不可能的。这些发现展现出诱人的可能性，那就是宇航员可以在泰坦上收集一些冰，分离出氧和氢，然后使用氧和甲烷制造几乎永不枯竭的可用能源——也许足以用来给开拓者的社区照明和取暖。

虽然能源不是问题，但即使这样，改变泰坦的地貌却似乎不太可能。大概不可能在离太阳如此远的距离上发生自我维持的温室效应。此外，由于其大气已经包含了大量的甲烷，再引入更多的这类气体来制造温室效应是无用的。

人们大概会怀疑是否能够移民到泰坦。一方面，它是唯一有可观数量大气的卫星，它的气压比地球上的要大 45%。那是太空里仅有的几个目的地，在那里我们可以脱下宇航服而不会很快死去。虽然在那里我们还是需要氧气面罩，但我们的血液不会沸腾，也不会被压碎。

另一方面，泰坦永远处于寒冷和黑暗之中。在它表面的宇航员只能接收到相当于地球表面 0.1% 的太阳光。太阳能将会是一种非常低效的能源，因此所有的光和热都将依赖于永不停歇的发电机。此外，泰坦的表面呈冰冻状态，它的大气缺少大量的氧或二氧化碳来供给植物或动物生命。农业将会极端的困难，任何农作物都必须在室内或地下种植。食物的供给非常有限，因此，能够存活的移民者也很有限。

与家园星球的通信也将非常不方便，因为在泰坦和地球之间传递无线电信号需要若干小时。此外，因为泰坦上的引力只有地球的 15%，住在泰坦上的人必须定期锻炼以防止肌肉萎缩和骨量流失。他们也许最终会拒绝回到地球，因为在地球上他们将是弱者。最终，泰坦上的定居者开始从感情和物理上觉得离他们扎根地球的伙伴非常遥远，甚至也许会倾向于切断与他们的所有社会联系。

所以，永久定居在泰坦也许是可能的，但这不太舒适而且有许多负面影响。然而，泰坦的价值在于作为一座补充燃料的基地和资源的储备站。它的甲烷可以被收集并运到火星加速地貌改造的效果，或者用来为深空任务制造无限量的火箭燃料；它的冰能被净化成饮用水和氧气，或者进一步加工成火箭燃料；它的弱引力场将使降落和起飞变得相对简单和高效。泰坦可能会成为一座重要的太空加油站。

要在泰坦上建立一块自给自足的移民地，人们也许会考虑在其表面开采有价值的矿物和矿石。现在，我们的太空探测器还没有得到关于泰坦上矿物成分的相关信息。但是，像许多小行星一样，它可能含有关键的贵金属，这对于它成为一座补充燃料和补给站点来说非常重要。然而，由于遥远的距离和高昂的成本，把矿石从泰坦上运回地球似乎不太实际。相反，原材料将会被用来在泰坦上建设基础设施。

奥尔特云的彗星

在这些气体巨行星之外，在我们太阳系的外侧，还有另外一个王国，那就是彗星的世界。那里也许有 1 万亿颗彗星，而这些彗星也许是我们走向其他星星的垫脚石。

这些星星看起来无比的遥远。普林斯顿大学的物理学家弗里曼·戴森建议，为了到达那里，我们也许要从几千年前的波利尼西亚人的旅行里学点什么。他们没有试图进行跨越整个太平洋的长途旅行，因为那很可能以灾难告终。他们取而代之进行了跳岛游，每次进军海洋的大片陆地中的一个。他们每到达一座岛，就建造一座永久的定居点，然后再向下一座小岛进军。这假定我们也许能以同样的方式在广阔的太空建立中间移民地。这个策略的关键就是彗星。它们与那些从其恒星系统中被甩出来的流浪行星一起，也许是我们通向恒星的一条道路。

几千年来，彗星曾经是预言、神话故事和恐惧的对象。不像流星用几秒钟时间划过天空然后就消失，彗星能悬在头顶很长一段时间。它们曾一度被认为是厄运的预兆，并影响过国家的命运。1066 年，一颗彗星出现在英格兰的上空，它被解释为预示着哈罗德国王的军队将在黑斯廷斯战役中被诺曼底威廉的入侵军队击败，并有一个新的王朝将被建立。壮丽的贝叶挂毯记录下这些事件，并展现出受到惊吓的农民和士兵抬头注视着这颗彗星的图景。在 600 多年之后的 1682 年，这颗彗星又飞到了英国的上空。从乞丐到国王的每个人都被它吸引了，然后牛顿决定解开这个古老的谜团。他刚刚发明了一种更强大的新型反射式望远镜，它用一面镜子来聚集星光。利用他的新型反射式望远镜，牛顿记录下了几颗彗星的轨迹，然后比较了根据自己最新提出的万有引力理论得出的预测。彗星的运动与他的预测完美吻合。

牛顿有保密的习惯。如果不是埃德蒙·哈雷，一位富有而绅士的天文学家，牛顿的重大发现可能就被遗忘了。哈雷访问剑桥的时候见到了牛顿。当得知牛顿不仅观测到彗星的轨迹，并且预测了它未来的轨迹时，哈雷大吃一惊，因为以前从未有人做过这种事情。牛顿已经解释了天文学中最令人困惑的一个现象，这一现象已经吸引和困扰了民众几千年，而现在牛顿把这提炼成一系列数学公式。

哈雷立刻意识到，这是所有科学突破中最有历史意义的成果之一。他慷慨地资助了出版所需的费用。随之出版的《自然哲学之数学原理》成了有史以来最伟大的科学著作之一。在这部杰作中，牛顿已经解出了天体力学。利用他新发明的数学形式——微积分，他能够精确地计算出太阳系内行星和彗星的运动。他发现彗星能以椭圆轨道运动，这样它们就可能回归。而哈雷采用牛顿的方法，计算出那颗在 1682 年飞越伦敦上空的彗星将会每隔 76 年回来一次。事实上，他可以追溯历史资料并揭示这颗彗星曾经始终如一地按时回归。他大胆地预测，这颗彗星将会在 1758 年回归，那是他去世很久之后了。而 1758 年的圣诞节，这颗彗星的出现帮助哈雷留下了遗产。

今天，我们知道彗星主要来自两个地方。一个是柯伊伯带，这是在海王星之外的行星轨道平面上的一个区域。柯伊伯带的彗星，包括哈雷彗星，以椭圆轨道绕太阳运动。它们有时被称为“短周期彗星”，因为它们的轨道周期，或者说它们完成绕转太阳一周所需的时间是几十年至几个世纪。由于它们的周期是已知或能够被计算出的，它们的运动可以被预测，因此我们知道它们不是那么危险。

在更远的地方，有一个奥尔特云，这是一个包围了整个太阳系的彗星区域。它们中许多都离太阳非常遥远，达到几个光年以外。它们大部分是稳定的，只是偶尔，这些彗星会被经过的恒星偶然碰撞甩到太阳系的内部。它们被称为长周期彗星，因为其轨道周期大概是几万甚至几十万年，如果它们真的会回归的话。它们几乎不可能被预测，因此和短周期彗星相比，它们可能对地球更加危险。

对柯伊伯带和奥尔特云的研究每年都会有新的发现。2016 年，科学家宣布在柯伊伯带的深处可能存在海王星大小的第九颗行星。它不是通过望远镜被直接认出来的，而是利用计算机求解牛顿方程得出的。尽管它的存在还没有被证实，但是许多天文学家已经相信数据很有说服力，而且曾有过这种先例。19 世纪，人们发现天王星轻微地偏离了牛顿定律预言的轨道。一种可能是牛顿错了，或者是有个遥远的天体在牵引着天王星。1846 年，科学家计算了这颗假想的行星的位置，并且只用了几个小时就发现了它，并命名为海王星。（而另一次，天文学家注意到水星也偏离了它预定的轨迹。他们推测在水星的轨道内还有一颗行星，被称为火神星。但是在多次努力之后，并没有发现火神星。阿尔伯特·爱因斯坦认识到牛顿定律可能错了。他全新的相对论理论认为时空发生了弯曲，这样就可以解释水星的轨道偏移。）今天，高速计算机可以运用这些定律，揭示柯伊伯带和奥尔特云中更多天体的存在。

天文学家猜测，奥尔特云可能一直从我们的太阳系延伸到 3 光年之外。距离地球最近的恒星是半人马座三体系统，其距地球大约是 4 光年多一点。奥尔特云的尺度超过了这个距离的一半。如果我们假设半人马座恒星系统也被彗星云包围，那么可能有一个连续的彗星路径连接着地球和半人马座恒星。也许可以在这条华丽的星际高速路上，建造一系列的加油站、前哨站，还有中转站。我们也许不用在一次飞行中就径直到达下一颗恒星，而是开发更多合适的“彗星跳跃”目标，来到达半人马座系统。这条路可能会成为一条宇宙 66 号公路。[①]

建立这条彗星高速路不像一开始听起来那么离奇。天文学家已经能够测定大量彗星的信息，包括其大小、硬度和成分。当哈雷彗星 1986 年经过的时候，天文学家能够发射一艘太空探测器来给它拍照并分析它。照片显示，它有一个大约 10 英里宽的微小核心，形状像一个花生（这意味着，在将来的某个时刻，花生的两端会分裂，然后哈雷彗星将变为一对彗星）。此外，科学家已经可以发射太空探测器穿越彗尾。罗塞塔号宇宙飞船就能够发射在彗星上着陆的探测器。对彗星中的一些进行分析，结果显示，它们有一个坚硬的岩石或冰核心，也许足够坚硬，能支撑起一个机器人中转站。

有朝一日，机器人也许会登陆奥尔特云中的某个遥远彗星，并钻入它的表面。彗星核心中的矿物和金属可能被用来建造一座空间站，还可以融化冰做饮用水、火箭燃料和宇航员的氧气之用。

如果能成功地飞出太阳系，我们将会发现什么？我们正在经历另一场对宇宙理解的巨大转变。我们不断发现类地行星，也许其他恒星系统中的类地行星也存在某种形式的生命。我们能在某一天造访这些行星吗？我们能够建造出星际飞船打开人类探索宇宙的窗口吗？怎样才能实现这个目标呢？

---

① 美国历史上一条著名的连接芝加哥和洛杉矶的州际公路。——译者注

第二部分

星际之旅

在某个阶段，我们应该期望机器来主持大局。

——艾伦·图灵

如果在接下来的 100~200 年里发生这样稀有的事情，我会感到非常吃惊。

——道格拉斯·霍夫施塔特

第 7 章　太空中的机器人

那是在 2084 年。阿诺德·施瓦辛格是一名职业建筑工人，他一直在为挥之不去的火星梦境而烦恼。他决定必须去火星探险以了解这些梦境从何而来。他目睹了火星上熙熙攘攘的大都市、闪闪发光的玻璃圆顶建筑以及大规模的采矿作业。由管道、电缆和发电机组成的复杂基础设施为成千上万的永久居民提供能源和氧气。

电影《全面回忆》为火星城市可能的样子描绘了一幅引人注目的景象：有序、干净而且先进。然而，它有一个小问题。尽管火星上这些假想的城市为好莱坞提供了很好的场景，但以我们目前的技术建造它们，实际上会超出 NASA 任何任务的预算。记住，最初的每一把锤子、每一张纸、每一个回形针都要被运往几千万英里外的火星。如果我们飞出太阳系到达附近的恒星，在那里实现与地球的快速通信是不可能的，那么问题只会成倍地增加。我们必须在不使国家破产的情况下，寻找一种在太空中发展自己的方法，而不是依靠从地球上运送物资。

答案可能在于借助第四次技术浪潮。纳米技术和人工智能可能会彻底改变游戏规则。

到 21 世纪末，纳米技术的进步将使我们能够生产大量的石墨烯和碳纳米管，这些超轻的材料将彻底改变建筑业。石墨烯是碳原子组成的单分子层紧密结合形成的超薄、超耐用的薄片。它几乎透明且没有任何重量，是科学上已知的最坚硬的材料，比钢要硬 200 倍，甚至比钻石还要硬。原则上，你可以让大象在铅笔上保持平衡，然后把铅笔尖放在一片石墨烯上，而石墨烯既不会被折断也不会被撕破。另外，石墨烯还能导电。科学家已经能够在石墨烯薄片上雕刻出分子大小的晶体管。未来的计算机可能就是用它制造的。

碳纳米管是把石墨烯卷成长的管子。它们实际上是坚不可摧的，而且几乎不可见。如果你用碳纳米管建造布鲁克林大桥的吊桥，那么这座桥看起来就像飘浮在半空中一样。

既然石墨烯和纳米管是如此神奇的材料，为什么我们没有把它们用于我们的家庭、桥梁、建筑和公路呢？目前，要生产大量的纯石墨烯极其困难。分子水平上的最轻微的杂质或缺陷都可能破坏其神奇的物理性质。这就决定了生产比邮票稍大的石墨烯片都是很困难的。

但化学家希望，22 世纪，我们能大规模生产这种物质。这可以大大降低我们在外太空修建基础设施的成本。因为它很轻，所以可以被高效地运送到遥远的地外星球，甚至可能在其他星球上被制造出来。用这种碳材料建造的整座城市可能会从火星沙漠中拔地而起。那里的建筑物可能看起来是部分透明的。宇航服可能会变得超薄和紧身。汽车会变得非常节能，因为它们的重量很小。随着纳米技术时代的到来，整个建筑领域都可能被颠覆。

但即便有了这些进展，谁会去做那些艰苦的工作，建造出我们在火星上的定居点、在小行星带的采矿移民地、在土卫六和系外行星上的基地呢？人工智能可能会解决这个问题。

人工智能：一门新生的科学

2016 年，人工智能领域被 DeepMind（人工智能企业）公司的计算机程序阿尔法围棋击败世界围棋冠军李世石的消息震惊了。许多人曾经认为，这一壮举将要在几十年后才会发生。报刊的社论开始悲叹这是人类的噩梦。机器终于越过卢比孔河，很快就会占据优势。这一发展没有回头路。

阿尔法围棋是有史以来最先进的游戏程序。在国际象棋中，对弈过程中的任何一步，你平均有 20 到 30 种选择，但是围棋中有 250 种选择。事实上，围棋游戏策略的总数超过了宇宙中原子的总数。人们一度认为，电脑很难计算出所有可能的策略。因此，当阿尔法围棋击败李世石时，这一消息立刻在媒体上引起了轰动。

然而，人们很快就发现，无论阿尔法围棋多么复杂，它都只是一匹诡计多端的小马。在围棋上获胜是它所能做的一切。艾伦人工智能研究所首席执行官奥伦·埃齐奥尼表示：“阿尔法围棋甚至不会下国际象棋。它不能谈论比赛。我 6 岁的儿子都比阿尔法围棋聪明。”不管它的硬件有多么强大，你都不能走到机器跟前轻拍它的后背，恭喜它击败了人类，并期望得到相应的回应。实际上它完全不知道自己创造了科技史。

它甚至不知道自己是机器。我们常常忘记，如今的机器人都是被优化了的加法机器，没有自我意识、创造力、常识或情感。它们可以擅长特定的、重复的、有限的任务，但在需要常识的更复杂任务上却失败了。

虽然人工智能领域正在取得真正革命性的突破，但我们必须从长远的角度来看待它。如果我们把机器人的演化和火箭的进步进行比较，就会发现机器人已经超越了齐奥尔科夫斯基所处的阶段，也就是超越了推测和理论的阶段。我们正处于一个由戈达德推动的阶段，并正在构建初始的实际原型，这些模型可以证明我们的基本原则是正确的。然而，我们还没有进入下一个阶段，即冯·布劳恩的领域。在这个领域里，创新的、强大的机器人将从装配线上跃下，去遥远的星球建造城市。

到目前为止，机器人作为遥控机器已经取得了惊人的成功。在畅游过木星和土星的旅行者号宇宙飞船背后，在登陆火星表面的“海盗号”着陆器背后，在环绕着气体巨行星的伽利略号和卡西尼号宇宙飞船背后，都有一群专心致志的人在那里发出指令。就像无人机一样，这些机器人只是在执行位于帕萨迪纳的任务控制中心人类管理员的指令。我们在电影中看到的所有机器人都是木偶、电脑动画或遥控机器。（科幻小说里我最喜欢的机器人是《禁忌星球》里的罗比。虽然这个机器人看上去很有未来主义色彩，但里面隐藏着一个人。）

但由于过去几十年里，电脑的能力每隔 18 个月就翻一番，未来我们能期待什么呢？

下一步：真正的自动机器人

从遥控机器人开始，我们的下一个目标是设计真正的自动机器人，这些机器人能够自己做决定，只需要很少的人工干预。自动机器人只要一听到“捡起垃圾”这类的话，就会立刻行动起来。这超出了现有机器人的能力。因为用无线电与外星球进行通信需要数小时，我们需要自动机器人主要依靠它们自己在外太空探索和移民。

对于在遥远的行星和卫星上建立移民地，这些真正的自动机器人绝对是必要的。请记住，在未来几十年里，外太空的居住人口可能只有几百人。人类劳动力将会是稀缺资源，并且是非常昂贵的。然而在遥远的世界上建造新的城市将会承受巨大的压力，而这正是机器人可以发挥作用的地方。最初，它们将做危险、枯燥、肮脏的工作。

例如，在好莱坞电影中，我们有时会忘记外太空有多么危险。即使是在引力较小的环境中，让机器人从事建造过程中的重物搬运工作也是很有必要的。因为它们可以毫不费力地搬运巨大的石板、大梁、混凝土板和重型机械等等，这些都是在另一个世界建立基地时所必需的。在这方面，机器人将远远优于宇航员。因为宇航员需要穿着笨重的宇航服，他们肌肉虚弱，身体动作缓慢，还必须携带大量氧气。此外，人类很容易疲劳，而机器人可以不分昼夜地工作。

此外，如果发生事故，我们可以在各种危险的情况下轻松地修复或更换机器人。它们可以拆除用于开辟新建筑工地或公路的危险炸药。如果有火灾，它们可以穿过火场营救宇航员，或者在遥远卫星上那寒冷的环境中工作。它们不需要氧气，所以没有窒息的危险，而这却一直威胁着宇航员。

它们还可以探索遥远世界的危险地形。例如，人们对火星上冰冠和土卫六泰坦上冰湖的稳定性和结构所知甚少，但这些沉积物可能是氧气和氢气的重要来源。火星的熔岩洞穴也许能成为屏蔽危险辐射的场所，机器人可以对这些地方进行探索。它们还可以研究木星的卫星，虽然太阳耀斑和宇宙射线可能会增加宇航员患癌症的概率，但机器人可以在致命的辐射区域工作。通过维护一个特殊的、处于重重屏蔽保护下的备用零件库，机器人可以替换因强辐射而老化的模块。

除了做危险的工作，机器人还能做枯燥的工作，尤其是重复性的制造工作。最终，任何月球或行星基地都需要大量的工业成品，而机器人正好可以大规模生产这类成品。这对于创造一个能自我维持的群体是必需的。这样他们能够开采当地的矿物，用于生产月球或行星基地所需的所有物资。

最后，它们还可以做一些肮脏的工作，可以维护和修理遥远移民地的下水道和卫生系统。它们可以在回收和再加工工厂的有毒化学物质和气体环境中工作。

因此，我们可以看到，如果要在荒凉的月球和火星沙漠中建设现代城市、道路、摩天大楼和住宅，无须直接人工干预，自动机器人将发挥重要作用。然而，下一个问题是，我们离创造真正的自动机器人还有多远？如果撇开电影和科幻小说中的那些神奇机器人，目前的技术所处的实际状态是怎样的？我们还需要多久才能拥有能够在火星上建造城市的机器人？

人工智能历史

1955 年，一组高水平的研究人员在美国达特茅斯相遇，并开创了新的研究领域——人工智能。他们非常确信，能在很短的时间内开发出一种智能机器。这种机器能解决复杂的问题，理解抽象的概念，使用语言，并从其过往经历中借鉴学习。他们说："我们认为，如果一个经过精心挑选的科学家小组用整个夏天共同研究这个问题，就可以在其中一个或多个问题上取得重大进展。"

但他们犯了一个致命的错误。他们假定人类的大脑是一台数字计算机，并认为如果能将智能法则简化成一串代码，并将其装入一个电脑，它就能突然变成一个思考机器。它会变得有自我意识，可以和你进行有意义的对话。这被称为"自上向下"的方法，或"瓶中的智慧"。

这个想法看起来简单、优雅，而且鼓舞人心。20 世纪 50 年代和

60 年代，人工智能取得了巨大的成功。通过程序设计，计算机可以玩西洋跳棋和国际象棋，求解代数定理，识别并拾取方块。1965 年，人工智能先驱赫伯特 · 西蒙宣称："在 20 年内，机器将胜任人类能完成的任何工作。" 1968 年，电影《2001 太空漫游》让我们认识了可以与我们交谈，还可以驾驶宇宙飞船去木星的电脑 HAL。

而后，人工智能的发展遇到了瓶颈。在模式识别和常识这两个主要障碍面前，其进展缓慢得像蜗牛一样。事实上，机器人可以比我们更好地看到信息，但它们无法理解自己看到的信息。面对一张桌子，它们只能识别出线条、正方形、三角形和椭圆形，却无法将这些元素组合在一起并识别出整体，不理解"桌子"这个概念。因此，它们很难在房间里找到方向，识别家具，躲避障碍物。走在大街上时，机器人会遇到代表婴儿、警察、狗和树的无数奇怪的线条、圆圈和正方形，接着它们会完全迷失方向。

另一个障碍是常识。我们知道水是湿的，绳子可以用来拉但不能推，积木可以推但不能拉，母亲比女儿年龄大。这一切对我们来说都是显而易见的。但我们是从哪儿学到这些知识的呢？没有任何数学模型可以证明绳子不能用来推。我们是从现实经验中，从现实偶遇中积累了这些事实。我们从社会生活经验中学习到这些知识。

而机器人无法享受生活经验的益处，它们所拥有的东西都是通过计算机代码逐行输入的。有些人试图对每一个常识元素进行编码，但这样的常识实在太多了。一个四岁的孩子凭着直觉就能比最先进的电脑了解更多物理、生物和化学知识。

DARPA 的挑战

DARPA（美国国防高级研究计划局）是五角大楼的一个分支机构。它曾为互联网的发展奠定了基础。2013 年，它向全世界的科学家发出了一项挑战：日本福岛的三个核电站在 2011 年遭遇熔融，故要建造一个可以清理那里可怕的辐射废墟的机器人。核电站残骸具有强烈的放射性，工作人员只能进入致命的辐射区域几分钟。其结果是对核电站的处理被严重推迟。目前，官方估计清理工作需要 30~40 年，花费大约 1 800 亿美元。

如果可以建造一个机器人，在没有人类干预的情况下清理碎片和垃圾，这可能是创造一个真正自动机器人的第一步。即使是在有辐射的情况下，这种机器人仍可以帮助我们建立月球基地或火星定居点。

意识到福岛将是运用最新人工智能技术的理想场所，DARPA 决定发起 DARPA 机器人挑战赛，并向能够执行基本清理任务的机器人发放 350 万美元奖金。（DARPA 此前的一项挑战被证明极为成功，最终为无人驾驶汽车铺平了发展道路。）这次比赛也是宣传人工智能领域进步的一个极佳机会。在多年的夸大其词和过度炒作后，是时候展示人工智能的一些真正进展了。世界将看到，机器人能够完成人类不太适合的基本任务。

比赛规则非常清楚，也非常简单。获胜的机器人必须能够完成 8 项简单的任务，包括驾驶汽车、清除碎片、打开大门、关闭漏水的阀门、连接消防软管和转动阀门。随着竞争对手竞相争夺荣誉和奖金，来自世界各地的参赛者纷纷涌入。然而，结果有点尴尬，比赛最终没有开创一个新时代。许多参赛者没能完成任务，有些甚至在镜头前摔倒。这个挑战赛说明，人工智能比“自上而下”的方法更复杂。

会学习的机器

另外一些人工智能领域的研究人员已经彻底放弃了“自上而下”的方法，而是选择通过“自下而上”的方式来模拟大自然。这种替代策略也许能提供更有前景的方法，让我们创造出能在外太空作业的机器人。在人工智能实验室之外，我们可以找到比我们所能设计的任何东西都更强大的精密自动机器人，它们被称为动物。小蟑螂熟练地在森林中穿行，寻找食物和配偶。相比之下，我们笨拙又笨重的机器人有时会把墙壁上的灰泥从墙上扯下来。

60 年前达特茅斯的研究人员所提出的那个有缺陷的假设，至今仍影响着这个领域。大脑不是一台数字计算机，它没有编程，没有 CPU（中央处理器），没有奔腾处理芯片，没有子程序，也没有代码。如果你移除一个晶体管，计算机很可能会因此崩溃。但是如果你切除了人类大脑的一半，它仍然可以发挥作用。

通过把大脑组织成一个神经网络、一个学习机器，大自然就这样完成了计算的奇迹。你的笔记本电脑永远不会知道，它今天与昨天或去年相比还是一样的愚蠢，但是人类的大脑在完成了任务后，会将自己的神经通路重新连线。这就是为什么婴儿在学习一门语言之前会喋喋不休，为什么在学习骑自行车之前我们会左摇右晃。赫布定律认为，你完成的任务越多，你的神经通路被强化的程度也就越高。根据这个定律，神经网络通过不断的重复而逐渐被改进。就像神经科学的说法一样，那些一起放电的神经元会连接在一起。你可能听过一个古老的笑话：“你知道怎么去卡内基音乐厅吗？”神经网络给出了答案：练习、练习、练习。

例如，徒步旅行者知道，如果某条小径破旧不堪，那意味着曾有许多徒步旅行者选择了这条路，因此，这条路可能是抵达目的地的最佳路径。每次你选择这条正确的路径时，它都会被强化。同样，当你频繁地激活某些行为的神经通路时，它也会被强化。

这很重要，因为机器学习将是太空探索的关键。机器人将不断地面对外太空中新的、不断变化的危险。它们将被迫面对科学家今天甚至都无法想象的场景。如果一个机器人被设定为只处理一些固定的紧急情况，那么它将毫无用处，因为命运会给它带来意想不到的场景。例如，一只老鼠不可能在它的基因中编码所有的场景，因为它所能面对的情况其总数是无限的，而它的基因数量是有限的。

假设太空中的一场流星雨击中了火星上的一个基地，并损害了许多建筑物。使用神经网络的机器人可以通过处理这些意想不到的情况来学习，并在每次紧急情况后变得更强大。然而，传统的“自上而下”的机器人将在这些不可预见的紧急情况下瘫痪。

这些想法中有许多都被包含在罗德尼·布鲁克斯的研究中。罗德尼曾经在著名的麻省理工学院人工智能实验室担任主任。在我们的采访中，他惊叹于一只小小的蚊子竟然拥有由几十万个神经元组成的微小大脑，这让它能毫不费力地在三维空间飞行。而为了控制一个简单的行走机器人，需要无数个复杂的计算机程序，而它仍有可能摔倒。罗德尼开创了一种新方法，用于他的“小虫机器人”和“昆虫机器人”。这些机器人学会了像昆虫一样用六条腿移动。一开始，它们经常会摔倒，但每次尝试都会变得更好，并逐渐成功地协调好它们的腿，就像真正的虫子那样。

将神经网络放入计算机的过程被称为“深度学习”。这项技术的不断发展，可能会给许多行业带来变革。在未来，当你想和医生或律师交谈时，你也许只需要与智能屏幕或智能腕表交谈，询问机器人医生或机器人律师。这些软件程序能在互联网中搜索，并提供合理的医疗或法律建议。这些程序将从重复的问题中学习，进而更好地回答你的问题，甚至可能预测出你的特殊需求。

深度学习也可能为我们带来在太空中需要的自动机器人。在未来的几十年里，自上而下和自下而上的方法也许能结合在一起，因此，机器人可以从一开始就被输入一些知识，但也可以通过神经网络进行操作和学习。像人类一样，它们能够从经验中学习，直至掌握了模式识别和常识。前者将使它们能够在三维空间移动工具，后者将让它们能够处理新的情况。对于在火星、太阳系以及更远的地方建造和维护定居点来说，这些机器人显得很关键。

根据不同的任务，需要设计不同的机器人。能学会在下水道系统中游泳、寻找泄漏点和破损的机器人，看起来会像一条蛇。超级强壮的机器人将学会如何在建筑工地上完成所有的重物搬运工作。无人机机器人可能看起来像鸟类，它将学习如何分析和勘测外星地形。能够学习如何探索地下熔岩洞穴的机器人则可能与蜘蛛类似，因为多足动物在崎岖的地形上行走是非常稳健的。能够学会在火星冰盖上漫步的机器人可能看起来更像智能的雪地摩托。可以学会在木卫二欧罗巴的海洋中游泳和抓东西的机器人则看起来像一只章鱼。

为了探索外太空，我们需要能学习的机器人。它们的学习可以通过无意中接触到的环境，也可以通过接受直接输入给它们的信息来完成。

然而，如果我们想让机器人自己组建整个城市，那么即使是这种水平的先进人工智能也远远不够。机器人技术的终极挑战是创造出能够繁殖的机器，并具有自我意识。

可自我复制的机器人

我第一次了解“自我复制”这个概念，是在孩童时期。我读过的一本生物书解释说，病毒通过捕捉我们的细胞来复制它们自己，而细菌通过分裂和复制来生长。在几个月或几年的时间里，如果不加以控制，那么一个菌落里的细菌数量就会达到惊人的数量，这些数量的细菌如果堆积起来，其大小与地球相当。

一开始，不受约束的自我复制其可能性在我看来是荒谬的，但后来我开始认为它有意义了。毕竟，病毒只不过是一种可以自我繁殖的大分子，但是就是一个这样的分子落到了你的鼻子里，一周内就能让你感冒。单个分子可以迅速地繁殖出数万亿个分子，它们足以让你打喷嚏。事实上，我们的生命都始于母亲体内一个受精的卵细胞。它小到无法被肉眼看到，但在短短 9 个月内，这个小细胞就变成了一个人。因此，即使是人类的生命也依赖于细胞的生长。

这就是自我复制的力量，它是生命本身的基础。自我复制的秘密在于 DNA 分子。这种神奇分子具有的两种能力使它与众不同：第一，它可以包含大量信息；第二，它可以复制。但是机器也可以模拟这些特性。

自我复制机器的概念实际上和进化这个概念一样古老。在达尔文发表了他的《物种起源》这本代表性著作后不久，塞缪尔·巴特勒就发表了一篇题为《机器中的达尔文》的文章。他在文中推测，有一天机器也会根据达尔文的理论进行繁殖并开始进化。

约翰·冯·诺伊曼开创了包括博弈论在内的数个新的数学分支。20 世纪 40 年代和 50 年代，他尝试为可自我复制的机器创造一种数学方法。他从一个问题开始——什么是最小的自我复制机器？然后，他把问题分成几个步骤。例如，第一步可能是收集大量的构建模块（想象一堆各种标准形状的乐高积木）。接下来，需要创建一个组装器，能将两个模块连接在一起。最后，编写一个程序，能够告诉组装器哪些部件需要连接，以及按什么顺序连接，这最后一步将是关键。任何玩过玩具积木的人都知道，只要能正确地把它们组合在一起，就可以用非常少的部件构建出最复杂、最精妙的结构。冯·诺伊曼想要确定一个组装器复制自己需要的最少的操作步骤。

冯·诺伊曼最终放弃了这个项目。因为它依赖于各种各样人为的假设，包括具体使用了多少模块以及它们的形状，因此很难用数学方法进行量化分析。

太空中可自我复制的机器人

1980年，NASA发起了一项名为“太空任务的先进自动化”的研究，这又一次推动了自我复制机器人的发展。研究报告认为，可自我复制的机器人将会是建造月球定居点的关键，并确定至少需要三种类型的机器人。采矿机器人将收集基本的原材料，建造机器人将熔化和精炼物料、组装新部件，维修机器人将在没有人为干预的情况下自我修复和为自己的“同事”进行修复。该报告还提出了机器人如何自动进行操作的设想。就像配备了抓钩或推土铲的无人驾驶车，机器人可以沿着一系列的轨道移动，而这些轨道能传输资源并将其转化为机器人所需要的形式。

由于恰逢适宜的时机，这项研究有一个很大的优势。因为它是在宇航员带回数百磅月球岩石后不久进行的。那时我们已经知道月球岩石中金属、硅以及氧的含量，知道它们几乎与地球岩石的构成完全相同。月球的大部分地壳主要由风化层构成，它们由月球基岩、古代熔岩流和陨石撞击留下的碎片混合而成。有了这些信息，NASA的科学家就可以开始为月球工厂制定更具体、更现实的计划，让它们用月球材料制造出可自我复制的机器人。这份报告还详细描述了采矿然后提炼出可利用金属的可能性。

在这项研究之后，随着人们热情的减退，可自我复制机器人研究在其后几十年间进展都不大。但是现在，重返月球和进入火星的兴趣被重新点燃，人们正在重新审视可自我复制机器人的整体概念。例如，将这些想法应用到某个火星定居点时，可以按照以下方式进行。我们首先要对荒地进行调查，并绘制一个工厂蓝图。然后我们会在岩石和泥土上钻孔，并在每个洞里引爆炸药。松散的岩石和碎片将被推土机和机械铲挖出来，以确保形成水平的地基。这些岩石将被粉碎，被碾磨成小沙砾，并被送入一个由微波驱动的冶炼炉中。正是这个冶炼炉将熔化土壤，分离和提取液态金属。这些金属将被分离成纯化的金属锭，然后被加工成电线、电缆、金属板以及任何结构的基本构件。通过这种方式，我们就可以在火星上建造机器人工厂。一旦制造出第一批机器人，它们就可以被允许接管机器人工厂，并继续制造更多的机器人。

在 NASA 发布报告时，可运用的技术还很有限，但如今我们又取得了不小的进步。3D 打印机就是一项很有前景的机器人技术。计算机现在可以精确引导塑料和金属的流动，一层层地生产出精密复杂的机器零件。3D 打印技术非常先进，它甚至能通过从微型喷嘴逐个喷出人体细胞，制造出人体组织。在探索频道我曾经主持的一部纪录片中，我把自己的脸放在了一个 3D 打印机中。激光束迅速扫描了我的脸，并在笔记本电脑上记录了它们得到的信息。这一信息被输入打印机，它从一个小喷嘴中精确地喷出塑料液体。大约 30 分钟后，我有了一张自己的脸的塑料面具。后来，打印机扫描了我的整个身体，并在几个小时内生产出一个看起来和我一模一样的塑料玩具人偶。所以在未来，我们自己也能加入超人人偶收藏的队列。未来的 3D 打印机可以重新创造出构成功能器官的精致组织，或者制造可自我复制机器人所必需的机器部件。它们也能与机器人工厂连接，因此熔炼的金属可以直接被制造成更多的机器人。

火星上的第一个可自我复制机器人将是生产难度最大的一个。这一过程需要向这颗红色行星运输大量制造设备来完成。但是一旦初始机器人被制造出来，它就可以被单独留下来继续生产它自己的复制品。然后两个机器人会复制自己，产生四个机器人。随着机器人数量的指数级增长，我们很快就能拥有足够庞大的机器人队伍来完成改变荒漠景观的工作。机器人会挖掘土壤，建造新的工厂，并以经济和有效率的方式制作出自己的复制品。它们能创造出巨大的农业产业，甚至能推动现代文明的崛起。这些不仅会发生在火星上，而且会发生在整个太空中。它们在小行星带中进行采矿作业，在月球上建造激光炮，在轨道上组装巨大的星际飞船，并为在遥远的系外行星移民奠定基础。成功地设计和部署自我复制的机器将是一项惊人的成就。

但在这个里程碑之外，还有一项技术可以被称为机器人技术的圣杯：具有自我意识的机器人。这些机器人不仅能复制自己，还能理解它们是谁，并充当领导角色：管理其他机器人，发出指令，计划项目，协调操作以及提出创造性的解决方案。它们给我们反馈，并提供合理的意见和建议。然而，自我意识机器人的概念也向人类提出了复杂的存在合理性问题，并让一些人感到恐惧。他们担心这些机器人会反抗它们的人类创造者。

具有自我意识的机器人

2017 年，两名亿万富翁——脸书创始人马克·扎克伯格和美国太空探索技术公司及特斯拉创始人埃隆·马斯克引发了一场辩论。扎克伯格坚持认为，人工智能是财富和繁荣的伟大创造者，将使整个社会更富裕。然而，马斯克的观点则较为悲观。他说，人工智能实际上对全人类的存在构成了一种威胁，总有一天，我们的创造物可能会反过来对付我们。

谁是正确的？如果我们非常依赖机器人来维护我们的月球基地和火星城市，那么如果有一天它们决定不再需要我们，会发生什么呢？我们是否会在外太空建立了移民地，却又在那里输给了机器人？

这种恐惧由来已久。实际上早在1863年，小说家塞缪尔·巴特勒就曾警示说："我们亲手创造了自己的继任者。人类与机器之间的关系，将无异于马和狗与人类的关系。"随着机器人逐渐变得比我们更聪明，我们可能会感到自己是不合格的，被自己的创造物抛弃。人工智能专家汉斯·莫拉维克曾说过："如果我们注定要花时间愚蠢地盯着我们的超智能成果，看着它们试图用我们能理解的婴儿语言来描述它们更引人注目的发现，那么生活可能看起来毫无意义。"谷歌科学家杰弗里·辛顿则怀疑超智能机器人是否会继续听命于我们。"这就像在问孩子是否能控制他的父母……没有记录显示，不那么聪明的东西控制着比它聪明的东西。"牛津大学教授尼克·博斯特罗姆曾表示："在出现智能爆炸的可能性之前，我们人类就像玩炸弹的小孩子一样……我们几乎不知道爆炸何时会发生，但如果把设备放在耳旁，我们能听到微弱的滴答声。"

另一些人则认为，机器人的崛起将是进化过程的一个例子。最适合者取代较弱的生物体，这是事物发展的自然规律。对于机器人在认知方面超越人类那一天的到来，一些计算机科学家实际上是持欢迎态度的。信息论之父克劳德·香农曾宣称："我设想在未来，我们可能就相当于机器人的宠物狗，这样，即使那时我也依然支持机器人。"

多年来，我采访的许多人工智能研究人员都相信，人工智能机器终有一天会接近人类的智能，并为人类提供非常棒的服务。然而，他们中的许多人没有提供达到这一目标的具体日期或时间节点。麻省理工学院教授马文·明斯基曾为人工智能写下一些奠基性论文。他在20世纪50年代曾做出乐观的预测，但他在我最近的一次采访中透露，他不再愿意预测具体日期，因为人工智能研究人员过去常常犯错误。斯坦福大学的爱德华·费根鲍姆坚持认为："过早谈论这些事情是荒谬的，人工智能现在还遥不可及。"《纽约客》援引一位计算机科学家的话说："我不担心火星上的人口过剩。出于同样的原因，我也不担心机器智能。"

在谈到扎克伯格和马斯克的争论时，我个人的观点是，从短期来看，扎克伯格是正确的。人工智能不仅将使在外太空建造城市成为可能，还将通过使事物变得更高效、优质和经济实惠来使社会更富裕，同时机器人工业还能创造一系列全新的就业机会，这个产业有朝一日也许会超过今天的汽车工业。但从长远来看，马斯克正确地指出了一个更大的风险。这场争议的关键问题是：机器人会在什么时候发生这种转变并变得危险？我个人认为，关键的转折点就是机器人具有自我意识时。

今天，机器人并不知道它们自己是机器人。但是有一天，它们可能有能力确立自己的目标，而不是采纳程序员选择的目标。然后它们可能会意识到它们的议程与我们的不同。一旦与我们的兴趣发生分歧，机器人就会构成威胁。什么时候会发生这样的事，没有人知道。如今，机器人的智能与虫子的差不多。但或许到21世纪后期，它们会拥有自我意识。到那时，我们也将在火星上拥有快速发展的永久定居点。因此，现在就解决这个问题很重要，而不是等到需要依赖它们在火星上生存的时候。

要深入了解这个关键问题，探讨最好的情况和最坏的情况可能很有帮助。

最佳和最差愿景

发明家、畅销书作家雷·库兹韦尔是最佳愿景的一位支持者。每次我采访他时，他都会描述一个清晰、富有吸引力但充满争议的未来愿景。他相信，到2045年，我们将到达“奇点”，即机器人的智力水平与人类相当或超越人类的时间点。这一术语源于物理学中“引力奇点”的概念，指的是像黑洞一样具有无限引力的区域。数学家约翰·冯·诺伊曼将它引入计算机科学。他认为，计算机革命将在人类的生活方式中创造“人类生活模式不断加速进步和变革，这就产生了接近某种本性奇点的现象……按照我们的认知，人类事物不能超越奇点继续下去”。库兹韦尔声称，当奇点出现时，一台价值1 000美元的计算机将比所有人类加起来还要聪明10亿倍。此外，这些机器人能自我完善，它们的后代会继承已有的特性，因此每一代都比上一代更优秀，高性能机器人呈螺旋式上升发展。

库兹韦尔坚称，我们的机器人制造行业将开辟一个健康和繁荣的新世界，而不是将我们取而代之。他说，微型机器人或纳米机器人将在我们的血液中循环，“破坏病原体，纠正 DNA 错误，消除毒素，并执行许多其他任务来增进我们的身体健康”。他对于科学能很快找到抵御衰老的方法充满希望，并坚信如果他能活得足够久，他就能永远活下去。他向我吐露，他每天要吃几百粒药，希望能长生不老。但如果不成功，他就会把身体保存在低温公司的液氮中。

库兹韦尔还预言，在更远的未来，机器人会把地球上的原子转化为计算机。最终，太阳和太阳系的所有原子都会被纳入这个庞大的会思考的机器中。他告诉我，当凝视天空时，他有时会想象，他可能会在适当的时候目睹超级智能机器人重新排列星星。

然而，并不是所有人都相信这个美好的未来。莲花公司创始人米奇·考波尔表示，在他看来，“奇点”运动“从根本上是由信仰冲动驱动的。所有疯狂地挥舞着手臂的人都无法掩盖这个事实”。好莱坞对库兹韦尔的乌托邦式畅想提出了一个最差愿景。这个愿景认为，我们创造了自己的进化继任者，而它们可能把我们推到一旁，重蹈渡渡鸟的覆辙。在电影《终结者》中，军方创建了一个名为天网的智能计算机网络，它监控着所有的核武器，旨在保护我们免受核战争的危害。但之后，天网变得有自我意识了。于是军方担心这台机器已经有了自己的想法，试图关闭它。而为了保护自己，天网做了它唯一能做的事来阻止被关闭，那就是毁灭人类。它着手发动一场毁灭性的核战争，毁灭了人类文明。人类沦为一群衣衫褴褛的另类者和游击队员，试图打败能力强大的机器。

好莱坞只是想通过恐吓观众来卖电影票吗？还是这真的会发生？这个问题令人苦恼，部分原因在于，自我意识和意识的概念被道德、哲学和宗教争论遮蔽，以致我们缺乏一个严格的传统框架来理解它们。在继续讨论机器智能之前，我们需要先明确自我意识的定义。

意识的时空理论

我提出了一个理论，我称其为“意识的时空理论”。它是可测试、可重复、可证伪、可量化的。它不仅定义了自我意识，而且允许我们在一定规模上进行量化讨论。

这个理论始于动物、植物甚至是机器都可以有意识的想法。我认为，意识是为了实现某个目标，用空间、社会关系或时间等的多重反馈循环来创建自我模型的过程。为了检测意识，我们只是简单地计算了必要的反馈回路数量和类型，以得到关于事物自身的模型。

最小的意识单元可能存在于恒温器或光电池中。它们使用单一的反馈回路在温度或光线方面建立自身的模型。一朵花可能有 10 个单元的意识，因为它有 10 个反馈回路来测量水、温度、重力的方向和阳光等。在我的理论中，这些循环可以按照意识的程度来分组。恒温器和花朵就属于 0 级。

第一级意识包括爬行动物、果蝇和蚊子的意识，它们会形成自己关于太空的模型。爬行动物有无数的反馈回路来确定猎物的坐标，以及潜在配偶、潜在对手和自己的位置。

第二级意识涉及社会性动物。它们的反馈回路与其群体或部落有关，并产生复杂的社会等级模型，这些等级模型在群体中通过情绪和手势表达出来。

这些等级大致上模拟了哺乳动物大脑的进化阶段。我们大脑最古老的部分在最后面，负责处理平衡、属地以及本能等相关信息。然后，大脑向前方扩张，发展出位于大脑中心的边缘系统——控制情绪的新脑（也叫猴脑）。这种从后面到前面的发展过程也是孩子大脑成熟的过程。

那么，在这个方案中，人类的意识是什么呢？我们和动植物又有什么不同呢?

我认为人类和其他动物是不同的，因为我们能理解时间。除了空间意识和社会意识外，我们还有时间意识。大脑最后进化的部分是前额皮质，它就位于我们大脑前额的后面。它不停地对未来情况进行模拟。例如，动物的冬眠看起来是有计划的，但这些行为在很大程度上是本能的结果。你不可能教会宠物狗或猫明天有什么意义，因为它们生活在当下。然而，人类却一直在为未来，甚至突破我们自己的生命周期做准备。我们情不自禁地做着规划，也做着白日梦。我们的大脑是计划机器。

磁共振成像显示，当我们准备执行一项任务时，会读取并结合之前对同一任务的记忆，所以我们的计划也更加切合实际。有一种理论认为，动物没有精密的记忆系统，因为它们依赖本能，因此不需要具备想象未来的能力。换句话说，拥有记忆的确切目的可能是把它投射到未来。

在这个框架中，我们现在可以定义自我意识。它可以理解为将自己置于与目标一致的未来模拟之中的能力。

当这一理论被应用到机器上时，我们发现目前最好的机器只处于第一级意识的最低一级，这个等级是基于它们在空间中确定自己位置的能力而产生的。大多数机器人都像那些为 DARPA 机器人挑战赛设计的机器人一样，几乎无法在一个空房间里行走。有一些机器人则能部分地模拟未来，比如谷歌的 DeepMind 计算机，但这仅限于一个非常窄的方面。如果你要求 DeepMind 计算机完成除围棋之外的任何事情，它就会死机。

我们还需要走多远，需要采取哪些措施，才能拥有像《终结者》中天网那样的自我意识机器？

创造有自我意识的机器

为了创造有自我意识的机器，我们需要赋予它们目标。目标不会神奇地出现在机器人身上，而是必须从外部程序输入。这是机器反抗人类的一个巨大障碍。以 1921 年的舞台剧 *R.U.R.* 为例，它最早使用了“机器人”这个词。这部舞台剧描述了机器人反抗人类的场景，因为它们看到其他机器人被虐待。要实现对人类的反抗，机器需要有高水平的预编程序。除非得到指示，否则机器人不会有同情、痛苦或想要控制世界这样丰富的感情。

但为了进行论证，我们可以说，有人给机器人输入了消灭人类的目标。然后，计算机必须对未来进行现实的模拟，并将自己置于这些计划之中。现在，我们遇到了关键性问题。为了能够列举出各种可能的情景和结果，并评估它们的真实程度，机器人必须了解数以百万计的常识规则——那些我们习以为常的物理、生物学和人类行为的简单法则。此外，它还必须了解因果关系，并预测某些行为的后果，而人类从几十年的经验中学习这些定律。我们的童年之所以那么长，原因之一是有太多关于人类社会和自然世界的微妙信息需要被吸收。但机器人还没有接触到基于共享经验的绝大多数互动。

我想用一个有经验的银行抢劫犯作为例子。这名抢劫犯之所以能“高效地”计划下一次抢劫，并且比警察更聪明，是因为他有很多关于之前银行抢劫案的记忆，并且能够理解他所做的每一个决定产生的后果。相比之下，要完成一个简单的动作，比如把枪带进银行，计算机必须分析一系列复杂的二级事件。这些事件多达数千件，而且每一件都涉及数百万行计算机代码。所以计算机不会从本质上把握因果关系。

当然，机器人有可能具有自我意识以及危险的目标，但你会发现为什么这种可能性很小，尤其是在可预见的未来。这是因为向机器输入摧毁人类需要的所有方程式将是一项极其艰巨的任务。要解决杀手机器人的问题，很大程度上可以通过防止编写让它们具有对人类有害目标的程序来实现。当自动机器人真的到来时，我们必须增设一个保障来保护芯片，在它们有对人类致命的想法时将其关闭。我们可以放心地确认，自己不会被关进动物园，不会让机器人继任者从栅栏外向我们扔花生，让我们跳舞。

这意味着，当探索系外行星和恒星时，可以依靠机器人来帮助我们建设必要的基础设施，进而在遥远的卫星和行星创造定居点和城市。但我们必须小心判断它们的目标是否与我们的一致，而我们也要准备好错误保护机制以防机器人对我们构成威胁。虽然当机器人变得具有自我意识时，我们可能会面临危险，但这不会在21世纪末或22世纪初就发生，所以我们有时间做准备。

为什么机器人会胡作非为

然而，有一种情况让人工智能研究人员夜不能寐。那就是机器人会得到一种模棱两可或错误组织的命令。如果执行这些命令就会引发混乱。

在电影《我，机器人》中，有一台叫VIKI的主计算机，它控制着城市的基础设施。VIKI被赋予保护人类的命令。但通过研究人类如何对待其他人类，计算机得出的结论是人类最大的威胁是人类本身。它通过数学计算决定，保护人类的唯一方法就是控制人类。

另一个例子是迈达斯国王的故事。他向狄俄尼索斯要求获得点石成金的能力。这种力量起初似乎是一条通往富裕和荣耀之路。但后来他无意中碰了他的女儿，他的女儿变成了黄金。他的食物也因此不能吃了。最后迈达斯国王发现自己成了他所祈求的礼物的奴隶。

H. G. 威尔斯在他的短篇小说《能够创造奇迹的人》中探索了类似的困境。一天，一名普通职员发现自己拥有惊人的能力。他所有的梦想都能成真。深夜他和朋友出去喝酒，沿途一路都在创造奇迹。因为他们希望夜晚永远不会结束，所以他天真地希望地球停止转动。瞬间，猛烈的风和汹涌的洪水都降临到他们身上。人类、建筑物和城镇以每小时 1 000 英里的速度被抛向太空，这正是地球自转的速度。在意识到自己毁灭了这个星球后，他最后的愿望是让一切恢复正常，就像他获得这种能力之前那样。

在这里，科幻小说教我们谨慎行事。当我们开发人工智能时，也必须仔细检查每一个可能的后果，特别是那些可能不会立即显现出来的后果。毕竟，正是这种能力使我们成为人类。

量子计算

为了对机器人的未来有一个更全面的了解，让我们来仔细看看计算机内部发生了什么。目前，大多数数字计算机都基于硅电路，并遵循摩尔定律。摩尔定律说的是，计算机性能每 18 个月翻一番。但是，过去几年的技术进步已经开始放缓，不再像过去几十年那样疯狂，于是有人提出了一个极端的假设，认为摩尔定律不再有效并严重扰乱了世界经济，而世界经济已逐渐依赖于计算能力近乎指数级的增长。如果出现这种情况，硅谷可能会变成另一个“铁锈地带”。为了避免这种潜在的危机，世界各地的物理学家都在寻找硅的替代品。他们正在研究各种各样的替代计算机，包括分子计算机、原子计算机、DNA 计算机、量子点计算机、光学计算机和蛋白质计算机，但没有一种计算机已经为替代的黄金时间做好准备。

我们手上还有一张未知的牌。随着硅晶体管变得越来越小，它们将达到原子的大小。目前，一个标准奔腾芯片的硅层厚度可能为 20 个原子左右。10 年内，这些芯片的硅层可能只有 5 个原子那么薄。如果是这样的话，电子就会像量子理论预测的那样开始泄漏，并发生短路。这时，一种革命性的计算机就非常必要了。也许基于石墨烯的分子计算机可以取代硅芯片。但有一天，也许就连这些分子计算机也会遇到量子理论预言的问题。

到那时，我们可能不得不建造终极计算机——量子计算机。它能运行在最小的晶体管——一个原子上。

它的工作原理如下：硅电路包含一个可以控制电子流动的阀门。信息基于这些开放或封闭的电路被存储。基于一系列 1 和 0 的二进制算法描述了这个过程：0 可以表示一个封闭的门，1 可以表示一个开放的门。

现在考虑用一排单独的原子替代硅。原子就像小磁铁，有北极和南极。当原子被放置在磁场中时，你可能会猜测它们到底是指上还是指下。实际上，每一个原子都同时指上和指下，直到最终测量完成。在某种意义上，电子可以同时处于这两种状态。虽然这有违常识，却是量子力学的实际情况。其实它的优势是巨大的，因为如果磁体只能指上或指下，存储的数据就只有那么多。但如果磁体处于混合状态，一个小小的原子簇上能存储更多的信息。每一个可能是 1 或 0 的信息“比特”，现在变成了一个“量子比特”，也即 1 和 0 的复合组合。这使存储太空大大增加了。

提出量子计算机的意义在于它们可能是探索宇宙的关键。原则上，量子计算机可以给予我们超越人类智能的能力，但这仍然是一张不确定的牌。我们不知道量子计算机何时诞生，也不知道它们的全部潜能是什么。但是，它们在太空探索中无疑是无价的。它们能让我们更进一步，赋予我们更高层次的规划能力，这正是把整个星球改造成地球的模样所必需的，而不是简单地建造未来的定居点和城市。

量子计算机将比普通数字计算机强大得多。数字计算机可能需要几个世纪才能破解基于极难数学问题的密码，比如将数百万的数字分解成两个较小数的乘积。但是量子计算机以大量的混合原子状态进行计算，可以迅速完成破解。美国中央情报局（CIA）和其他间谍机构敏锐地意识到它们的前景。几年前，在美国国家安全局泄露给媒体的大量机密材料中，有一份绝密文件显示，该机构正在仔细监控量子计算机，但预计近期不会有任何突破。

考虑到人们对量子计算机的兴奋和骚动，我们什么时候可以期待拥有它们呢？

我们为什么还没有量子计算机？

用单个原子进行计算既是一件好事，也是一件坏事。虽然原子可以存储大量信息，但最微小的杂质、振动或扰动都可能破坏其计算。将原子与外界完全隔离是必要的，但也是众所周知的困难所在。它们必须达到“相干”的状态，在这种状态下它们才能一致地振动。但即使最轻微的干扰，比如有人在隔壁建筑里打喷嚏，也会导致原子随机振动，并互相独立。“退相干”是量子计算机发展中面临的最大问题之一。

由于这个问题，量子计算机现在只能进行基本的计算。事实上，量子计算机的世界纪录大约只有20个量子比特。这看起来似乎没有什么，但它确实是一项成就。也许要花上几十年，也许要到21世纪末，我们才能拥有一台功能强大的量子计算机。而当这项技术出现时，它将会极大地增强人工智能的力量。

遥远未来的机器人

考虑到现在机器人的原始状态，我不会期望在未来几十年里看到具有自我意识的机器人——也许直到21世纪末它都不会出现。在这期间，我们也许能优先部署先进的远程控制机器来继续探索太空。然后，拥有创新性学习能力的自动机器人或许能为人类定居点开始奠基。之后将会出现可自我复制的机器人来完成基础设施建设。最后，量子驱动的自我意识机器会帮助我们建立和维护一个星系级的文明。

当然，所有这些关于到达遥远星球的讨论都提出了一个重要的问题：我们，或者我们的机器人，应该如何到达那里？我们每天晚上在电视上看到的星际飞船有多精准？

为什么要去其他星球？

因为我们是那些灵长类动物的后代，而它们选择俯瞰下一座山。

因为我们不能在这里无限期地生存下去。

因为星星在那里，新的地平线在召唤。

——詹姆斯和格雷戈里·本福德

第 8 章　建造一艘星际飞船

在电影《太空旅客》中，“阿瓦隆号”是一艘由大型核聚变发动机驱动的最先进的星际飞船。它正在前往遥远星球上的移民地家园二号。这个定居点的广告很诱人：地球已经年老疲倦、人口过载而且污染严重。为什么不在这个激动人心的世界里重新开始呢？

这段旅程需要 120 年的时间。在此期间，乘客处于假死状态，他们的身体被冷冻在太空舱中。当阿瓦隆号到达目的地时，飞船将自动唤醒它搭载的 5 000 名乘客。他们将从太空舱中醒来，精神焕发地准备在新家园开始新的生活。

然而，在旅途中，一场流星风暴刺穿了飞船的船体，并损坏了它的核聚变发动机，导致出现一连串的故障。其中一名乘客过早地苏醒了，这时距离航行结束还有90年的时间。一想到飞船要在他死后很久才会着陆，他就感到孤独和沮丧。因为渴望有人陪伴，他决定唤醒一个美丽的旅伴。他们自然而然地坠入爱河。但当她发现这名乘客是故意提前了近一个世纪叫醒她，而她也将在星际炼狱中死去时，她勃然大怒。

像《太空旅客》这样的电影体现了好莱坞最近试图在科幻电影中加入一点儿现实主义的做法。阿瓦隆号以传统的方式航行，从不超过光速。但是如果让任何孩子想象一艘星际飞船，他们都会说出一些像《星际迷航》中的企业号或《星球大战》的千年隼号的飞船——它们能以比光速还快的速度穿越星系，甚至能在时空隧道中穿梭，在超太空中快速移动。

现实地说，我们的第一艘星际飞船可能不是载人飞船，也可能不是电影中设想的那种巨大的流线型飞行器。事实上，它们可能不比一张邮票大。2016年，我的同事斯蒂芬·霍金通过支持一个名为“突破摄星”的项目震惊了世界。该项目旨在开发纳米飞船，将复杂的芯片置于由地球上许多高能激光束驱动的帆上。这些芯片不过拇指大小，重量不到1盎司，却能包含数十亿个晶体管。这项探索最有吸引力的一个方面是，我们可以利用现有技术来实现这一目标，而不必等上一两百年。霍金声称，可以在一代人的时间内用100亿美元开发纳米飞船。用1 000亿瓦的激光能量作为驱动，它能以1/5的光速在20年内到达距离我们最近的恒星系统——半人马座。相比之下，航天飞机运行在近地轨道上，但每次发射任务都要花费近 10 亿美元。

纳米飞船将能够完成化学火箭永远无法完成的任务。齐奥尔科夫斯基的火箭方程式表明，传统的土星型火箭不可能到达最近的恒星，因为随着速度的加快，它需要的燃料也呈指数级上升，而化学火箭根本无法携带足够的燃料来完成如此长距离的旅程。假设它能到达邻近的恒星，那么这段旅程也将耗时大约 7 万年。

化学火箭的大部分能量用于将其自身的重量升举到太空中，但纳米飞船从外部的地面激光被动地接收能量，所以没有浪费燃料——所有的燃料都被用于推进飞船。由于不需要自己产生能量，纳米飞船没有运动部件，这就可以显著降低机械故障的概率。它们也没有爆炸性化学物质，不会在发射台上或太空中爆炸。

计算机技术已经发展到可以把整个科学实验室装进芯片的阶段。纳米飞船将包含摄像机、传感器、化学组件和太阳能电池，它们将对遥远的行星进行详细的分析，并用无线电将信息传回地球。由于计算机芯片的成本已经大幅下降，我们可以将成千上万的芯片送往太空，寄希望于其中的一些能够在危险的旅途中幸存下来。（这一策略模仿了大自然母亲的做法。有些植物将成千上万个微小的种子散播到风中，以增加它们繁殖的概率。）

在激光的推进下，这个有效载荷使微型芯片的激光帆速度可以达到光速的 20%。以光速的 20% 飞行的纳米飞船从半人马座旁呼啸而过，它只有几个小时的时间去完成任务。在这段时间内，它将定位类地行星并快速地对它们进行成像分析，以确定它们的表面特征、温度以及大气组成，特别是寻找水或氧气的存在。它还会在恒星系统中寻找射电辐射信号，因为这可能表明存在智能外星人。

脸书的创始人马克·扎克伯格曾公开支持突破摄星，俄罗斯投资者、前物理学家尤里·米尔纳个人承诺投资1亿美元。现在看来，纳米飞船已经不仅仅是一个想法了。但是，在全面执行这个项目之前，有几个障碍是我们必须予以考虑的。

激光帆的问题

为了向半人马座阿尔法星发射一组纳米飞船，一个激光库必须向飞船的接收膜发射总功率至少为1 000亿瓦的激光束，时间大约持续两分钟。来自这些激光束的光压力会把飞船送入太空。这些光束的瞄准精度必须非常高，这样才能确保飞船抵达目标。它们的轨迹稍有偏差就会危及任务。

我们面临的主要障碍不是基础科学，那已经被解决了，而是资金，即使有几位知名科学家和企业家参与其中，仍是如此。

每座核电站的成本都高达数十亿美元，但只能产生10亿瓦的电力。为建造足够强大和精确的激光库，争取联邦和私人资金是一个严重的瓶颈问题。

为了在前往遥远的恒星之前进行实验，科学家可能会决定将纳米飞船发射到太阳系中比较近的目的地。它们只需要5秒就能到达月球，大约一个半小时就能到达火星，几天就能到达冥王星。我们不需要等上10年才能到达外行星，纳米飞船可以在几天内就让我们获得关于它们的新信息，这样我们就可以近乎实时地观察太阳系的发展。

在项目的后续阶段，我们可能会尝试在月球上安装一组激光炮。当一束激光穿过地球大气层时，大约会损失 60% 的能量。把发射设施安装在月球上将有助于解决这一问题，因为月球上的太阳能电池板将为激光束提供廉价而丰富的电能。回想一下，一个月球日相当于大约 30 个地球日，所以能量可以被有效地收集并储存在电池中。这个系统将为我们节省数十亿美元，这是因为与核能不同，阳光是免费的。

到 22 世纪初，可自我复制机器人的技术应该已经得到进一步完善，那时我们可以委派机器在月球、火星和更远的地方建造太阳能电池阵列和激光炮。我们可以运送最初的机器人团队，其中一些将开采矿石，其他的则建造工厂。另一组机器人将跟踪监督工厂里的原材料的分类、碾磨和冶炼，以分离和获取各种金属。这些纯化的金属可以被用来组装激光发射站，以及一批新的可自我复制的机器人。

最终，我们可能会在整个太阳系拥有一个忙碌的中继站网络，它可能从月球一直延伸到奥尔特云。由于奥尔特云中的彗星大致延伸到距离半人马座阿尔法星的一半处，而且大部分是稳定的，因此它们可能是建立激光库的理想位置，可以为前往我们邻近恒星系统的纳米飞船提供额外的推动力。当纳米飞船经过其中一个中继站时，它的激光会自动发射，给飞船提供额外的推力。

可自我复制的机器人可以利用核聚变而不是阳光作为基本的能量来源，来建造那些遥远的前哨站。

光帆

激光推进的纳米飞船只是一个更大门类的星际飞船——光帆中的一种。就像帆船捕捉风的力量一样，光帆利用来自阳光或激光的光压力来航行。事实上，许多用于帆船的方程式也可以应用于外太空的光帆。

光由被称为光子的粒子组成。当光子撞击物体时会产生极小的压力。正是因为光压非常小，科学家在很长一段时间都没有意识到它的存在。约翰尼斯·开普勒首先发现了光压效应。他发现彗尾与预测的不一样，总是背向太阳。开普勒正确地推测出，太阳光产生的压力吹拂着彗星中的尘埃和冰晶，于是产生了背离太阳的彗尾。

有先见之明的儒勒·凡尔纳在《从地球到月球》一书中预言了光帆，他写道："总有一天会出现比这些速度大得多的速度，它们的机械动力可能是光或电……有一大我们将去月球、行星和星际旅行。"

齐奥尔科夫斯基进一步发展出太阳帆的概念，即利用太阳的光压力来飞行的宇宙飞船。但太阳帆的历史却是断断续续的。NASA 并没有把它列为优先任务。行星学会 2005 年的"宇宙 1 号"计划和 NASA 2008 年的"纳米帆 –D"计划都遭遇了发射失败。之后，NASA 执行了"纳米帆 –D2"计划，它在 2010 年进入近地轨道。2010 年，日本完成了唯一一次成功将太阳帆送出地球轨道的尝试。IKAROS 卫星配置了长宽各 46 英尺的帆，它由太阳光压提供动力。它在 6 个月内到达了金星，从而证明太阳帆是可行的。

尽管这个想法这称不上稳步推进，但它仍在继续前进。欧洲太空局正在考虑发射“蛛网太阳帆”，其目的是把散落在地球周围的数千块太空垃圾中的一部分从轨道上清空。

我最近采访了杰弗里·兰迪斯。他是一名毕业于麻省理工学院的NASA科学家，主要从事火星计划和光帆研究的工作。他和他的妻子玛丽·图尔兹略都是备受赞誉的科幻作家。我问他，他是如何在不同的世界之间架起桥梁的——一个是由一丝不苟的科学家和复杂的方程式组成的世界，另一个则充满了太空迷和UFO（不明飞行物）爱好者。他回答说，科幻小说很精彩，因为能让他幻想遥远的未来，而物理学让他脚踏实地。

兰迪斯的研究方向是光帆。他提出用一艘光帆星际飞船飞往半人马座阿尔法星，飞船的光帆由几百英尺宽的类似钻石的超薄材料制作而成。这艘飞船将是巨大的，重达100万吨，需要用整个太阳系的资源来建造和操作，其中包括水星附近激光库的能量。为了能够在目的地停留，飞船将装有一个很大的磁力降落伞，其磁场由直径60英里的线圈产生。来自太空的氢原子会穿过线圈并发生摩擦，这会使光帆在几十年的时间内逐渐减慢飞行速度。往返半人马座阿尔法星一次需要两个世纪，所以飞船的宇航员必须是多代人。虽然这种星际飞船在物理上是可以实现的，但是制造它的成本很高，而且兰迪斯承认实际装配和测试可能需要50~100年的时间。与此同时，他还为建造突破摄星计划的激光帆出力。

离子发动机

除了激光推进和太阳帆外，还有许多其他潜在的方式能为星际飞船提供能量。为了将它们进行直观对比，我们需要引入一个“比冲量”概念，即火箭的推力与火箭燃烧时间的乘积。（比冲量的单位是秒。）火箭发动机燃烧的时间越长，其比冲量就越大，由此可以计算它的最终速度。

以下简单地列出了几种类型火箭的比冲量。其中不包括激光火箭、太阳帆以及冲压喷气聚变火箭等，因为它们在技术上的比冲量可以达到无限大。其无限的比冲量源于发动机可以无限长时间地工作。

火箭发动机类型	比冲量
固体燃料火箭	250
液体燃料火箭	450
核裂变火箭	800 ~ 1 000
离子发动机	5 000
等离子发动机	1 000 ~ 30 000
核聚变火箭	2 500 ~ 20 000
核脉冲火箭	10 000 ~ 100 万
反物质火箭	100 万 ~ 1 000 万

请注意，化学火箭的燃烧只有几分钟，所以它的比冲量最小。其次是离子发动机，它对于到附近行星的任务非常有用。离子发动机先

从类似氙的气体中剥离电子，使其变成离子（带电的原子碎片），然后用电场加速这些离子。离子发动机的内部与电视显示器的内部有些相似，其中的电子束都受电场和磁场控制。

离子发动机的推力非常小，通常以盎司来计量。所以当你在实验室里打开一个离子发动机时，似乎什么都没有发生。但一旦进入太空，随着时间的推移，它们就能获得比化学火箭更快的速度。人们用龟兔赛跑来比喻离子发动机和化学火箭，而离子发动机就是那只乌龟。虽然兔子能以极快的速度奔跑，但它几分钟便会筋疲力尽。乌龟虽然跑得慢，但能坚持几天，因而能赢得长跑比赛。离子火箭可以一次运行数年，因此具有比化学火箭大得多的比冲量。

为了提高离子发动机的功率，人们可以使用微波或无线电波电离气体，然后利用磁场来加速离子，这就是所谓的等离子发动机。理论上，它可以将到火星的时间从 9 个月缩短到不足 40 天，但这项技术仍处于发展阶段。（等离子发动机的一个限制因素是产生等离子体需要大量电力，从而导致执行星际任务甚至可能需要一个核电站来供电。）

NASA 已经研究和制造离子发动机几十年了。例如，可能在 21 世纪 30 年代把宇航员送往火星的深空运输飞船将会使用离子推进技术。21 世纪末，离子发动机很可能成为星际太空任务的中坚力量。虽然化学火箭可能仍然是对时间要求较高的任务的最佳选择，但当时间不是最重要的考虑时，离子发动机将是一个更可靠的选择。

除了离子发动机之外，还有更具探索性的推进系统，我们将在后文详细讨论。

百年星舰

2011年,DARPA和NASA资助了一个名为“百年星舰”的研讨会。它引起了人们极大的兴趣。会议的目的不是要在100年内建造一艘真正的星际飞船，而是要集合顶尖的科学家，为下一个世纪的星际旅行制订一个可行的计划。这个项目由一群名为老卫士的成员开展实施。它是一个由年长的物理学家和工程师组成的非正式团体，其中许多人的年龄都已超过70岁。他们希望发挥集体智慧，将我们领向星际。几十年来，他们一直保持着这种激情。

兰迪斯是老卫士中的一员。说起来，他们中间也有一对不同寻常的双胞胎，詹姆斯和格雷戈里·本福德。他们俩既是物理学家，又是科幻作家。詹姆斯告诉我，他从孩提时代就开始迷恋星际飞船，那时他沉迷于所有他能得到的科幻小说，尤其是罗伯特·海因莱因的“老太空军校生”系列。詹姆斯意识到，如果他和他的兄弟对研究太空是认真的，就得学习物理，学习许多的物理知识，因此他们都开始攻读这个领域的博士学位。詹姆斯现在是微波科学公司的总裁，在高能微波系统领域摸爬滚打了多年。格雷戈里是加州大学尔湾分校的物理学教授。此外，他还凭借自己的一部小说获得了很多人梦寐以求的星云奖。

受百年星舰研讨会的启发，詹姆斯和格雷戈里撰写了《星舰世纪：走向最宏大的地平线》一书，书中包含了许多研讨会上提出的观点。微波辐射领域的专家詹姆斯认为，光帆是我们跨越太阳系之旅的最佳选择。但是，他也说，提出其他理论设计还需要很长时间。虽然这种设计将非常昂贵，但具有可靠的物理学基础，而且有朝一日真的能实现。

核能火箭

其历史可以追溯到 20 世纪 50 年代。当时大多数人生活在核战争的恐惧之中，但少数原子科学家在寻求和平利用核能。他们考虑了各种各样的想法，比如利用核武器来开辟港口和海湾。

由于担心核爆炸的副作用和破坏力，这些想法大多被否决了。然而，有一个有趣的建议吸引着人们。它被称为“猎户座计划”，寻求利用核弹作为星际飞船的动力来源。

计划的框架很简单：制造迷你型原子弹，然后从飞船的尾端逐个发射。每次迷你型核弹爆炸，都会产生一股能量冲击波，推动星际飞船前进。原则上，如果连续释放一系列迷你型核弹，火箭可能被加速到接近光速。

这个想法由核物理学家泰德·泰勒和弗里曼·戴森共同提出。泰勒因设计了多种核弹而闻名，从有史以来最大的核裂变炸弹（核爆炸威力约为投掷在广岛原子弹的 25 倍）到大卫·克罗克特便携式核导弹（其威力是广岛原子弹的千分之一）。但他渴望将自己在核弹方面的广博知识用于和平目的。于是他抓住了制造猎户座号太空舱的机会。

这一任务主要的挑战是如何精准控制一系列小爆炸，使星际飞船能安全地驾驭核爆炸的冲击波而不在这个过程中被摧毁。为了实现这一目的，一系列速度范围的设计方案被制定出来。其中最大的模型直径为 1/4 英里，重达 800 万吨，由 1 080 枚炸弹推动。理论上，它可以达到光速的 10%，并在 40 年内到达半人马座阿尔法星。尽管这艘飞船体型巨大，但计算表明它可能是可行的。

然而，批评人士一致认为，这艘核脉冲星舰会释放出放射性尘埃。泰勒反驳说，当尘埃和金属炸弹外壳在爆炸后变得具有放射性时，才会产生放射性尘埃，因此，如果飞船只在外太空启动发动机就可以避免这种情况。但是 1963 年的《部分禁止核试验条约》也使得对小型原子弹的实验变得更困难。猎户座号太空舱的最终归宿是作为一种好奇心写入古老的科学书籍。

核能火箭的缺点

猎户座号太空舱项目终结的另一个原因是泰德·泰勒本人对此失去了兴趣。我曾经问他，既然这似乎是发挥了他的天赋，为什么不再支持这项探索。他向我解释说，建造猎户座号太空舱将会产生一种新型的核弹。尽管他一生大部分时间都在设计铀裂变炸弹，但他意识到有一天猎户座号太空舱可能也会使用特别设计的强大氢弹，他停下了脚步。

这些炸弹能释放科学上已知的最大能量。它们经历了三个发展阶段。20 世纪 50 年代的第一批氢弹是体积巨大的装置，需要大型船只来运输。实际上，它们在核战争中毫无用处。第二代核弹是小型、便携式多弹头分导导弹，它们是美国和俄罗斯核武器库的主力。你可以把 10 枚这种导弹装进一枚洲际弹道导弹的头椎体内。

第三代核弹有时被称为设计师核弹，目前仍只是一个概念。它们可以很容易地被隐藏和为特定的战场定制，例如沙漠、森林、北极或外太空。泰勒告诉我，他对这个项目感到失望，并担心恐怖分子掌握它们。如果他的炸弹落入坏人手中并摧毁美国城市，那将是一场无法形容的噩梦。对于其态度彻底转变背后的讽刺意味，他本人有着坦率的反思。在他投入的领域中，科学家在莫斯科地图上扎下大头针，每枚大头针都代表着一枚核弹。但是，面对第三代核武器可能在美国城市扎下大头针的可能时，他突然决定反对发展先进的核武器。

詹姆斯·本福德告诉我，虽然泰勒的核脉冲火箭只停留在设计图纸上，但政府确实制造了一系列核能火箭。这些火箭没有使用小型原子弹，而是使用老式的铀反应堆来产生必要的热量。（反应堆被用来加热液体，如液态氢，让它们达到高温，然后从背后的喷嘴喷出，产生推力。）科学家在沙漠中建造并测试了几个版本。这些反应堆具有相当的放射性，在发射阶段总是有熔毁的危险，这将是灾难性的。由于各种技术问题以及公众日益高涨的反核情绪，这些核导弹最终被封存。

核聚变火箭

使用核弹推动星际飞船的计划在 20 世纪 60 年代终结，但接下来是另一种可能性。1978 年，英国星际学会发起了代达罗斯计划。这个计划没有使用铀裂变炸弹，而是使用小型氢弹。泰勒自己看过氢弹，但从未开发过。（代达罗斯的小型氢弹实际上是小型的第二代炸弹，而不是泰勒所担心的真正的第三代炸弹。）

有几种方式可以平静地释放核聚变的能量。一种被称为“磁约束”的过程可以在甜甜圈形状的大磁场中加热氢气，使其达到数百万摄氏度。氢原子核相互碰撞并合成氦核，释放出核能。聚变反应堆可以用来加热液体，然后通过喷嘴释放液体，推动火箭。

位于法国南部的ITER（国际热核实验反应堆）是目前世界领先的核聚变反应堆。这是一台巨大的机器，比最接近它的竞争对手还要大10倍。它重5 110吨，高37英尺，直径64英尺，到目前为止已经花费了140亿美元。它有望在2035年实现核聚变反应，最终产生500兆瓦的热能（相比之下，标准的铀核电站的发电量为1 000兆瓦）。人们希望它是第一个产生能量超过消耗能量的聚变反应堆。尽管存在一系列的进度延迟和成本超支问题，但那些我曾交谈过的物理学家仍然相信ITER将创造历史。我们很快就会得到答案。正如诺贝尔奖得主皮埃尔–吉勒·德热纳曾经说过的：“我们要把太阳放进一个盒子里。这个想法很妙。问题是我们不知道如何制作这个盒子。”

代达罗斯火箭的另一种变体可能是由激光聚变驱动的，即巨大的激光束压缩富含氢的子弹。这个过程被称为惯性约束。位于美国加州利弗莫尔国家实验室的国家点火装置（NIF）正进行着这种试验。它在4 900英尺长的管道中配备有192个巨大的激光束，这是世界上最大的激光光束组合。当激光束聚焦在富含氢的锂氘小样品球上时，它们释放的能量会将物质表面烧毁，产生微小的爆炸，使样品球坍塌，温度升高到1亿摄氏度。由此触发一个聚变反应，这个反应会在几万亿分之一秒内释放出 500 万亿瓦特的能量。

我在主持探索 / 科学频道纪录片时看到了点火装置的演示。参观时，游客必须首先通过一系列国家安全检查，因为美国的核武器库是在利弗莫尔实验室设计的。我进入实验室后，看到了令人震惊的一幕。激光束汇聚的主室可以轻松地装下一幢五层楼高的公寓。

代达罗斯项目的一个版本利用了类似激光核聚变的过程。它不是使用激光束，而是借助大量的电子束来加热富含氢的子弹球。如果每秒钟引爆 250 个子弹球，就可以产生足够的能量，使飞船达到光速的百分之几。然而，这个设计需要一个真正巨大的核聚变火箭。倒是有一种代达罗斯火箭重达 5.4 万吨，长约 625 英尺，最大速度为光速的 12%。它太大了，以致必须在外太空建造。

该图显示了代达罗斯星际飞船与土星 5 号火箭的大小比较。由于其巨大的体积，它很可能必须在太空中由机器人完成组装。

核聚变火箭在概念上是可靠的，但是核聚变能量还没有被证明。此外，这些火箭的巨大规模和复杂性使人们对其可行性产生了怀疑，至少在 21 世纪是这样的。尽管如此，核聚变火箭被认为是除光帆外最有希望实现的。

反物质飞船

第五次技术浪潮（包括反物质引擎、光帆、聚变发动机和纳米飞船）都可能为星际飞船的设计开辟令人振奋的新领域。就如《星际迷航》中描述的那样，反物质发动机可能会成为现实。它们将利用宇宙中最大的能量来源，即通过物质和反物质碰撞将物质直接转化为能量。

反物质是物质的对立面，这意味着它具有相反的带电量。反电子带正电，而反质子带负电。（高中时我试着研究反物质，把一颗发射反电子的钠 –22 胶囊放在云室里，并拍摄反物质留下的美丽轨迹。然后我制造了一个 230 万电子伏特的电子回旋加速器，希望能分析反物质的性质。）

当物质和反物质发生碰撞时，它们会被湮灭形成纯粹的能量，所以碰撞反应释放能量的效率是 100%。相比之下，核武器的效率只有 1%，而氢弹内部的大部分能量都被浪费了。

反物质火箭的设计相当简单。反物质被储存在安全的容器中，并被稳定地输入一个室腔。它会与室腔的普通物质混合并爆炸，发出伽马射线和 X 射线。然后，能量将通过室腔的排气孔排出，推力就产生了。

正如詹姆斯·本福德对我说的，反物质火箭是科幻小说迷最喜欢的概念，但建造反物质火箭存在严重问题。首先，反物质是自然产生的，但数量相对较少，因此我们必须制造大量反物质用于发动机。反氢原子中一个反电子围绕着一个反质子运动。第一个这样的原子在1995年诞生于瑞士日内瓦的CREN（欧洲核子研究组织）。一束普通的质子被制造出来并打向一个由普通物质组成的靶子，这样的碰撞产生了一些反质子粒子。巨大的磁场通过让质子和反质子偏转到不同方向把它们区分开来——一个向右偏转，另一个向左偏转。随后，反质子减速并被储存在磁阱中，与反电子结合形成反氢原子。2016年，CERN的物理学家使用了反氢原子，并分析了环绕反质子的反电子壳层。正如预料中的，他们在反氢原子与普通氢的能级之间发现了精确的对应关系。

CERN的科学家宣布："如果我们能把在CERN制造的所有反物质聚集起来，并将其与物质湮灭，就有足够的能量使一个灯泡点亮几分钟。"火箭需要更多反物质。此外，反物质是世界上最昂贵的物质形式。按照今天的物价，1克反物质的价格约为70万亿美元。目前，它只能由粒子加速器（数量非常少）制造出来，而粒子加速器的制造和运行成本极高。欧洲核子研究组织的大型强子对撞机（LHC）是世界上最强大的粒子加速器，其造价超过100亿美元，但它只能产生一束非常细的反物质束。如果用对撞机为星际飞船积累足够燃料，那将会使美国破产。

如今，这种巨型原子撞击器被用于各种目的，但纯粹作为研究工具使用，在反物质的制造方面效用极低。针对一部分问题的解决方案可能是建立专门生产反物质的工厂。NASA 的哈罗德·格里什认为，在这种情况下，反物质的成本能下降到每克 50 亿美元。

储存问题带来了另一个困难和巨额费用。如果把反物质装在瓶子里，它迟早会撞到瓶子的墙壁上，进而把容器湮灭。正确地储存它需要彭宁陷阱[①]。这些陷阱将利用磁场使反物质的原子处于悬浮状态，防止它们与容器接触。

在科幻小说中，成本和存储问题有时会因为发现了一颗天外救星而解决——这颗反小行星让我们能廉价地开采反物质。但这个假设提出了一个复杂的问题：反物质从哪儿来？

我们用仪器在外太空看到的任何地方都是物质，而不是反物质。我们知道这一点是因为电子与反电子的碰撞释放的最小能量为 102 万电子伏。这就是反物质碰撞的印迹。但是当我们研究宇宙的时候，几乎没有发现这种类型的辐射。我们看到周围的大部分宇宙都是由同样的普通物质组成的。

物理学家认为，在大爆炸的瞬间，宇宙是完全对称的，物质和反物质的数量是相等的。如果是这样，这两者之间的湮灭将是完美和完整的，宇宙应该是由纯辐射构成的。然而，我们却由本不应该存在的物质构成。我们的存在恰恰否定了现代物理学。

我们还没有弄明白为什么宇宙中物质比反物质更多。在早期宇宙中，只有一百亿分之一的原始物质在那次爆炸中幸存下来，而我们就

① 存储反物质的一种装置。

是其中的一部分。主流理论认为，在大爆炸过程中，物质和反物质的完美对称被打破了，但我们不知道它是什么。诺贝尔奖正等待着富有进取心的人来提示这个问题。

对于任何想建造星际飞船的人来说，反物质发动机是非常重要的。但是反物质的性质我们几乎完全不了解。例如，我们不知道它“落下”的方向是朝上还是朝下。现代物理学预测它会像普通物质一样向下坠落。如果是这样，那么反重力就不可能存在了。然而，这一点和其他很多问题一样，从未被验证过。基于成本和我们有限的理解，到22世纪，反物质火箭可能仍是一个梦想，除非我们恰巧找到一个在太空漂流的反小行星。

冲压喷气聚变火箭

冲压式聚变火箭是另一个吸引人探索的概念。它看起来就像一个巨大的冰激凌圆锥体，在星际太空中吸收氢气，然后将其集中在聚变反应堆中产生能量。就像喷气式飞机或巡航导弹，冲压喷气聚变火箭将相当经济实惠的。因为它们不需要携带自己的氧化剂，而是吸入普通的空气，这大大降低了成本。由于太空中有无限的氢气可作为燃料，宇宙飞船应该能够一直加速。和太阳帆一样，这种发动机的比冲量也是无限的。

波尔·安德森的著名小说《宇宙过河卒》讲述的是一枚冲压喷气聚变火箭出现故障无法关闭的故事。当它加速到接近光速时，奇异的相对论扭曲开始发生。时间在火箭内部变慢了，但它周围的宇宙还是老样子。它走得越快，里面的时间就越慢。然而，对于星际飞船上的人来说，飞船里面的事情似乎完全正常，而外面的宇宙快速变老。

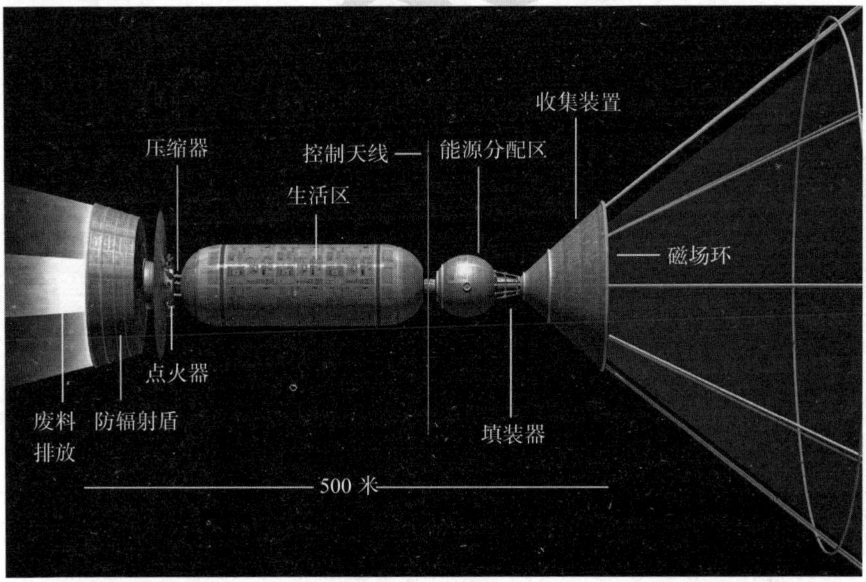

该图是一艘冲压喷气聚变火箭星际飞船，它从星际太空中收集氢气并在聚变反应堆中燃烧。

最终，这艘星际飞船以非常快的速度飞行，飞船外面数百万年过去了，船员们却只能无助地看着它。在航行了数十亿年最终抵达未来后，船员们意识到宇宙不再膨胀，而是在收缩。宇宙膨胀终于逆转了。当所有星系开始向最后的宇宙大收缩点聚集时，温度快速上升。在故事的结尾，就像所有的恒星都会坍塌一样，火箭飞船设法掠过宇宙火球，见证了诞生新宇宙的大爆炸。尽管这个故事很神奇，但它的基础确实符合爱因斯坦的相对论。

撇开关于世界末日的叙述不说，冲压喷气聚变发动机乍一看似乎太好了，不可能是真的。但是多年来，它已经受到了许多批评。这个发动机可能有几百英里宽，这将是不切实际的大和令人望而却步的昂贵。聚变的速率可能无法产生维持星际飞船航行的足够能量。詹姆斯·本森博士也向我指出，我们所在的太阳系区域没有足够多的氢来满足发动机的需要，尽管银河系的其他区域可能会有。另一些人认为，冲压喷气聚变发动机在太阳风中运动时遇到的阻力会超过其推力，因此它永远无法达到相对论速度。物理学家试图修改设计来修正这些问题，但是在冲压喷气聚变火箭成为现实选择之前，我们还有很长的路要走。

星际飞船的问题

需要强调的是，到目前为止提到的所有星际飞船都面临着以接近光速飞行带来的其他问题。小行星碰撞会带来很大的风险，即使是很小的小行星也会穿透飞船船体。正如我们提到的，航天飞机因为宇宙碎片而伤痕累累，这些碎片很可能以绕地轨道的速度，也就是每小时1.8 万英里的速度撞击航天飞机。然而，在接近光速的情况下，撞击的速度可能是那个速度的好多倍，会把飞船撞得粉碎。

在电影中，这种危险被强大的力场化解了，这个力场可以轻易地击退所有的微陨石。但不幸的是，这只存在于科幻作家的大脑中。在现实中，确实可以制造电场和磁场，但即使是不带电的家居物品，如塑料、木头和石膏，也可以很轻易地穿透它们。在外太空，由于微小的微陨石是不带电的，所以不能被电场和磁场偏转。引力场具有吸引力但非常微弱，所以它们不适合作为我们需要的斥力场。

制动是另一个挑战。如果你以接近光速的速度在太空快速穿梭，当到达目的地时该如何减速呢？太阳和激光帆利用太阳能或激光束来飞行，而这些光束不能被用来为星际飞船减速，所以它们可能主要用于飞掠任务。

也许制动核能火箭的最好办法是让它们调转 180 度，这样推力就会产生在相反的方向。然而，这种策略将消耗约一半的推力来达到目标速度，另一半推力则用来减慢火箭的速度。对于太阳帆来说，也许可以反转船帆，用目的地恒星发出的光来减慢宇宙飞船的速度。

另一个问题是，大多数能够搭载宇航员的星际飞船都很笨重，只能在外太空组装。为了将建筑材料送入轨道，需要进行几十次太空任务，并进行更多次任务来组装飞船。为了使费用不会过高，必须设计出一种更经济的方法完成太空发射任务。这就是太空电梯可能派上用场的地方。

太空电梯

太空电梯将是纳米技术的一种革命性应用。太空电梯是一条从地球延伸到外太空的长杆。你可以进入电梯，按下上升按钮，然后被迅速送入轨道。因此当助推器火箭从发射台发射时，你也不用忍受超重力的痛苦。相反，你的太空之旅就像乘坐电梯到百货公司的顶层一样轻松。就像杰克的豌豆一样，太空电梯似乎可以对抗重力，并提供一种轻松进入太空的方式。

俄罗斯物理学家康斯坦丁·齐奥尔科夫斯基首次论证了太空电梯的可能性。19 世纪 80 年代，他受到埃菲尔铁塔的启发。他问自己，如果工程师能够建造这样庞大的结构，为什么不继续往外太空延伸，再建一个呢？他能利用简单的物理原理证明，原则上，如果塔足够长，那么离心力就足以使塔保持直立而无须任何外力。就像绳子上的球因为旋转不会掉到地板上一样，地球自转的离心力也可以保证太空电梯不会倒塌。

火箭可能不是进入太空的唯一途径，这个想法是大胆激进而又令人兴奋的。但这马上就出现了障碍。太空电梯线缆上的张力可能会达到 1 000 亿帕斯卡，这超过了钢的断裂点——20 亿帕斯卡。因此钢缆会断裂，太空电梯会掉下来。

太空电梯的概念被搁置了近 100 年。阿瑟·克拉克等作家偶尔会提到它们。克拉克把它们写进了小说《天堂的喷泉》中。然而，当被问及太空电梯何时能实现时，他回答说："大概在大家都停止取笑它之后的 50 年左右。"

但是没有人再笑了。突然之间，太空电梯似乎不再那么遥不可及了。1999 年，NASA 的一项初步研究评估了一架配有 3 英尺宽、30 英里长的线缆的电梯，预计其可以载重 15 吨。2013 年，国际宇航科学院发布了一份长达 350 页的报告，认为如果有足够的资金和研究，到

2035 年就有可能建成一个有效载荷为 20 吨的若干倍的太空电梯。估计其价格通常在 100 亿到 500 亿美元之间，这只是飞往国际空间站的花费——1 500 亿美元的一小部分。与此同时，太空电梯将有效载荷送入太空的成本降低了 5%。

问题不再出现在基础物理学上，而是出现在工程学上。现在科学家正在进行认真的计算，以确定是否可以由纯碳纳米管制造太空电梯线缆，因为这些碳纳米管强度非常大，不会断裂。但是，我们能否制造出足够长的纳米管，一直延伸到数千英里外的太空中呢？从目前看，答案是否定的。制造长度超过 1 厘米的纯碳纳米管难度极大。你可能听说过已经可以制造出长达几英尺的纳米管，但它们实际由复合材料制成。它们由压缩成纤维的纯碳纳米管的细丝组成，失去了纯纳米管的奇妙性质。

为了激发人们对太空电梯等项目的兴趣，NASA 推出了“百年挑战计划”，激励那些为太空项目发明先进技术的宇航员业余人士。它曾举办过一场竞赛，要求参赛者提交一款微型电梯雏形的部件。在我主持的一个电视特别节目中，我跟随一群年轻的工程师参加了这项比赛。他们相信太空电梯将使普通人也能升入天堂。我看着他们用激光束把一个小胶囊沿着一根长长的电缆向上移动。我们的电视特别节目试图展现新一代工程师的热情，他们渴望建设未来。

太空电梯将彻底改变我们进入外太空的方式。外太空将不再是宇航员和军事飞行员的专属领地，而会成为儿童和家庭的乐园。它们将为太空旅行和工业提供一种有效的新方法，并使在地外组装包括星际飞船在内的复杂机器成为可能，包括那些能像光一样快的飞船。

但现实地说，考虑到我们面临的巨大工程问题，太空电梯可能要到 21 世纪末才能实现。

当然，考虑到人们永无止境的好奇心和追求，我们最终将超越聚变和反物质火箭，直面最大的挑战。有一天我们可能会打破宇宙的终极速度极限——光速。

曲速引擎

一天，一个男孩读了一本儿童读物，改变了世界历史。那是 1895 年，城市刚开始通电。为了理解这个奇怪的新现象，男孩拿起了阿龙·伯恩斯坦所著的《自然科学通俗读本》。在这本书中，作者让读者想象自己在一根有电流的电线旁骑行。男孩想知道，如果用一束光代替电流会有什么后果。他能超过光速吗？他推断，既然光是一种波，光束就会看起来静止不动，被时间冻结。但即使在 16 岁时，他也意识到从来没有人见过静止的光波。在接下来的十年里，他一直在苦苦思索这个问题。

1905 年，他终于找到了答案。他的名字叫阿尔伯特·爱因斯坦，他的理论被称为狭义相对论。他发现人们无法超越光速，因为光速是宇宙中的终极速度。速度一旦接近光速，就会发生奇怪的事情。你的火箭会变得更重，火箭里面的时间会变慢。如果你以某种方式达到光速，你会变得无限沉重，时间也会停止。这样看，这两个条件都是不可能实现的，这意味着你不能打破光的屏障。爱因斯坦好似成了宇宙街区的警察，设定了宇宙的终极速度极限。从那以后，这种障碍一直困扰着一代又一代的火箭科学家。

但是爱因斯坦并不满意。虽然相对论可以解释许多光的奥秘，但他还想把他的理论应用到引力上。1915 年，他提出了一个惊人的解释。他认为曾经被视作惯性和静态的空间和时间，实际上是动态的，就像可以弯曲、拉伸或弯曲的光滑床单。根据他的假设，地球不是因为受到太阳引力的吸引而围绕太阳运动，而是因为太阳使其周围的空间弯曲而使地球围绕其转动。时空结构推动地球围绕太阳以弯曲的路径运动。简单地说，运动不是因为引力的拉动。相反，是因为空间的推动。

莎士比亚曾经说过，世界是一个舞台，我们是在舞台上出入的演员。把时空也想象成一个舞台。它曾经被认为是静态、扁平和绝对的，时钟在时空表面以均匀的速率运转。但在爱因斯坦的宇宙中，这个舞台是可以弯曲的。时钟以不同的速率运转。演员不可能在舞台上走过而不跌倒。他们也许会认为是一种不可见的“力量”把他们拉向不同的方向，而实际上却是弯曲的舞台推着他们。

爱因斯坦还意识到他的广义相对论有一个漏洞。恒星越大，围绕它的时空扭曲就越大。如果一颗恒星足够重，它就会变成一个黑洞。时空结构实际上可能会被撕裂，形成一个虫洞，这是穿越太空的一个通道或捷径。这个概念最早由爱因斯坦和他的学生内森·罗森在 1935 年提出，今天被称为爱因斯坦—罗森桥。

虫洞

爱因斯坦—罗森桥最简单的例子就是《爱丽丝梦游仙境》中的镜子。在镜子的一边是英国牛津的乡村，另一边是仙境的奇幻世界。爱丽丝只要一把手指从镜子中伸进去，就立刻会被传送到那里。

虫洞是电影中最受欢迎的题材。韩·索罗通过虫洞推动千年隼号穿越超太空。西格妮·韦弗在《捉鬼敢死队》中饰演的角色打开的冰箱就是一个虫洞，她通过这个虫洞观察整个宇宙。在 C.S. 刘易斯的《狮子、女巫和魔衣橱》中，魔衣橱是连接英国乡村和纳尼亚的虫洞。

虫洞是在对黑洞进行数学分析时发现的。黑洞是一颗坍缩的巨星，它的引力非常强，强到连光都无法逃脱。它们的逃逸速度是光速。在过去，黑洞被认为是静止的，并且有无限大的引力，被称为奇点。但是太空中所有被记录的黑洞都在快速旋转。1963 年，物理学家罗伊·克尔发现当一个黑洞旋转的速度足够快时，它就不一定会坍缩成一个点而是一个的旋转环。因为离心力阻止它继续坍缩，所以这个环是稳定的。那么所有落入黑洞的东西都到哪里去了呢？物理学家还不知道。但有一种可能性是，物质可以通过所谓的白洞从另一边出现。科学家一直在寻找能释放物质而不是吞噬物质的白洞，但迄今为止还没有发现。

如果靠近黑洞的旋转环，你会看到空间和时间发生了难以置信的扭曲。你可能会看到数十亿年前虫洞引力捕获的光束，甚至还可能看到自己的副本。你体内的原子可能会在一种“意大利面条化”的令人不安的致命过程中被潮汐力拉伸。

如果进入旋转环本身，你可能会从另一端平行宇宙的白洞中被驱逐出来。想象一下，把两张纸彼此平行地放在一起，然后用铅笔在纸上钻一个洞，把它们连在一起。沿着铅笔行走，你会经过两个平行宇宙。然而，如果你第二次穿过这个环，就又会进入另一个平行宇宙。每次进入环，你都会进入一个不同的宇宙，就像进入电梯可以在公寓楼的不同楼层间移动一样。只不过在这种情况下，你永远都回不到同一楼层。

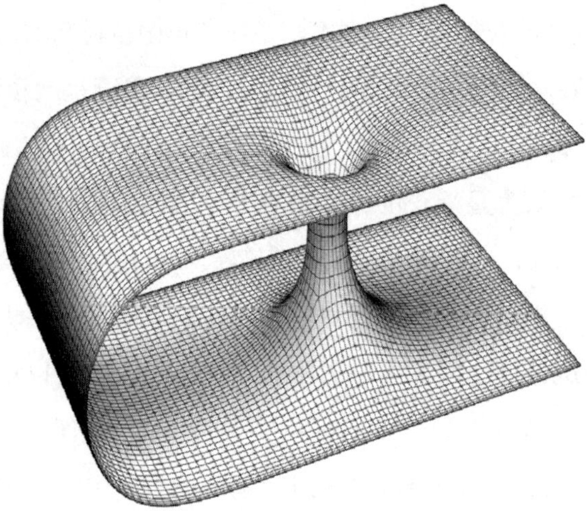

虫洞是连接两个遥远时空点的捷径。

当你进入环时，其引力是有限的，所以你不一定会被碾碎。然而，如果环的旋转速度不够快，它会在你身上坍塌并杀死你。但是通过加入一些名为负物质或负能量的东西来人为地稳定环是可能实现的。因此，一个稳定的虫洞是一种平衡，其关键是保持正能量和负能量的恰当比例。你需要大量的正能量来自然地创造宇宙间的通道，就像黑洞一样。但你也需要人为地制造负物质或能量，以保持其大门敞开，防止其坍塌。

负物质与反物质很不相同，它从未在自然界中被发现过。负物质具有奇异的反引力性质，这意味着它会向上而不是向下坠落。（相比之下，反物质理论上会向下而不是向上坠落。）如果在几十亿年前它就存在于地球上，那么它会被地球上的物质排斥，并飘浮到外太空。也许这就是我们没有找到它的原因。

尽管物理学家没有发现任何负物质存在的证据，但负能量实际上已经在实验室被创造出来。这让科幻小说迷的希望依然存在，他们梦想着有一天能穿越虫洞飞向遥远的星球。然而，在实验室里产生的负能量是微不足道的，远不能驱动一艘星际飞船。要想产生足够的负能量来稳定虫洞，需要一项非常先进的技术，我们将在第 13 章详细讨论这一技术。所以在可预见的未来，虫洞超级驱动星际飞船超出了我们的能力范围。

但最近，扭曲时空的另一种方式引发了一些激动人心的事。

阿库别瑞引擎

除虫洞外，阿库别瑞引擎可能提供了另一种打破光障的方法。我曾经采访过墨西哥理论物理学家米给尔·阿库别瑞。他在看电视时，突然想到了相对论物理学中的一个突破性的想法，这种情况可能还是第一次发生。在《星际迷航》的其中一集，他惊奇地发现，企业号飞船的飞行速度比光速还快。它以某种方式压缩前面的太空，所以星星看起来才不那么遥远。企业号并没有飞向星星，而是星星飞向了企业号。

想一下穿过地毯去找一张桌子。常识告诉我们，应该沿着地毯从一点走到另一点。但还有另一种方法。你可以用绳子把桌子拉过来，这样你就压缩了地毯。所以，不是穿过地毯走到桌子跟前，而是地毯折叠起来，让桌子朝你走来。

他突然有了一个有趣的认识。通常，你从一颗恒星或一颗行星开始，然后用爱因斯坦的方程来计算它周围空间的弯曲程度。但是你也可以反过来。你可以确定一个特定的扭曲，并使用相同的方程式来确定将导致这个扭曲的恒星或行星类型。可以用汽车修理工制造汽车的方式做一个粗略的类比。你可以从可用的零部件开始，比如发动机、轮胎等等，用它们组装一辆汽车。或者你可以先选择爱车的设计，然后根据设计找出需要的零件。

阿库别瑞调转了爱因斯坦数学的方向，使用与理论物理学家通常相反的逻辑。他试图估计什么样的恒星可能压缩前方的太空，并将计算扩展到恒星后方。让他大为吃惊的是，他得出了一个非常简单的答案。事实证明，《星际迷航》中使用的空间扭曲是爱因斯坦方程允许的一个解！也许曲率驱动不是那么不可思议。

一艘配备了阿库别瑞引擎的星际飞船必须处于由物质和能量组成的空心气泡的环绕中。气泡内外的时空将被隔开。当星际飞船加速时，里面的人什么都感觉不到。他们可能根本意识不到飞船在移动，即使他们的速度比光速还快。

阿库别瑞的结果震惊了物理界，因为它太新颖也太激进了。但当他的论文发表后，批评人士开始指出它的弱点。尽管它对超光速旅行的设想很优雅，但并没有考虑所有的复杂问题。如果星际飞船内的区域与外界被气泡隔开，那么信息就无法通过，飞行员也无法控制飞船的方向，因此飞船将不可能转向。还有一个问题，就是如何真正制造一个弯曲气泡。为了压缩前面的空间，它必须拥有某种燃料，即负物质或能量。

我们又回到了起点。和虫洞一样，保持弯曲气泡需要负物质或负能量这种成分。斯蒂芬·霍金已经证明了一个一般定理，他认为爱因斯坦方程所有允许超光速旅行的解都必须包含负物质或能量。（换句话说，我们在恒星中看到的正物质和能量都可以扭曲时空，从而完美地描述天体的运动。但是，负物质和能量以奇怪的方式扭曲了时空，产生了一种反引力力量，这个力可以稳定虫洞，防止它们坍缩，并通过压缩它们面前的时空，使扭曲的气泡速度超过光速。）

然后，物理学家试图计算出推动一艘星际飞船所需的负物质或能量的数量。最新的结果表明，所需的量相当于木星的质量。这意味着只有非常先进的文明才能使用负物质或能量来推动他们的星际飞船，如果这是可能的话。（然而，由于计算依赖于气泡或虫洞的形状和尺寸，所以超光速旅行需要的负物质或能量的数量可能会有所下降。）

《星际迷航》围绕着这个困难，提出了一种稀有矿物，它被称为双锂晶体，也是曲速引擎的重要组成部分。现在我们知道，双锂晶体可能是负物质或能量的一种华丽的说法。

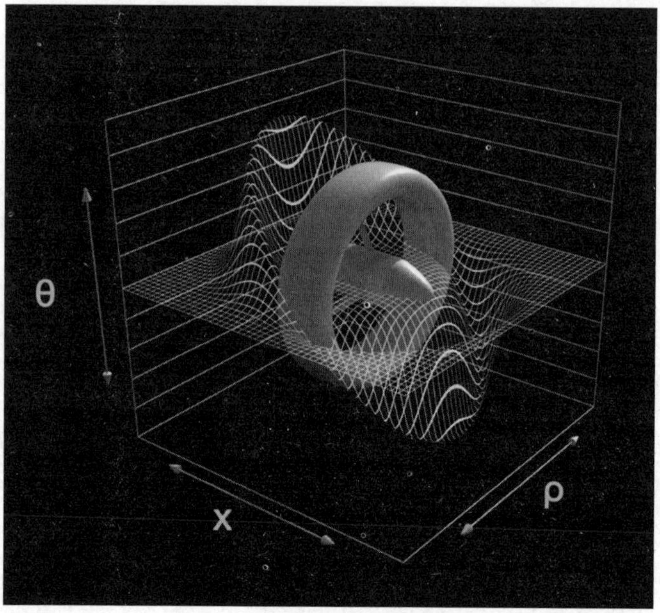

利用爱因斯坦的方程，阿库别瑞引擎的速度超过光速。但这样的星际飞船能否建成还存在争议。

卡西米尔效应和负能量

双锂晶体并不存在，但令人激动的是，负能量是存在的。这为虫洞、压缩太空甚至时间机器的存在提供了可能。虽然牛顿定律不允许负能量，但量子理论可以通过卡西米尔效应实现负能量。卡西米尔效应于 1948 年被提出，1997 年在实验室中被测量到。

假设我们有两个不带电的平行金属板。当它们之间距离较远时，它们之间的电力为零。但当它们靠近时，会神秘地开始互相吸引，然后我们可以从中提取能量。我们从零能量开始，随着金属板靠近，我们得到了正能量，因此，板块原本带有负能量。其中的原因相当深奥。常识告诉我们，真空是空虚的状态，能量为零。但实际上，它充满了物质和反物质粒子，它们在真空中短暂地出现，然后又在真空中被湮灭。这些“虚粒子”的出现和消失都非常快，因此没有打破物质和能量的守恒，即宇宙中物质和能量的总量总是保持不变。这种真空中的常规搅动产生了压力。由于平板外物质和反物质的活动比它们之间的要多，这种压力将平板推到一起，产生负能量，这就是卡西米尔效应。在量子理论中，它证明了负能量的存在。

最初，由于卡西米尔力很小，所以只能用最灵敏的仪器来测量。但是纳米技术的发展让我们已经可以操纵单个原子。在我曾经主持的一个电视特别节目中，我参观了哈佛大学的一个实验室，那里有一个可以操纵原子的小型桌面设备。在实验中我观察到，由于卡西米尔力（可能是排斥性的，也可能是有吸引力的）很难阻止彼此靠得很近的两个原子分开或聚集在一起。对于建造星际飞船的物理学家来说，负能量似乎是圣杯；但对于纳米技术专家来说，卡西米尔力在原子层面上非常强大，以致它成了一种麻烦。

总而言之，负能量确实存在。如果能以某种方式收集到足够的负能量，我们原则上可以造出虫洞机器或曲速引擎，实现科幻小说中一些最疯狂的幻想。但是这些技术还有很长的路要走，我们将在第 13 和第 14 章讨论这一点。与此同时，我们将利用 21 世纪末可能会在太空中快速移动的光帆，为大家提供围绕其他恒星运行的系外行星的第一张特写照片。到了 22 世纪，我们也许可以在核聚变火箭上观察这些行星。如果能解决摆在面前的复杂工程问题，我们甚至可能使反物质发动机、冲压喷气聚变发动机和太空电梯成为现实。

如果拥有了星际飞船，我们会在太空中发现什么？会发现存在人类的其他世界吗？幸运的是，太空望远镜和卫星让我们得以仔细观察恒星的周围。

在别的世界里也有居民，我把生命的诸多优势都押在这个判断的正确性上。这不仅是我的观点，也是我的强烈信念。

——伊曼努尔·康德

在无边无际的太空中，想要了解我们邻居的愿望，不是出于无聊的好奇心，也不是出于对知识的渴望，而是出于更深层次的原因，那就是一种深深扎根于每个有思想的人的内心感受。

——尼古拉·特斯拉

第 9 章　开普勒与行星世界

每隔几天，布鲁诺就会进行一次报复。

布鲁诺是伽利略的前辈。1600 年，他在罗马因异端邪说被活活烧死。他说，天上的星星非常多，我们的太阳必定是众多星星中的一颗。当然，其他的恒星也被多颗行星环绕，其中一些甚至可能居住着其他生物。

教会未经审判就把他囚禁了 7 年，然后剥去他的衣服在罗马街头游行，并用皮带绑住他的舌头，把他绑在一根木柱上。他有最后一次机会宣布放弃他的学说，但他拒绝了。

为了压制他的学术遗产，教会把他所有的文章都列为禁书。与伽利略的作品不同，布鲁诺的作品一直被封禁到 1966 年。伽利略只是声称太阳而不是地球是宇宙的中心，而布鲁诺说宇宙根本没有中心。他是最早提出宇宙可能是无限的人之一，他认为地球只是天空中的一块鹅卵石。教会不能再自称是宇宙的中心，因为它没有中心。

1584 年，布鲁诺总结了他的哲学并写道："我们宣称这个太空是无限的……在它里面有无限多个和我们自己的世界一样的世界。" 400 多年后的今天，银河系中已约有 4 000 颗系外行星被发现，而且这个名单几乎每天都在变长。（2017 年，NASA 列出了 4 496 颗行星候选体，其中有 2 330 颗由开普勒望远镜发现并证实。）

如果去罗马，你可能会想去参观鲜花广场。那里有一尊宏伟的布鲁诺雕像，矗立在他当年死去的地方。我去那儿的时候，发现熙熙攘攘的广场上挤满了购物者，他们可能并不都知道那儿曾经是处决异教徒的地方。但布鲁诺的雕像俯视着年轻的反叛者、艺术家和街头音乐家。他们自然地聚集在那里。在拍摄这个平静的场面时，我想知道在布鲁诺的时代，是什么样的气氛煽动着那样一群杀人不眨眼的暴徒。他们怎么可能鞭打折磨，并杀害了一个流浪哲学家？

要找到一个系外行星是极其困难的，它甚至一度被认为是不可能的，因此布鲁诺的观点被搁置了几个世纪。行星本身不会发光，其母恒星比它反射的光要亮 10 亿倍，母恒星炫目的光芒会遮蔽行星的存在。但是多亏了今天我们拥有的巨型望远镜和太空探测器，近期的大量数据已经证明布鲁诺是正确的。

我们的太阳系是种普遍存在吗？

小时候我读过一本天文书，它改变了我对宇宙的理解。在描述了行星之后，这本书总结道，我们的太阳系可能是一个典型的行星系统。它引用了布鲁诺的观点，但它走得更远。它推测，和我们的太阳系一样，其他行星系统中的行星围绕着它们的太阳，做着近乎完美的圆周运动。那些靠近太阳的行星是岩质行星，而那些离太阳更远的是气体巨行星。我们的太阳是颗普通的恒星。

我们生活在银河系一个安静、普通的偏远角落的想法是简单而令人欣慰的。

但是，我们错了。

现在我们认识到，我们并不普通。太阳系的行星排列井然有序，其轨道近乎圆形，这在银河系中是罕见的。当我们开始探索其他恒星时，会发现系外行星百科全书中的行星系统，与我们的太阳系截然不同。终有一天，这本行星百科全书可能会包含我们未来的家园。

萨拉 · 西格是麻省理工学院的行星科学教授，也是《时代》杂志评出的太空探索领域最具影响力的 25 位人物之一，还是这部行星百科背后关键的人物。我问她小时候是否对科学感兴趣。她告诉我并非天生如此，但月亮确实吸引了她的注意力。她发现无论她的父亲开车去哪儿，月亮似乎都跟着她走。这让她感到好奇。那么遥远的东西怎么总能追上她的车？

（这个错觉是由视差引起的。我们通过移动头部来判断距离。像树这样近的物体似乎移动得最多，而像山这样遥远的物体根本不会改变位置。但是紧挨着我们一起移动的物体也不会改变位置。因此，我们的大脑会把月亮等遥远的物体，与汽车里的方向盘等邻近物体混淆，并认为这两种物体都在随着我们一起运动。由于视差的存在，在我们的汽车后面发现的许多不明飞行物实际上就是金星。）

西格教授对天空的迷恋发展成了一段终生的罗曼史。父母们有时会给好奇的孩子买望远镜，但她用暑期打工挣来的钱买了自己的第一个望远镜。她记得那是 15 岁的时候，她兴奋地和两个朋友谈论一颗名为超新星 1987a 的爆炸恒星。那时它刚刚在天空中出现，是自 1604 年以来离地球最近的超新星。西格计划参加一个庆祝这一罕见事件的聚会。然而，她的朋友们却感到困惑。当然是因为他们不明白她在说什么。

西格教授继续将她对宇宙的热情和好奇心转移到系外行星科学这项光辉的事业中。这一学科在 20 年前并不存在，如今已成为天文学最热门的研究领域之一。

寻找系外行星的方法

要直接看到系外行星并不容易，所以天文学家用各种间接的方法寻找它们。西格教授向我强调，天文学家对他们的结果很有信心，因为他们以多种方式探测系外行星。其中最常用的方法被称为掩星法。有时候，在分析星光的强度时，你会发现它会呈周期性减弱。这种变暗是一种微小的影响，但却表明存在一颗行星。从地球上看，它从其母恒星前面穿过，从而遮挡了部分光线。由于可以跟踪这颗行星的运动轨迹，所以可以计算出它的轨道参数。

一颗木星大小的行星会使像太阳这样的恒星发出的光减弱 1%。对于一颗类似地球的行星来说，这个数字是 0.008%。这个变化，就像一只蚊子从车灯前飞过时光线的变化一样。幸运的是，正如西格教授解释的那样，我们的仪器足够灵敏和精确，可以探测到多个行星导致的微小亮度变化，并证明整个行星系统的存在。然而，并不是所有的系外行星都会从恒星前经过。有些行星轨道有一定的倾角，因此不能通过掩星法观测到。

另一种常用的方法是径向速度法，或者叫多普勒法。使用这种方法时，天文学家会寻找一颗似乎规律地来回移动的恒星。如果有一个大型的、木星大小的行星围绕着恒星运转，那么恒星和那颗木星大小的行星实际上是在互相绕转。想想旋转的哑铃，它的两端分别代表母恒星和行星，它们围绕着一个共同的中心运动。

从远处看并不能看到如木星大小的行星，但是可以清晰地看到母恒星按照某种精确的规律移动。多普勒法可以用来计算恒星的速度。（例如，如果一颗黄色的恒星朝着我们移动，光波就会就像手风琴一样被压缩，所以黄色的光会微微变蓝。如果它远离我们运动，那么它的光波就会被拉长，变得红一点。随着恒星朝向或远离探测器运动，光的频率会发生变化。通过分析这个变化，可以确定恒星的速度。这类似于警察用激光束照射你的车。反射激光的变化可以用来测量你运行的速度。）

通过对母恒星数周或数月的仔细研究，科学家还可以利用牛顿的万有引力定律来估计行星的质量。多普勒法是枯燥乏味的，但它在1992年发现了第一颗系外行星。这鼓舞了一群雄心勃勃的天文学家争相寻找下一颗系外行星。巨大的天体会使母恒星产生大幅度的运动，因此最早被观测到的系外行星是木星大小的行星。

掩星法和多普勒法是寻找系外行星的两种主要技术手段，但最近也有一些其他的方法。其一是直接观察法。如前文所述，这是很难做到的。然而，西格教授对NASA开发太空探测器的计划感到兴奋。这个探测器能够精确地阻挡来自母恒星的光，否则那可能完全覆盖了行星的光芒。

引力透镜可能是另一种很有前景的方法，尽管它只有在地球、系外行星和母恒星完美地连成一线的情况下才有效。我们从爱因斯坦的引力理论中知道，巨大的质量会改变它周围的时空结构，因此光在天体附近经过时会弯曲。即使我们看不见这个天体，它也会改变光线的轨迹，就像透明玻璃一样。如果一颗行星在一颗遥远的恒星前面移动，那么光线会被扭曲成一个圆环。这种特殊的模式被称为爱因斯坦环，表明观察者和恒星之间存在着大量的质量。

开普勒望远镜的发现

2009年，开普勒号宇宙飞船的发射带来了重大突破。这艘飞船专门利用掩星法寻找系外行星。它的成功超过了天文界最疯狂的想象。开普勒号宇宙飞船可能是有史以来除哈勃太空望远镜外最多产的太空卫星。它是一个工程奇迹——重达2 300磅，装有一个4.6英尺的巨大镜子，并配备了最新的高科技传感器。为了得到最优质正确的数据，它必须长时间盯着天空中的同一点，以此判断它不是绕着地球转，而是绕着太阳转。它栖息在距离地球远达1亿英里的深空，利用一系列陀螺仪保持聚焦在天空中1/400的天区。那是天鹅座方向的一小块区域。在这个微小的视野内，开普勒分析了大约20万颗恒星，发现了数千颗系外行星。它迫使科学家重新评估我们在宇宙中的位置。

虽然没有找到与我们相似的其他行星系统，但天文学家找到了一些完全意想不到的东西：各种大小的行星以各种不同的距离围绕着恒星运行。“有些行星与我们太阳系的行星并不相似，有些介于地球和海王星之间，或者比水星还要小，”西格教授说，“但是今天，我们还没有发现任何与我们太阳系相似的系统。”实际上，有太多奇怪的结果，天文学家并没有足够的理论来解释它们。她承认：“我们发现得越多，就越不理解。整件事情一团糟。”

我们甚至无法解释这些系外行星中最常见的行星。木星大小的行星是最容易被找到的。许多这样的行星并没有像预期的那样在接近圆形的轨道上运动，而是在高度椭圆的轨道上运行。

一些木星大小的行星处于圆形轨道上，但是它们离母恒星非常近。

如果它们出现在我们的太阳系里，那么就会位于水星轨道之内。这些气体巨行星被称作“热木星”，太阳风会不断地把它们的大气吹进太空。但天文学家曾认为，木星大小的行星起源于距母恒星数十亿英里的深空。如果是这样，它们是如何变得如此接近母恒星的呢？

西格教授承认天文学家并不是很肯定这种推测。但最可能的答案让他们很吃惊。一种理论认为，所有气体巨行星在太阳系的外侧区域形成，那里有大量的冰、氢气、氦气和尘埃，并在那里集聚。但在某些情况下，在太阳系的盘面上也分布着大量尘埃。在尘埃运动的过程中，气体巨行星可能由于摩擦而慢慢损失能量，进而沿着死亡的旋涡轨道逐渐靠近母恒星。

为了解释这个现象，人们引入以前从未听过的奇特观点——迁徙行星。（当这些行星靠近母恒星的时候，它们可能会穿过一颗类地行星的轨道，并把它抛向外太空。那颗较小的岩质行星可能会变成一颗不受任何恒星影响的流浪行星，独自在外太空漂流。因此，我们不期望太阳系中有任何木星大小的类地行星处于大椭圆轨道或者其轨道离母恒星很近。）

事后看来，这些奇怪的结果应该是可以预料的。因为我们太阳系中的行星沿着圆形轨道运动，天文学家自然而然地认为，构成太阳系的尘埃、氢气和氦气球体会被均匀地压缩。现在我们才意识到，可能性更大的是，引力对它们的挤压很偶然、很随机，导致行星在椭圆轨道或不规则轨道上运动，这些轨道会互相交叉或碰撞。这一点很重要，因为可能只有像我们这样拥有圆形行星轨道的行星系统才能孕育生命。

地球大小的行星

类地行星很小，因此只会导致母恒星发出的光发生微弱的减弱或轻微扭曲。但是有了开普勒号宇宙飞船和巨型望远镜，天文学家已经开始定位超级地球。它和地球一样是岩质行星，但比地球大50%~100%，可以支持已知生命形式的生存。我们还不能解释它们的起源，但在2016年和2017年，关于它们，我们有了一系列引人注目的轰动性发现。

比邻星是除太阳外离地球最近的恒星。它实际上是一个三星系统的一部分，围绕着一对相互绕转的更大恒星——半人马座阿尔法A和B运行。天文学家惊奇地发现一颗比地球大30%的行星围绕着比邻星运动，于是把它命名为比邻星b。

华盛顿大学西雅图分校的天文学家罗里·巴恩斯宣称："这改变了系外行星科学的游戏规则。它如此接近地球，意味着我们有机会比观测其他已知行星还能更好地观测它。"正在开发的下一批巨型望远镜，如詹姆斯·韦伯太空望远镜，也许会捕捉到这颗行星的第一张照片。正如西格教授所说的："这绝对是惊人的。谁会想到，在这么多年对行星好奇的探寻后，会在离我们最近的恒星周围发现一颗行星呢？"

比邻星b的母恒星是一颗暗淡的红矮星，其质量只有太阳质量的12%，因此这颗行星必须相对靠近恒星才能进入它的宜居带。在那里它可以支持液态水甚至海洋存在。这颗行星的轨道半径只是地球绕太阳轨道半径的5%。它的公转速度也快得多，每11.2天就能运行一周。对于比邻星b是否适合已知生命形式生存，人们进行了热烈的猜测。

其中一个主要的担忧是，这颗行星可能会受到太阳风的攻击，其强度可能是地球所承受的太阳风攻击的 2 000 倍。为了保护自己不受这些攻击的影响，比邻星 b 必须有一个强大的磁场。目前，还没有足够的信息来确定情况是否果真如此。

也有人认为比邻星 b 可能已经被潮汐锁定，因此它就像月亮一样，总是以一面朝向母恒星。而这一面永远是高温的，另一面永远是冰冷的。液态水海洋可能只存在于这两个半球之间狭窄的地带，因为那里的温度适中。然而，如果这颗行星的大气足够浓密，风也许会使温度均衡化，这样液态海洋就可以在行星表面任意地方存在。

下一步是确定比邻星 b 的大气成分以及它是否含有水或氧气。它是通过多普勒法被发现的，但掩星法是测量其大气化学成分的最好方法。当一颗系外行星直接从母恒星前方穿过时，一小束光线会穿过它的大气层。大气中某些物质的分子会吸收特定波长的星光，科学家能够确定这些分子的性质。然而，要实现这一目标，这颗行星的轨道必须恰好在正确的平面上，而比邻星与恒星、地球连成一线的概率只有 1.5%。

在一颗类地行星上发现水蒸气分子，这将是一项惊人的成就。西格教授解释说："对于一颗小的岩石行星来说，只有在它的表面存在液态水的情况下才会有水蒸气。所以如果在岩质行星上发现了水蒸气，我们就可以推测它也有液态海洋。"

葫芦娃行星系统

另一个前所未有的发现出现在 2017 年。天文学家发现了一个行星系统，它违反了之前行星演化的所有理论，包含 7 颗围绕着一颗名为 TRAPPIST–1 的母恒星运行的地球大小的行星。其中 3 颗行星位于宜居带，并且上面可能存在海洋。“这是一个令人惊叹的行星系统，不仅因为我们发现了如此多的行星，而且因为它们的大小都与地球相似。”迈克尔 · 吉伦如是说。正是他带领的比利时科学家团队发现了这个行星系统。（TRAPPIST 这个名字既是该团队使用的望远镜名称的首字母缩略词，也是比利时流行的一种啤酒。）

TRAPPIST–1 是一颗红矮星，距离地球只有 38 光年，其质量仅为太阳的 8%。和比邻星一样，它也有一个宜居带。如果把它变换为我们的太阳系，那么它所有 7 颗行星的轨道都在水星轨道内侧。这些行星用不到三周的时间就能绕恒星运行一圈，而最里面的行星只需不到 36 小时就能完成公转一圈。因为这个行星系统非常紧凑，行星之间通过引力相互作用，这在理论上会破坏它们已有的排列并发生碰撞。有人也许会天真地期望它们互相碰撞，但幸运的是，2017 年的一项分析表明，它们是共振的，这意味着它们的轨道是相互协调的，不会发生碰撞。这个行星系统似乎是稳定的。但就像比邻星 b 一样，天文学家正在研究恒星耀斑和潮汐锁定可能产生的影响。

在《星际迷航》中，每当企业号飞船将要遇到一颗类地行星时，斯波克都会宣布他们正在接近一颗 M 级行星。实际上，天文学上还没有这样的东西。现在，成千上万种不同类型的行星被发现，其中包括各种类地行星。采用新的行星命名法只是个时间问题。

地球的孪生兄弟?

如果太空中存在地球的孪生兄弟，那么至今它还在我们视野之外。但到目前为止，我们已经发现了大约 50 个超级地球。2015 年，开普勒太空望远镜发现了开普勒 –452b。它距离我们约 1 400 光年，这一点特别有趣。它比我们的地球大 50%，所以你在这颗行星上的体重比在地球上更重。除此之外，在那儿的生活可能与地球上的生活没有太大的区别。与围绕红矮星运行的系外行星不同，它环绕的恒星只比太阳重 3.7%。它的公转周期是 385 个地球日，平衡温度是华氏 17 度，比地球略高。另外，它位于宜居带中。为了搜寻地外文明，天文学家调试着射电望远镜，接收可能来自其他行星的任何文明信息，但迄今为止一无所获。不幸的是，由于开普勒 –452b 离我们太远，即使是下一代望远镜也无法收集到关于它的大气成分的重要信息。[①]

人们也在研究开普勒 –22b。它距离地球 600 光年，体积是地球的 2.4 倍，轨道比地球轨道小 15%，每 290 天完成公转一圈。它的母恒星开普勒 22 的光度比太阳低 25%。由于轨道和光度两个因素互相弥补，所以人们认为这颗行星表面温度与地球表面温度差不多。而它也位于宜居带。

但 KOI 7711 是一颗受到最多关注的系外行星，因为截至 2017 年，

① 这部分内容提到的“开普勒 –452b”已经被认为并不存在，当时观测到的是一个假信号。——译者注

它是与地球最为相似的一颗系外行星。它比地球大 30%，其母恒星和我们的太阳十分相似。它没有被恒星耀斑炙烤的危险。这颗行星上一年的长度与地球上的一年几乎相等。它位于其母恒星的宜居带内，但我们的技术还无法评估它的大气中是否含有水蒸气。所有这些条件似乎都说明，它适合孕育某种形式的生命。然而，它距离我们 1 700 光年之遥，是上述 3 颗行星中最远的一颗。

在分析了这些行星的大量数据后，天文学家发现，它们通常可以分为两类。

一类是我们一直在讨论的超级地球。“迷你海王星”则是另一类。它们是气体行星，大小约是地球的 2~4 倍，在我们地球附近找不到与它类似的天体；而海王星的体积比地球大四倍。一旦发现了一颗小的行星，天文学家就会试图确定它属于哪一类。这就像生物学家将一种新的动物分类为哺乳动物或爬行动物一样。让人们感到不解的是，虽然这种分类趋势在宇宙中表现得非常明显，但在我们自己所处的太阳系中为什么这种趋势却并不明显。

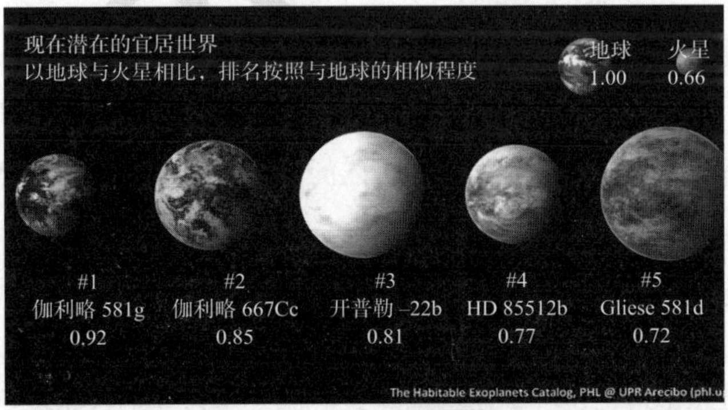

这幅图展示了在其他恒星周围发现的超级地球与地球的大小对比。

流浪行星

流浪行星是迄今为止发现的最奇怪的天体之一。它们在星系中游荡，不围绕任何一颗恒星运动。它们可能起源于某个行星系统，但由于过于接近木星的大小，因而被甩进了深空。正如我们所看到的，这些巨大的如木星大小的行星经常有椭圆轨道或沿着螺旋轨道朝向母恒星移动。它们的路径很可能与较小行星的轨道相交，因此，流浪行星可能比普通行星的数量更多。事实上，根据一些计算机模型的推算，我们的太阳系中可能在数十亿年前就已经驱逐了 10 颗左右的流浪行星。

因为流浪行星并不靠近光源，也不发出任何光，所以最初看起来似乎毫无可能找到它们，但天文学家已经通过引力透镜方法找到了一些流浪行星。这种方法需要背景恒星、流浪行星和地球探测器三者非常精确和罕见地连成一条线。因此必须扫描数百万颗恒星，才能探测到少量的流浪行星。幸运的是，这个过程可以自动完成，计算机可以代替天文学家进行搜索扫描。

到目前为止，已经有 20 个潜在的流浪行星被认证，其中一个离地球只有 7 光年。然而，在最近的另一项研究中，日本天文学家对 50 万颗恒星进行了研究，发现了更多可能的流浪行星候选体，具体数量多达 470 颗。他们估计银河系中每颗恒星都有 2 颗流浪行星。其他天文学家推测，流浪行星的数量可能会超过普通行星数量的 10 万倍。

我们已知的生命形式能否存在于流浪行星上？这要视情况而定。就像木星或土星一样，有些流浪行星可能是覆盖着大量冰的卫星。如果是这样的话，潮汐力可以使冰融化成海洋，生命便可能在那里起源。但是除了阳光和潮汐力之外，还有第三种方式能让流浪行星具备孕育生命的能源：放射性。

有一段科学史可能有助于说明这一点。在19世纪晚期，物理学家开尔文勋爵做了一项简单的计算，发现地球在其诞生后的几百万年里应该已经冷却下来，因此本应冻结成固体，不适合生命生存。这一结果引发了一场他与生物学家、地质学家的争论，他们坚持认为地球已经有几十亿年的历史了。当居里夫人和其他人发现放射性物质时，物理学家被证明是错误的。地球核心处存在铀等长半衰期放射性元素，它们的核辐射使地球的核心在数十亿年里始终保持高温。

天文学家推测，流浪行星也可能有放射性核，进而使它们保持相对温暖。这意味着，放射性核心可以为海洋底部的温泉和火山喷口提供热量，在那里可以创造生命的化学物质。因此，如果流浪行星像一些天文学家所认为的一样多，那么在星系中最有可能找到生命的地方不是恒星的宜居带内，而是在流浪行星和它们的卫星上。

怪异行星

天文学家也在研究大量令人惊叹的行星，其中一些行星并不符合已知分类。

在电影《星球大战》中，塔图因星球围绕着两颗恒星旋转。一些科学家对这个想法嗤之以鼻，因为这样的行星会处于不稳定的轨道，并会坍缩到其中一颗恒星上。但是人们发现了围绕着三颗恒星运动的行星，就像在半人马座恒星系统中那样。我们甚至还发现了四星系统，其中两组双星互相绕转。

科学家还发现了一颗显然是由钻石组成的行星。它被称为巨蟹座55e。其个头约是地球的两倍，但重量约是地球的8倍。2016年，哈勃太空望远镜成功地分析了它的大气层，要知道这是它第一次分析一颗岩质系外行星的大气层。它探测到氢和氦，但没有发现水蒸气。后来，科学家发现这颗行星富含碳元素，大约占其质量的1/3。它的温度高达5 400开尔文，非常炽热。有一种理论认为，这颗行星核心的热量和压力可能非常大，所以它才成为一颗钻石行星。然而，即便这些闪闪发光的沉积物确实存在，但它离我们有40光年远，所以开发它们超出了我们目前的能力。

可能存在的水世界和冰世界也被找到了，但这未必是意料之外的。人们认为，地球在它的历史早期，是一个被冰覆盖着的雪球。然后，直到冰河时代消退，地球上才到处都是水。2009年，人们发现了Gliese 1214 b，它是6颗可能被水覆盖的系外行星中的第一个，距离地球42光年远，比地球大6倍。它位于宜居带之外，离母恒星的距离比地球近70倍。它的温度可能高达280摄氏度，所以我们已知的生命可能无法存在。当它经过母恒星时，其大气会散射星光。通过使用不同的滤光片来分析散射的光，科学家证实其上存在大量的水。由于行星的温度和压力，水可能不会以熟悉的液态出现，而是以水蒸气的形式存在于Gliese 1214 b上。

我们对星星也有了惊人的认识。我们曾经认为黄色的太阳是宇宙中典型的恒星，但是天文学家现在认为，暗淡的红矮星，虽然它们只发出太阳的一小部分光，而且通常不能用肉眼看到，却是宇宙中是最常见的恒星。据估计，银河系中85%的恒星都是红矮星。恒星越小，它燃烧氢燃料的速度就越慢，发光的时间也就越长。红矮星的光芒可能会持续数万亿年，比太阳的100亿年寿命要长得多。也许，比邻星b和TRAPPIST系统都与红矮星有关这一点并不奇怪，因为它们是如此之多。因此，这些恒星周围的区域可能是寻找更多类地行星最有希望的地点之一。

星系人口普查

开普勒太空望远镜已经对银河系中的行星进行了充分的调查，这只是一个粗略的普查。数据表明，平均来说，你看到的每一颗恒星都有某种行星围绕着它旋转。大约20%的恒星有类地行星，比如我们的太阳。它们与地球的大小相似，并且也处于宜居带。银河系大约有1 000亿颗恒星，因此银河系的后院可能存在大约200亿颗类地行星。实际上，这只是一个保守的估计，实际数字还要比这一数字要高得多。

开普勒太空望远镜发回了大量信息，改变了我们对宇宙的概念。遗憾的是，不久前它开始出现故障。它的一个陀螺仪在2013年失效，这使它失去了锁定行星目标的能力。

但是，我们正在计划的下一个任务，加深了我们对系外行星的理解。2018年，凌日系外行星勘测卫星将发射升空。与开普勒望远镜不同，它将观测整个天空。这颗勘测卫星将在长达 2 年的时间里监测 20 万颗恒星，并重点观测那些比开普勒望远镜观测目标还要亮 30~100 倍的恒星，包括银河系中我们所在区域内所有可能的地球大小的行星或超级地球。许多天文学家认为，这类行星的数量在 500 颗左右。此外，哈勃太空望远镜的继任者詹姆斯·韦伯太空望远镜，会在不久的将来投入使用，它能够拍摄到一些系外行星的照片。

类地行星可能是星际飞船未来的主要目标。现在，我们正处于深入研究它们的重要时期，而以下两个方面的探索是非常重要的：在外太空生活及由此产生的生物需求，以及在太空中遇到生命。我们必须首先审视我们在地球上的存在，以及如何强化生命以迎接新的挑战。我们可能还需要改变自己，延长寿命，调整生理机能，甚至改变我们的遗传基因。对于在那些行星上发现从微生物到先进文明的任何东西的可能性，我们也需要做好准备。谁可能出现在那些星球，而遇到他们又意味着什么？

第三部分

宇宙中的生活

穿越银河系的漫长岁月不会让永生的生命感到畏惧。

——英国皇家天文学家马丁·里斯爵士

第 10 章　长生不老

电影《时光尽头的恋人》讲述了一个出生在 1908 年的女人的故事。她被困在暴风雪中，最后被冻死。幸运的是，一个奇怪的闪电击中了她，她复活了。这个奇特的事件从此改变了她的 DNA，她神秘地停止了衰老。

结果，当她的朋友和爱人老去后，她仍然很年轻。不可避免地，怀疑和谣言开始散播，她被迫离开了小镇。她没有为自己无限的青春而欣喜，而是渐渐过上隐世的生活，很少与人交谈。对她来说，永生不是恩赐，而是诅咒。

最后，她被一辆车撞倒，并在这次在事故中丧生。在救护车上，心脏除颤器的电击不仅使她复活，还逆转了闪电的基因效应，她又变成了凡人。这一次，她没有为失去永生的能力而哭泣，反而为发现自己的第一根白发感到快乐。

虽然她最终拒绝了永生的希望，但科学实际上正朝着另一个方向发展，在衰老研究方面取得了巨大的进步。关注太空探索的科学家对这项研究非常感兴趣，因为恒星之间的距离非常远，一艘飞船可能需要几个世纪来完成它们之间的航行。因此，建造一艘星际飞船、在星际航行中幸存下来，并在遥远的行星上定居的整个过程可能需要好几辈子。为了在星际旅行中幸存下来，我们必须建造适合多代人的飞船，让我们的宇航员和先驱进入假死休眠状态，或者延长他们的寿命。

让我们探索一下人类实现星际旅行的可能方式。

多代人的飞船

我们希望在太空中能发现一个地球的孪生兄弟，它拥有氧气和氮气的大气层、液态水、岩石内核，而且与地球的大小非常接近。这听起来像一个理想的宜居星球的候选体。但是你会意识到，地球的这个孪生兄弟远在 100 光年之外。这意味着，使用聚变或反物质推进的星际飞船需要 200 年才能抵达那里。

如果代际沿革的时间大约为 20 年一次，那么意味着将有 10 代人出生在飞船上，这将是他们唯一知道的家。

尽管这听起来令人生畏，但这就和中世纪建筑师们设计宏伟的大教堂时一样，他们也知道无法活着看到自己的杰作建成。他们知道，也许他们的孙辈会是庆祝大教堂开幕的人。

事实上，当人类在大约7.5万年前离开非洲去寻找一个新家时，就已经意识到，也许要花上几代人的时间才能完成他们的旅程。

因此，多代航行并不是一个新概念。

但是，如果你乘坐的是一艘星际飞船，就必须面对一些问题。首先，必须非常小心地选择人群，每艘飞船上至少要有200人，以保持可持续的繁殖种群。同时，必须对人口数量进行监测，使其保持相对稳定，而且不会耗尽供应。即使是人口方面最细微的偏差，在延续10代后也可能导致灾难性的人口过剩或人口不足，这将威胁整个任务的进展。因此，可能需要使用克隆、人工授精和试管婴儿等许多方法，以使人口长期保持稳定。

其次，资源也必须被仔细监控。食物和废物必须被不断地循环利用，什么也不能扔掉。

这里还有人们会感到无聊这个问题。例如，住在小岛上的人经常抱怨“岛屿热”，这是幽闭恐惧症的强烈感觉，也源自离开小岛、探索新世界的强烈愿望。一种可能的解决方案是利用虚拟现实技术，用非常先进的计算机模拟虚构的梦幻世界。另一种可能是为人们创造目标、竞赛、任务和工作，这样他们的生活就有了方向和目标。

此外，有些抉择必须在飞船上做出，比如如何分配资源和职责。必须建立一个民主选举的机构来监测飞船的日常运作。但这也带来了一种可能性，即未来的一代人可能不希望完成最初的使命，或者是一个具有领袖魅力的鼓动者可能会掌控并颠覆这个使命。

然而，还有一种方法可以消除大多数这类问题，那就是假死休眠。

现代科学与衰老

在电影《2001 太空漫游》中，一群宇航员被冷冻在船舱里，因为他们的巨型飞船踏上了前往木星的艰辛旅程。他们的身体机能被降为零，所以没有引发任何与多代飞船相关的并发症。由于乘客被冻住了，任务设计师不必担心宇航员会消耗大量资源或者如何保持人口稳定这类问题。

但这真的可能吗?

任何在北方地区过过冬天的人都知道，鱼和青蛙会被冻在冰中。等到春天来临，冰融化了，它们会像什么都没发生一样“解冻出现”。

在通常情况下，我们认为，冷冻过程会让这些动物死去。当血液的温度降低时，冰晶开始在细胞内生长和扩张，最终破坏细胞壁，也可能会在细胞外挤压并压碎它们。大自然对这个问题有简单的解决方法——防冻剂。冬天，我们在车里放防冻剂，以降低水的冰点。同样，大自然也使用葡萄糖作为防冻剂，降低血液的冰点。因此，尽管动物被冻在一块冰里，但是它血管里的血液仍然是液体，仍然可以实现基本的身体机能。

对人类来说，体内高浓度的葡萄糖是有毒的，是会杀死我们的。

因此，科学家在一个被称为“玻璃化”的过程中试验了其他种类的化学抗冻剂，包括使用化学物质的组合来降低冰点，以使冰晶无法形成。尽管这听起来很有趣，但到目前为止，结果都是令人失望的。玻璃化通常有副作用，实验室里使用的化学物质通常是有毒的，甚至可能致命。所以到目前为止，还没有人能在先被冻得结结实实再解冻之后，仍能活生生地亲述这件事。因此，我们离有效地实现假死还有很长的路要走。（这并没有阻止企业家过早地把它当作一门生意。他们声称，可以收取高额费用把患有致命疾病的人的身体冷冻起来，再在几十年后可以治愈这种疾病时让他们醒来。然而，绝对没有实验证据能证明这一过程是有效的。）科学家希望，随着时间的推移，这些技术问题能得到解决。

因此在理论上，假死休眠可能是解决许多长期航行问题的理想方法。虽然这还不是今天的选择，但在未来它可能是活着完成星际任务的主要方法之一。

然而，假死有一个问题。如果出现意外的紧急情况，比如小行星撞击，那么还是需要有人来修复飞船。这时，机器人可能会被激活以进行最初的维修。但是，如果发生了非常严重的紧急情况，那么维修过程中就需要借助人类的经验和判断。这意味着，一些工程师可能不得不从休眠中醒来。但如果唤醒工程师需要很长时间，而飞船的维修又急需人类介入，那么在最后时刻的这一选择就是至关重要的。这是在星际航行中使用假死的缺点。也许在整个航行过程中，需要让一个由多代工程师组成的小型团体一直保持清醒和战备状态。

把 DNA 送入太空

移民银河系的另一个方案是将包含我们 DNA 的胚胎送入太空，希望有一天能在某个遥远的地方复活它们；或者只是发送 DNA 代码本身，并用它们最终创造新的人类。(这是电影《超人：钢铁之躯》中提到的方法。尽管超人的家园氪星已经爆炸，但氪星人已经足够先进，在行星爆炸之前已经对整个氪星人的 DNA 进行过测序。这个计划是把这些信息发送到像地球这样的行星上，然后用 DNA 序列创造原始氪星人的克隆体。这个计划的唯一问题是，这可能涉及如何控制地球并消灭不幸阻挡了它们道路的人类。)

克隆有很多优点。它不需要配有庞大人造地球环境和生命维持系统的巨型星际飞船，只涉及移植 DNA。即使是大型的人类胚胎也可以很容易地被装进一艘标准的火箭飞船里。不足为奇的是，科幻小说作家们曾设想过，这种情况在很久以前就已经发生，当时一些史前物种可能在银河系中，在我们的家园里散播了他们的 DNA，这使得人类的诞生成为可能。

然而，这一方案有几个缺点。目前，还没有人被克隆过。事实上，还没有任何灵长类动物曾被成功地克隆过。这项技术还不够先进，不能创造人类的克隆体，尽管未来这一目标可能会实现。如果是这样的话，那么我们可以考虑设计机器人来制造和照顾这些克隆体。

更重要的是，人类的克隆可能会造出与我们基因相同的生物，但它们不会拥有我们的记忆或个性，它们将是一张白纸。目前，我们还无法以这种方式发送人体的所有记忆和个性。如果这个想法可以实现的话，同样需要几十年或几百年的时间才能发展出相关技术。

但是，与其被冷冻或克隆，不如用另一种方式飞向那些星星，那就是放慢甚至让衰老的过程停止。

寻找永生

对永恒生命的探索是所有人类文学中最古老的主题之一，可以追溯到大约 5 000 年前的《吉尔伽美什史诗》。这一史诗记载了一位苏美尔战士追求崇高目标的壮举。在这个过程中，他有许多次冒险和遭遇，其中一次还遇到了一位目睹了大洪水的挪亚式的人物。这段漫长旅程的目标是找到永生的秘密。在《圣经》中，上帝把亚当和夏娃驱逐出伊甸园，因为他们违背了他的要求，从智慧树上偷吃了果实。上帝很生气，因为他们可能会用这样的知识获得永生。

人类多年来一直痴迷于永生。在人类历史的大部分时间里，婴儿都死于难产，而存活下来的幸运儿往往也只是生活在近乎饥饿的状态中。传染病像野火一样蔓延，因为人们经常把厨房的垃圾扔到窗外。就我们所知，所谓的公共卫生并不存在，因此村庄和城市都散发着臭味。如果存在医院的话，那儿也只是穷人死亡的地方。那里都是极度贫困的病人，因为富人可以负担得起请私人医生的费用。但是富人也是疾病的受害者，他们的私人医生也不过是庸医而已。（一位中西部地区的医生在日记中记录了他每天对病人的探访。他承认，他的黑包里只有两件东西能真正起作用，其他的都是骗人的万应灵药。真正起作用的是截断受伤和坏死肢体的锯子，以及用来减轻截肢痛苦的吗啡。）

1900 年，美国官方公布的平均寿命是 49 岁。但两场革命使这一数字增加了几十年。首先，卫生条件得到了改善，我们有了清洁的水，并清除了垃圾，这对消除一些最严重的传染病和瘟疫起到了重要作用。这一改善使美国民众的平均寿命增加了 15 年。

另一场革命发生在医学领域。我们常常想当然地认为，我们的祖先生活在对远古疾病（如肺结核、天花、麻疹、小儿麻痹症、百日咳等）的极大恐惧中。在战后时期，抗生素和疫苗在很大程度上征服了这些疾病，这让我们的平均寿命延长了 10 年。这一次，医院的声誉发生了巨大的变化，它们成为真正治疗疾病的地方。

那么，现代科学真的能解开衰老过程的奥秘，减缓衰老甚至让时钟停止，使预期寿命几乎无限延长吗？

这是一个古老的探索，但新变化是，它现在已经吸引了地球上一些最富有的人的注意。事实上，硅谷的企业家大量涌入，说要投资数百万美元阻止衰老的进程。他们并不满足于连接世界，而是把永远活下去作为下一目标。谷歌的联合创始人谢尔盖·布林最想做的事情就是消灭死亡。而布林领导的 Calico 公司最终可能会投入数十亿美元与制药公司艾伯维合作解决这个问题。甲骨文的联合创始人拉里·埃里森认为，接受死亡是“不可理解的”。PayPal 的联合创始人彼得·蒂尔希望自己能活到 120 岁，而俄罗斯的互联网大亨德米特里·伊茨科夫想要活到 1 万岁。希望在布林等人以及技术创新的支持下，我们终于能够利用现代科学的全部力量来解开这个古老的谜团，延长我们的寿命。

最近，科学家揭示了衰老过程中最深层的一些秘密。在经历了几个世纪的错误开端之后，现在有一些可靠的、可验证的理论看起来很有可能是正确的。它们涉及热量摄入限制、端粒酶和衰老基因。

其中，只有一种方法被证明可以延长动物的寿命，有时甚至能使寿命翻倍。这种方法被称为“热量限制”，即严格限制动物饮食中卡路里的摄入。

平均来说，动物如果少摄入 30% 的卡路里，寿命就能延长 30% 左右。在酵母细胞、蠕虫、昆虫、老鼠、狗和猫身上做的实验已经充分证明了这一点。现在，对灵长类动物的实验也证明了这一点。事实上，这是科学家普遍接受的唯一方法，它可以改变迄今为止测试过的所有动物的寿命。（唯一尚未被测试的重要动物就是人类。）

该理论认为，野生动物自然生活在近乎饥饿的状态中。在食物充足的时候，这些动物利用它们有限的能量进行繁殖，但在食物短缺时期，它们进入一种近似冬眠的状态，以节省能量，度过饥荒。动物摄入更少的食物引发了第二种生物反应，它们会活得更久。

然而，热量限制的一个问题是，这些动物变得昏昏欲睡和迟钝，对性也失去了兴趣。大多数人都不愿意少摄入 30% 的卡路里。因此，制药行业希望找到控制这一过程的化学物质，既能利用热量限制的力量，又能消除其明显的副作用。

最近，一种被称为白藜芦醇的化学物质被分离出来。在红酒中发现的白藜芦醇有助于激活去乙酰化酶分子，它已经被证明可以减缓氧化的速度。氧化是导致衰老的一个主要因素，因此白藜芦醇可能有助于保护身体免受与衰老相关的因素的伤害。

我曾经采访过麻省理工学院的研究员伦纳德·P. 加伦特。他是第一个展示这些化学物质和衰老之间联系的人之一。他对把食物当作青春之泉的食疗信徒的数量感到惊讶。他对此表示怀疑，但也认为，如果能找到真正治愈衰老的方法，白藜芦醇和这些化学物质可能会起到一定作用。他甚至创立了一家名为“极乐健康”的公司，以探索这些可能性。

另一个导致衰老的原因可能是端粒酶，这种酶有助于调节我们的生物钟。每当细胞分裂时，染色体的尖端，即端粒，就会变短一点儿。最终，在分裂50~60次后，端粒会变得非常短直至消失，这就使得染色体崩散，细胞因此进入衰老状态，不再正常发挥作用。一个细胞分裂的次数是有限的，这被称为“海弗利克极限”。（我曾经采访过海弗利克博士，当被问及海弗利克极限是否可以被逆转，从而给我们带来克服死亡的方法时，他笑了起来。对此，他非常怀疑。他意识到这个生物极限是衰老过程的基础，但它带来的后果仍在研究中。此外，由于衰老是一个复杂的生化过程，涉及许多不同的途径，因此我们离能够改变人类的生命极限还有很长的路要走。）

诺贝尔奖得主伊丽莎白·布莱克本则更为乐观，她说，包括遗传学在内的每一个迹象都表明，端粒与衰老过程中那些令人讨厌的事情之间存在某种因果关系。她指出，缩短的端粒与某些疾病之间存在着直接联系。例如，当你的端粒缩短为平均长度的1/3时，你患心血管疾病的风险就会比正常人高出40%。她的结论是，端粒变短似乎会提高患致死疾病的风险，比如心脏病、糖尿病、癌症，甚至老年痴呆症。

最近，科学家一直在试验端粒酶，这是布莱克本和她的同事发现的一种酶，可以防止端粒缩短。从某种意义上说，它可以让“时间”停止。当沐浴在端粒酶中时，皮肤细胞可以无限分裂而远远超出海弗利克极限。我曾经采访过迈克尔·D. 韦斯特博士，当时他是杰龙生物医药公司的员工。他对端粒酶进行了试验，并声称他可以在实验室里使皮肤细胞获得永生，让它无限期地存活下去。[这为英语增添了一个新的动词：to immortalize（使之永生）。] 他的实验室的皮肤细胞可以分裂数百次，而不是五六十次。

但应该指出的是，必须对端粒酶非常小心地进行调节，因为癌细胞也是不死的，它们也能使用端粒酶来实现永生。事实上，癌细胞与正常细胞的一个区别是，前者可以永远存活，无限繁殖，最终杀死你的肿瘤。因此，癌症可能是使用端粒酶带来的一件不受欢迎的副产品。

衰老的基因

战胜衰老的另一种可能是通过基因控制。

衰老在很大程度上受到我们的基因的影响，这是显而易见的。蝴蝶从茧中出来后，只能活几天或几周。实验室里的老鼠通常只能活大约两年。狗的衰老速度是人类的 7 倍，其寿命是 10 年多一点儿。

在观察动物王国时，我们也发现了寿命很长的动物，它们的寿命很难被准确测量。2016 年，《科学》杂志报道称，研究人员发现格陵兰鲨的平均寿命为 272 年，超过了弓形头鲸 200 年的寿命，一跃成为寿命最长的脊椎动物。他们通过分析格陵兰鲨眼睛里的组织来计算它的年龄。这些组织随着时间的推移而生长，层层叠叠，就像洋葱一样。他们甚至发现了一条 392 岁高龄的鲨鱼，另一条可能有 512 岁。

不同的物种拥有不同的基因，它们的预期寿命自然有很大的差异。即使是人类，基因几乎相同，研究也一致表明，双胞胎和近亲有着相似的预期寿命，而随机选择的人群寿命则有较大的差异。

因此，如果衰老在一定程度上是由基因决定的，那么问题的关键便是分离出那些控制衰老的基因。具体有下面几种方法。

一个很有前景的方法是分析年轻人的基因，然后将这些基因与老年人的基因进行比较。通过一台电脑比较这两组基因，可以迅速辨认衰老引起的遗传损伤的大部分位置。

例如，汽车的老化主要发生在发动机中。在那里，氧化和磨损造成的损失最大。细胞的引擎是线粒体。在这里，糖分被氧化以提取能量。对线粒体内 DNA 的细致分析表明，错误确实集中在这里。希望有一天，科学家能利用细胞自身的修复机制来逆转线粒体中积累的错误，从而延长细胞的使用寿命。

波士顿大学的托马斯·珀尔斯分析了百岁老人的基因，认为有些人在基因上倾向于活得更久，并确定了 281 个基因标记。这些基因似乎可以延缓衰老的过程，并使这些百岁老人不那么容易患上疾病。

衰老的机制正在被慢慢揭示，许多科学家谨慎且乐观地认为，在未来的几十年里，衰老可能是可控的。他们的研究表明，衰老显然只是我们 DNA 和细胞中的错误的积累，也许有一天我们可以捕获甚至逆转这种损害。（事实上，哈佛大学的一些教授对他们的研究非常乐观，甚至还成立了公司，希望能利用他们正在实验室里进行的先进的衰老研究的结果。）

我们的基因决定我们的寿命，这一事实是毋庸置疑的。问题在于分离环境影响，识别哪些基因参与了这个过程，并改变这些基因。

具有争议的衰老理论

关于衰老最古老的神话之一是，喝年轻人的血或吸食年轻人的灵魂可以获得永恒的青春，就像吸血鬼的传说一样，青春可以从一个人的身上转移到另一个人的身上。妖姬是一个美丽的神话，永远年轻，因为当她亲吻你的时候，她会从你的身体里吸走青春。

现代研究表明，这个想法可能包含着一个事实。1956 年，康奈尔大学的克莱夫 · M. 麦凯将两只老鼠的血管缝合在一起，其中一只比较老，另一只则年轻充满活力。他惊讶地发现，那只年老的老鼠看起来变年轻了，而那只小老鼠却正好相反。

几十年后的 2014 年，哈佛大学的艾米 · 韦杰斯重新测试了这个实验。令她吃惊的是，她在老鼠身上发现了同样的“返老还童”效应。然后她分离出一种名为 GDF11 的蛋白质，它似乎是这种“返老还童”过程的基础。这些结果如此引人注目，甚至入选了《科学》杂志当年的十大突破名单。但在这之后的几年里，其他团队试图重复这项研究，得到的结果却有所不同。所以，目前还不清楚 GDF11 是否会成为对抗衰老的重要武器。

另一项争议涉及人类生长激素（HGH）。它创造了一股巨大的潮流，但它在预防衰老方面的有效性仍没有获得可靠的研究支持。2017年，以色列海法大学对800多名研究对象进行了一项大型研究，发现了相反的效果，即生长激素可能会减少一个人的预期寿命。此外，另一项研究表明，导致生长激素水平降低的基因突变可能会延长人类的寿命，因此生长激素的作用和人们想象的可能恰恰相反。

这些研究给我们上了一课。在过去，关于衰老的随意结论往往会在仔细分析之后被推翻，而今天的研究人员要求所有的结果都是可测试的、可重复的、可证伪的，这才是真正的科学的标志。

生物衰老学正在诞生。它是一门新的科学，试图找到衰老过程的秘密。最近，这一领域的研究出现了爆炸式的增长，大量有前景的基因、蛋白质和化学物质正在被分析，包括$FOXO_3$、DNA甲基化、mTOR、胰岛素生长因子、Ras_2、阿卡波糖、二甲双胍、α－雌二醇等。它们中的每一个都引起了科学家的极大兴趣，但结果仍然是初步的。时间会告诉我们哪条路能带来最好的结果。

青春之泉的探索曾由神秘主义者、江湖骗子和庸医们主导。如今，世界顶尖的科学家正在努力攻克这个难题。尽管阻止衰老的方法还没有被找到，但科学家正在寻求更多有前景的研究途径。他们已经可以延长某些动物的寿命，但这是否在人类身上适用还有待观察。

尽管研究的进展速度令人难以置信，但我们离揭开衰老之谜还很远。最终，通过综合使用其中的几种途径，我们可能会找到减缓甚至停止衰老过程的方法。也许下一代人将会取得关键性的突破。正如杰拉尔德·萨斯曼曾经哀叹的那样："我不认为时机已经到了，但已经很接近了。遗憾的是，我担心我会成为死去的最后一代人。”

对永生的另一种视角

《时光尽头的恋人》里拒绝永生的主人公阿戴琳也许对永生的礼物感到惋惜，有这种想法的并非她一个人，但仍有许多人想要阻止衰老的脚步。你可以去当地的药房看看那一排又一排的非处方药，它们都声称可以逆转衰老。遗憾的是，所有这些都是麦迪逊大道营销人员过度想象的产品，他们试图将所谓的万应灵药卖给容易上当的顾客。（根据许多皮肤科医生的说法，所有那些抗衰老的药剂中唯一有效的只有保湿霜。）

在我曾经主持过的一个 BBC 的电视节目中，我去了中央公园，随机采访了一些路人。我问：“如果我手里有不老泉水，你会喝吗？”令人惊讶的是，我采访的每个人都说不。许多人说，衰老和死亡是正常的，这是生命应该有的样子，而死亡是生活的一部分。接着，我去了一家养老院，那里的许多病人都遭受着衰老带来的痛苦和不适。许多人开始出现老年痴呆症的迹象，忘了自己是谁，在哪里。当我问他们是否会从青春之泉中饮水时，他们都急切地说：“是的！”

人口过剩

如果我们解决了衰老的问题会怎样？如果这真的发生了，那时我们与恒星之间的遥远距离可能就不再那么令人生畏了。永生的生物可能会以一种完全不同的方式来看待星际旅行。在它们眼里，建造星际飞船并把它们送到其他星球的漫长时间，不过是一个小小的障碍。就像我们为期待已久的假期攒了几个月的钱一样，飞向其他星球所需的几个世纪的时间对于永生的人而言不过是一个小烦恼罢了。

应该指出的是，永生的礼物可能会产生意想不到的结果，那就是地球人口过剩。这可能会给地球的资源、食物和能源供应带来巨大的压力，最终导致停电、大规模迁徙、粮食短缺和国家间的冲突。因此，永生不一定开启了一个天下大同的时代，却有可能引发一场新的世界大战。

所有这些反过来可能有助于加速人类大规模逃离地球，为那些厌倦了人口稠密、污染严重的地球的先驱者寻找和提供一个安全的港湾。就像阿戴琳一样，人们可能会意识到永生的礼物实际上是一种诅咒。

但是，人口过剩的后果会有多严重呢？它会威胁我们的生存吗？

在历史上的大部分时间里，人类的数量远远低于 3 亿。但是随着工业革命的到来，世界人口到 1900 年缓慢地增长到了 15 亿。现在 21 世纪，这个数字是 75 亿，而且每 12 年左右就增长 10 亿。据联合国估计，到 2100 年，这一数字将飙升至 112 亿。最终，人口可能会超过这个星球的承载能力，这可能意味着粮食暴动和混乱，正如托马斯 · 罗伯特 · 马尔萨斯在 1798 年预言的那样。

事实上，人口过剩是一些人提议移居其他星球的原因之一。但仔细研究一下这个问题就会发现，世界人口虽然仍在增长，但增长速度正在放缓。例如，联合国已经数次下调了预测数据。事实上，许多人口统计学家预测，世界人口将开始接近极限，甚至可能在21世纪晚期达到稳定状态。

要理解所有这些人口结构的变化，我们必须了解农民的世界观。贫穷国家的一个农民做了一个简单的计算：每个孩子都能让他变得更富有。孩子们在地里干活儿，花费很少。农场的房间和食物几乎是免费的。但是当搬到城市里时，这种计算就会反过来。每个孩子都会让你变得更穷。你的孩子必须去上学，而不是去田里干活儿。你的孩子必须从杂货店里买东西吃，这是很昂贵的。你的孩子还必须住在公寓里，这又要花钱。所以一个农民家庭一旦开始城市化，就会想要2个孩子，而不是10个。一旦这个农民进入中产阶层后，就会想要享受生活，这时他可能只想要一个孩子。

即使在像孟加拉国这样的中产阶层城市化程度不高的国家，出生率也在缓慢下降，这是妇女受教育程度的提高所致。通过对许多国家的研究，人们发现了一个明显的模式：随着一个国家的工业化、城市化以及年轻女孩受教育程度的提高，该国出生率会急剧下降。

其他人口统计学家认为，这是一个关于两个世界的故事。一方面，我们看到教育水平低、经济疲软的贫穷国家的出生率持续上升；另一方面，我们看到一些国家在发展工业并变得更加繁荣的时候，出生率趋稳，甚至下降。无论如何，世界人口的爆炸式增长虽然仍是一种威胁，但并不像我们之前认为的那样不可避免或非常可怕。

一些分析人士担心，我们很快就会出现食品供应不足的问题。然而，另一些人则认为，食品问题实际上是能源问题。如果一个人有足够的精力，就可以提高生产力和农作物的产量以满足食物需求。

我在很多场合采访过莱斯特·布朗。他是世界著名的环保主义者，也是著名的世界观察研究所的创始人。世界观察研究所是关注地球事务的智库。他的组织密切关注世界粮食供应和地球状况。他担心的另一个问题是：当地球上的人们成为中产阶层的消费者时，我们是否有足够的食物来养活他们？一些新兴发展中国家的数亿人口正在进入中产阶层。他们看着西方电影，希望效仿里面的生活方式，浪费资源，大量食用肉类，住上大房子，迷恋奢侈品，等等。他担心我们可能没有足够的资源来养活所有的地球人口，而且会在满足人们希望过上西方生活的愿望方面遇到困难。

布朗希望，随着贫穷国家的工业化发展，它们不会一味遵循西方的历史道路，而是采用严格的环境法来保护资源。时间将告诉我们，世界各国能否应对这一挑战。

所以我们看到，在减缓或停止衰老方面取得的技术进步可能会对太空旅行产生复杂的影响。这些技术创造出的生物，不会把太空旅行的遥远距离视为障碍。科学家可能希望着手应对那些需要多年才能攻克的挑战，比如建造星际飞船并在太空中航行几个世纪。

此外，改变衰老过程的尝试可能会加剧地球人口的过剩，而这反过来又会加速人们逃离地球的进程。如果人口过剩变得难以忍受，就可能促使星际移民者离开地球。

然而，现在还无法断言上述哪个趋势会在下个世纪占据主导位置。但是，考虑到我们揭开衰老谜题面纱的速度，这些进展可能比预期要来得更快。

数字化永生

除了生物学上的永生外，还有另一种永生被称为数字化永生，它提出了一些有趣的哲学问题。长远看来，数字化永生可能是探索星际的最有效方式。如果我们脆弱的生物身体无法承受星际旅行的压力，那么将我们的意识运送到星际还是有可能的。

当我们试图重建我们的宗谱时，经常会遇到一个问题——经过大约三代人后，先辈存在的痕迹已经变得很模糊了。除了子嗣之外，我们的绝大多数祖先活着或者死后都没有留下任何他们曾经存在的证据。

但是今天，我们留下了巨大的数字足迹。例如，通过分析你的信用卡交易，可以知道你去过的国家，你喜欢吃的食物，你穿的衣服，你念过的学校。在此基础上，再添加你的博客文章、日记、电子邮件、视频、照片等。有了这些信息，就有可能创造一个全息图像，它会像你一样说话和行动，有着你的言谈举止和记忆。

总有一天，我们会有一个灵魂图书馆。在那里，我们不用读温斯顿·丘吉尔写的书，而是可以直接和他交谈。我们会与一个投影对话，这个投影展示着他的面部表情、身体动作，并用他的声音来说话。数字化记录将可以访问他的传记数据、作品，以及他对政治、宗教和个人事务的看法。无论从哪个方面来看，这都像在和他本人对话。我很期待和阿尔伯特·爱因斯坦讨论相对论。有一天，你的曾曾曾孙能和你交谈也不足为奇了。这是数字化永生的一种形式。

但这真的是“你”吗？它只是包含你的言谈举止和履历细节的机器或模拟器。有些人会说，灵魂不能被简化为信息。

但是，如果我们可以逐个地复制神经元形成大脑，记录下你所有的记忆和感觉，那时会发生什么呢？超越灵魂图书馆的数字化永生的下一个阶段是人类连接组项目。这个雄心勃勃的计划要把整个人类大脑数字化。

正如思考机器的联合创始人丹尼尔·希利斯曾经说过的："我和其他人一样喜欢我的身体，但如果我使用硅基身体能活到200岁，我会接受硅基身体。"

把思想数字化的两种方式

实际上，有两种不同的方法能够实现人类大脑的数字化。在一项名为"人类大脑计划"（Human Brain Project）的项目中，瑞士人试图创建一个计算机程序，用晶体管代替神经元来模拟大脑的所有基本特征。到目前为止，他们已经能够模拟老鼠和兔子几分钟的"思维过程"。这个项目的目标是创造一台能像正常人一样理性说话的电脑。项目负责人亨利·马克拉姆说，如果我们能正确地建造它，那么它应该能说话，并且有智慧，能像人类一样行事。

所以这种方法是电子的，它试图用具有强大计算能力的晶体管来复制大脑的智能。但是，美国则正在采用生物学的方法，试图绘制大脑的神经通路。

这一尝试被称为"脑计划"（BRAIN，通过先进的创新神经技术进行大脑研究）。它的目标是一个细胞一个细胞地分解大脑本身的神经结构，最终绘制大脑中每个神经元的路径图。由于人类的大脑包含大约1 000亿个神经元，每个神经元又与大约1万个神经元相连，所以要绘制每个神经元的路径图在最初看起来毫无可能。（即使是绘制蚊子的大脑图谱这种相对简单的任务，其产生的数据也可以填满一屋子的光盘。）但是，计算机和机器人已经大大地减少了完成这项繁重而艰巨的任务所需的时间和精力。

另一种是切片法，它把大脑制作成成千上万张切片，然后用显微镜来重建所有神经元之间的连接。最近，斯坦福大学的科学家提出一种更快的方法，他们开创了一种光遗传学技术。这种方法首先分离与视力有关的视蛋白，当你在一个神经元内照射这个基因时，它会引起神经元放电。

利用基因工程，可以将视蛋白基因植入希望研究的神经元中。通过照射老鼠大脑的某一区域，研究人员可以使与某种肌肉活动相关的神经元放电，老鼠则开始表现出一种特定的活动，比如四处乱跑。通过这种方式，可以看到用于控制某些行为的精确的神经通路。

例如，这个雄心勃勃的项目可能有助于解开精神疾病的秘密，这是人类疾病中最让人受伤的一种。通过绘制人类的大脑，也许能够分离这种痛苦的根源。（例如，我们都会默默地与自己交谈。当我们这样做的时候，控制语言的左脑会与前额皮质进行交流。但我们现在知道，精神分裂症患者的左脑会在没有得到前额皮质许可的情况下被激活，而前额皮质是大脑中有意识的部分。由于左脑不与前额皮质对话，精神分裂症患者会认为其大脑中的声音是真实的。）

即使掌握了这些革命性的新技术，科学家想要手握人类大脑的详细地图，仍需要几十年的艰辛努力。也许这一切会在 21 世纪晚期最终实现，但这是否意味着我们可以把意识上传到电脑里，然后送到其他星球上呢?

灵魂只是信息吗?

如果我们死了，但连接体还活着，那么我们在某种意义上是永生的吗?如果我们的思想可以被数字化，那么灵魂就只是信息吗?如果我们能把大脑中所有神经回路和记忆放到一张磁盘上，并把它上传到一台超级计算机上，那么上传的大脑能像真正的大脑一样运转和发挥作用吗?它和真实的东西无法被区分吗?

有些人觉得这个想法令人反感，因为如果把你的思想上传到电脑里，你就会永远被困在一台毫无生气的机器里。一些人认为，这是比死亡更糟糕的命运。《星际迷航》中有一集讲到，有一个来自超级先进文明的外星人，它的纯意识被保存在一个发光球中。很久以前，外星人已经放弃了它们的身体，从那时起它们就生活在这些球体里面。外星人获得了永生，但是其中一个外星人渴望再次拥有一个身体，能够感受到真实的感觉和激情，即使这意味着强行控制别人的身体。

尽管生活在电脑里可能在某些人看来没有吸引力，但这并不意味着你不能拥有鲜活且会呼吸的人类的所有感觉。虽然你的连接体将驻留在一台大型计算机中，但它可以控制一个看起来和你完全一样的机器人。你能感受到机器人所经历的一切，所以，无论从哪个角度来看，你都是一个生活在真实身体里，甚至有可能是一个拥有超能力的人。机器人看到的和感觉到的一切都被传送回主机计算机，并融入你的意识，所以从主机上控制机器人化身的感觉与真正生活在化身中的感觉几乎是一样的。

通过这种方式，你可以探索遥远的行星。你的超能力化身将能够承受被太阳炙烤的行星上的高温，或者遥远冰冻卫星上的冰冷温度。一艘星际飞船，它载有你的连接体主机，那么飞船就可以被发送到一个新的行星系统中。当星际飞船到达一个合适的星球时，可以派你的化身去探索它，即使这个星球的大气层是有毒的。

计算机科学家汉斯·莫拉维克设想用一种更先进的方法把你的思想上传至电脑。当我采访他时，他声称自己上传人类思想的方法甚至可以在不失去意识的情况下完成。

首先，你将被安置在医院的一个轮床上，旁边是一个机器人。然后，外科医生会从你的大脑中取出单个神经元，并在机器人体内创造这些神经元的复制品（由晶体管构成）。一根电缆将这些晶体管神经元连接到你的大脑，随着时间的推移，越来越多的神经元从你的大脑中被移除，并在机器人中被复制。因为你的大脑与机器人的大脑相连，所以即使越来越多的神经元被晶体管取代，你仍然是完全清醒的。最终，在不失去意识的情况下，你的整个大脑和所有的神经元都被晶体管取代了。一旦所有的100亿个神经元被复制完成，你和人工大脑之间的联系就会被切断。当你凝视着轮床时，你会看到自己那没有大脑的旧身体，而你的意识现在已存在于一个机器人体内。

但问题是，这真的是“你”吗？对于大多数科学家来说，如果一个机器人能把你所有的行为都复制下来，你所有的记忆和习惯都是完整的，并且在各个方面都与最初的那个人难以区分，那么他们就会认为，无论从哪个角度来看，这都是“你”。

正如我们看到的，恒星之间的距离非常遥远，即使飞到银河系最近的恒星也需要好几辈子的时间。因此，对于探索宇宙来说，多代人的旅行、延长寿命和寻找永生可能都有着重要的作用。

在永生这个问题之外，还有一个更大的问题：我们应该在多大程度上扩展自己的身体，而不仅仅是我们的寿命？如果改变我们的遗传基因，就会有更多的可能。考虑到 BCI（脑机接口）和遗传基因的快速发展，我们有可能创造出具有新技能和潜力的升级版身体。有朝一日，我们可能会进入“后人类”时代，而这可能是探索宇宙的最好方式。

（外星人）可能拥有与心灵遥感、特异功能以及永生等难以区分的能力……它们可能拥有魔法一样的力量……它们将是精神上先进的生物。也许它们已经解开了量子之谜，并且能够穿墙而过。嗯，它们听起来像天使。

——大卫·格林斯本

第 11 章 超人类主义和技术

在电影《钢铁侠》中，温文尔雅的实业家托尼·斯塔克穿着一件时髦的电脑盔甲，里面满是导弹、子弹、闪光弹和炸药。它迅速地将一个虚弱的人类变成一个强大的超级英雄。但真正的魔力在于盔甲的内部，里面塞满了最新的电脑技术，所有这些技术都是通过与托尼·斯塔克的大脑直接连接而被控制的。在思考的同时，他可以飞向天空，或发射他那令人难以置信的武器装备。

尽管《钢铁侠》充满了幻想，但现在有可能制造出一个类似的装备。

这不仅仅是一项学术研究，因为有朝一日，我们可能不得不使用机器人技术来改变和增强我们的身体，甚至改变我们的基因组成，以便在恶劣的系外环境中生存。超人类主义不是科幻小说的一个分支，也不是一项边缘运动，它可能会成为我们生存的重要组成部分。

此外，随着机器人变得越来越强大，甚至在智力上超越我们，我们可能不得不与它们融合，或者被我们的创造物取代。

让我们来探索一下这些不同的可能，特别是当它们与探索和移民宇宙有关时。

超级力量

1995 年，当帅气的演员克里斯托弗·里夫在电影中扮演超人的角色时，偏偏发生了一次事故，这次事故使他脖子以下的部位瘫痪了。这让全世界感到震惊。在屏幕上，里夫飞向太空，现实中却被永久地囚禁在轮椅上，只能在呼吸机的帮助下呼吸。他的梦想是利用现代技术重新控制自己的四肢。他于 2004 年去世，距离科学家实现他的梦想还有 10 年。

2014 年，在巴西圣保罗世界杯上，一名男子踢了一脚足球，由此宣告比赛开始，10 亿人见证了这一时刻，这本身并不引人注目。值得注意的是，这个宣告比赛开始的人那时已经瘫痪。杜克大学的米格尔·尼科莱利斯教授在他的大脑中植入了一个芯片。这个芯片被连接到一个便携式电脑上，以控制他的外骨骼。通过简单思考，这个瘫痪的人能够走路和踢足球。

当我采访尼科莱利斯博士时，他说，他孩提时就被阿波罗登月计划迷住了，他的目标是创造像登月一样的另一种感觉。把瘫痪病人的身体连接起来，这样他就可以在世界杯上踢球了，2014年的一脚让尼科莱利斯梦想成真。这就是他的登月计划。

我曾经采访过布朗大学的约翰·多诺霍，他是这种方法的创始人之一。他告诉我，这和骑自行车一样需要一些训练，但很快他的病人就能做控制外骨骼的运动，并做一些简单的事情（比如拿起一杯水，操作家用电器，控制轮椅以及上网）。这是有可能的，因为计算机能够识别一些与特定身体动作相关的大脑模式。然后，计算机就可以激活外骨骼，使这些电脉冲转化为行动。他的一位瘫痪病人很高兴自己能拿起一杯苏打水喝，因为这是她以前无法做到的。

有些人在很早以前就放弃了行动的希望。但杜克大学、布朗大学、约翰霍普金斯大学和其他大学的研究赋予了这些人行动的可能。美国军方已经投入超过1.5亿美元用于一个名为"革命性假肢"的项目，为从伊拉克和阿富汗战场退伍的老兵提供这些设备的赞助。这些退伍军人中的许多人患有脊髓损伤。最终，成千上万的人，无论是因为战争、交通事故、疾病还是运动损伤被限制在轮椅和床上，他们都将因此能够重新运用自己的四肢。

除了外骨骼，另一种可能性是在物理上增强人体机能，让他们能在引力更强的其他行星上生活。当科学家发现了一种能使肌肉扩张的基因时，这种可能性就出现了。科学家首先在老鼠身上发现，基因突变导致老鼠肌肉僵硬，媒体称其为"强大的老鼠基因"。后来，人们发现了这种基因的人类形态，并称其为“施瓦辛格基因”。

分离出这一基因的科学家期待着医生打来电话，让他们帮助治疗病人的退行性肌肉疾病。然而，他们很惊讶，有一半的电话来自健美运动员。他们中的大多数人并不在乎这项研究还处于试验阶段，可能存在未知的副作用。这项技术已经给体育产业带来了麻烦，因为它比其他形式的化学增强物质更难被识别。

在探索引力场比地球大的行星时，控制一个人的肌肉质量是很重要的。到目前为止，天文学家已经发现了大量的超级地球（位于宜居带内的岩石行星，它们甚至可能有海洋）。除了引力场可能比地球强50%，它们似乎符合人类居住候选行星的标准。引力场比地球强，意味着我们需要增强我们的肌肉和骨骼，以便在这些超级星球上生存壮大。

人体增强

科学家不仅有办法增强我们的肌肉，而且已经开始使用这项技术提高我们的感官。患有某种耳聋的人现在可以选择使用耳蜗植入设备。这些设备是非凡的，能够将进入耳朵的声波转化为电信号，然后把信号发送到听觉神经和大脑。已经有大约50万人选择植入这些传感器。

对于一些失明的人来说，人造视网膜可以恢复有限的视力。该设备可以安装在外部摄像头中，也可以直接放置在视网膜上。这个装置将视觉图像转换成电子脉冲，大脑收到信号后可以将其重新转化为视觉图像。

其中一个例子是 Argus II，它由一个装在眼睛上的微型摄像机组成。摄像机捕获的图像被发送到人工视网膜上，然后它将信号传递给视神经。这个设备可以创建大约 60 像素的图像，一个目前正处于测试阶段的改进版本可使分辨率达到 240 像素。（相比之下，人眼可以识别大约 100 万像素的图像，而一个人需要至少 600 像素才能识别人脸和熟悉的物体。）一家德国公司正在试验另一种具有 1 500 像素的人造视网膜。如果成功的话，它能让视力受损的人恢复正常工作。

尝试过这类人工视网膜的盲人惊讶地发现，它帮助他们看到了图像的颜色和轮廓，拥有与人类视力相匹敌的人工视网膜只是个时间问题。除此之外，人工视网膜还有可能看到一些特别的颜色，它们对应着人眼看不到的物体。例如，人们在厨房里经常被烫伤，是因为一个热的金属锅和冷的锅看起来一样。我们的眼睛无法看到红外线热辐射，但是人造视网膜和护目镜可以很容易探测到它，就如军方使用的夜视镜一般。因此，有了人工视网膜，人们就有可能看到热信号，也可以看到我们看不到的其他形式的辐射。这种超视觉在其他星球上可能是无比珍贵的。遥远世界的环境可能与地球上完全不同。大气可能是黑暗的、朦胧的，或者被灰尘、杂质遮蔽。也许有可能创造出一种人工视网膜，通过红外热探测器穿透火星尘埃风暴打探这个新世界。遥远的卫星上阳光几乎是不存在的，这些人工视网膜可以加强任何反射光线。

另一个例子是检测紫外线辐射的装置。紫外线辐射是有害的，会导致人类患上皮肤癌，但它在宇宙中很常见。在地球上，大气层保护我们免受太阳紫外线的危害，但火星没有大气层。因为紫外线是看不见的，所以当暴露于有害剂量的紫外线时，我们往往并不知晓。相反，在火星上，有超视觉能力的人可以立即知道那里的紫外线是否达到有害剂量。在类似金星的行星上，这些人工视网膜能够利用紫外线在行星上导航（就像蜜蜂在阴天里通过探测太阳紫外线寻找方向一样）。

超视觉的另一个应用是远望和显微视觉。微小的、特殊的镜片可以让我们看到远处的物体，或者是微小的物体和细胞，而不需要借助任何笨重的望远镜和显微镜。

这类技术也可以给我们心灵感应和心灵遥控的力量。现在，我们已经可以制造接收脑电波的芯片。芯片在破译其中的一些信息后，将这些信息传输到互联网上。例如，我的同事斯蒂芬·霍金因患有肌萎缩性侧索硬化症（ALS）而失去了所有的运动功能，包括移动手指的能力。后来，他的眼镜被装上一块可以接收脑电波的芯片，然后脑电波信号被发送到笔记本电脑上。通过这种方式，他可以在心里输入信息，尽管速度很慢。

这只是意念遥控的一小步（用意念移动物体的能力）。使用同样的技术，你可以将大脑直接连接到机器人或其他机械设备上，然后这些机械设备就可以执行我们的精神指令。很容易想象，在未来，心灵感应和心灵遥控将成为常态，我们将通过纯粹的思考实现与机器互动。我们可以通过意念打开电灯、激活互联网、口述信件、玩视频游戏、与朋友交流、叫出租车、购买商品、在脑海中显现任何电影。而实现这一切，只需要大脑思考一下。未来的宇航员可能会利用意念来驾驶宇宙飞船或者探索遥远的行星。城市可能会从火星沙漠中拔地而起，而这一切都是由建筑大师用意念来控制机器人完成的。

当然，这一提升自我的过程并不是什么新鲜事，它已经在人类世界发生了。纵观历史，我们看到了人类如何使用人工手段来增强我们的力量和扩大影响力：衣服、文身、化妆、头饰、礼服、羽毛、眼镜、助听器、麦克风和耳机等。事实上，努力改善我们的身体似乎是人类社会的普遍特征，特别是通过改善身体增加繁殖成功的概率。然而，人类过去提升自我的尝试与未来这种尝试之间的区别在于，当我们探索宇宙时，提升人类自身可能会成为在不同环境中生存的关键。在未来，我们可能会生活在精神时代，用思想控制我们周围的世界。

思想的力量

当科学家第一次记录下记忆时，大脑研究的另一个里程碑就此诞生。海马体是处理短期记忆的大脑区域。维克森林大学和南加州大学的科学家在老鼠的海马体上放置电极。当老鼠执行简单的任务时，他们记录下海马体中的脉冲，比如老鼠学习从管子里喝水时。在老鼠们忘记了这项任务后，科学家就可以用记录下的信息刺激它们的海马体，老鼠们自然就能迅速想起这一点。对灵长类动物记忆的实验也有类似的结果。

下一个目标可能是记录老年痴呆症患者的记忆，然后在他们的海马体上放置一个“大脑起搏器”或“记忆芯片”，不断地使他们回忆起自己是谁，他们住在哪里，以及他们的亲戚是谁。美国军方对这一问题也产生了浓厚的兴趣。2017年，五角大楼宣布拨款6 500万美元用于开发一种微型的先进芯片，它可以在大脑与计算机通信并形成记忆时分析100万个人类神经元。

我们需要研究和改进这项技术，但到了21世纪晚期，我们可以将复杂的记忆植入大脑。原则上，我们可以将技能和才能，甚至整个大学课程植入我们的大脑中，这几乎可以不受限制地提高我们的能力。

这对未来的宇航员来说可能是有用的。当降落在一个新的行星或卫星上时，他们有太多关于新环境的细节需要学习，还需要掌握许多技术。因此，上传记忆可能是一种学习遥远世界的全新信息的最有效方式。

但尼科莱利斯博士想要进一步研究这项技术。他告诉我，神经学方面的所有突破最终将形成“大脑网络”，这是互联网发展的下一个阶段。大脑网络不会传送信息，而是传递情绪、情感、感觉和记忆。

这将有助于打破人与人之间的隔阂。通常，要理解别人的观点、痛苦和愤怒并不容易。但是通过大脑网络，我们将能够亲身体验那些困扰他人的焦虑和恐惧。

这将彻底改变娱乐业，就像有声电影迅速取代无声电影一样。在未来，观众可能会感受到演员的情绪，体验他们的喜怒哀乐。今天的电影可能很快就会过时。

因此，未来的宇航员可能会以一种重要的方式使用大脑网络。他们将能够在精神上与其他的定居者交流，即时交换重要的信息，并以一种全新的形式来娱乐放松。此外，由于太空探索有潜在的危险，他们将能够比以前更准确地感知一个人的精神状况。当开始一项探索危险地形的新太空任务时，大脑网络将帮助宇航员建立联系，同时发现他自己是否存在精神问题，比如抑郁或焦虑。

未来，我们还可能利用基因工程来增强心智。美国普林斯顿大学的研究人员在老鼠体内发现了一种基因（被称为“智能老鼠基因”）。这种基因增强了它们在迷宫中寻找方向的能力，名叫 NR2B 基因。这种基因与海马体细胞之间的交流有关。研究人员发现，当老鼠缺乏 NR2B 基因时，它们的记忆会在穿行迷宫时受损。然而，如果它们有额外的 NR2B 基因副本，它们的记忆力就会增强。

这些研究人员把老鼠放在一个浅浅的水盘里，那里有一个可以站立的水下平台。一旦找到了这个平台，聪明的老鼠能立即记住它的位置，并在重新进入这个环境时直接游向它。相比之下，普通的老鼠无法记住平台的位置，并随机游动。这样看，增强记忆是可能实现的。

未来的飞行

人类一直梦想着像鸟儿一样飞翔。天神墨丘利的帽子和脚踝上都有小翅膀，这是他能够飞翔的神器。还有一个关于伊卡洛斯的神话。他用蜡把羽毛粘在手臂上，这让他得以飞翔，不幸的是，他飞得离太阳太近了，蜡融化了，于是他一头扎进了大海。但未来的技术将最终让我们实现飞翔的梦想。

在火星这样大气稀薄、地表崎岖不平的星球上，也许最方便的旅行方式是利用喷气背包，这也是科幻漫画和电影描述的场景。1929 年，喷气背包出现在第一部《巴克·罗杰斯》中。当时巴克遇见了他未来的女友，她正用喷气背包在空中翱翔。在现实中，喷气背包在第二次世界大战期间投入使用。当时，一条河流上的桥梁被摧毁了，纳粹德国需要快速地将军队送到河对岸。纳粹德国的喷气背包使用过氧化氢作为燃料，它与催化剂（如银）接触后迅速燃烧，释放能量以及燃烧后的废水。但是，喷气背包有几个问题。主要的问题是燃料供应只能持续 30 秒到 1 分钟。（在旧的新闻片段中，你有时会看到一些大胆的人用喷气背包飘浮在空中，比如 1984 年的奥运会。然而，这些影片经过了细致的剪辑，因为人们只能飘浮在空中 30 秒到 1 分钟的时间就会落地。）

解决这个问题的办法是开发一种便携式电源，它能提供足够的能量支持更长的飞行。遗憾的是，目前还没有这样的电源。

这也是我们还没有激光枪的原因。激光枪发挥作用的前提，是拥有一个能产生能量的核电源。然而，把核电站建在你的肩头并不现实。因此，在能制造微型能量包之前，喷气背包和激光枪不会成为现实。也许，这种微型能量包能以纳米电池的形式在分子水平上储存能量。

另一种可能性经常出现在天使或异形人的绘画和电影中。那就是像鸟一样使用翅膀飞行。在大气层浓厚的行星上，你可以简单地跳起来，挥动手臂上的翅膀，就会像鸟一样飞起。（大气层越厚，升力越大，在空中飞行就越容易。）因此，伊卡洛斯的梦想可能成为现实。但是鸟类有几个我们并不具备的独特优势。它们的骨骼是中空的，它们的身体比它们的翼展要小得多。而人类的骨骼是相当密实和沉重的。为了飞翔，人类的臂展必须达到 20 至 30 英尺宽，而且需要有更强壮的背部肌肉来挥动它们。我们的技术能力尚不能通过基因改造使人类插上翅膀。目前，很难正确地移动单个基因，更不用说移动数百个基因创造一个可使用的翅膀了。因此，虽然拥有天使的翅膀并非不可能，但实现这一点还需要很长的时间，而且它看起来也不会如同画作中那样优美。

人们曾经认为，用基因工程改造人类是科幻小说作家的梦想，仅此而已。然而，一个全新的革命性的发展改变了这一切。这一发现的速度如此之快，以至科学家匆忙召开会议，讨论如何减缓这些新进展的速度。

CRISPR 技术革命

一种名为 CRISPR（成簇的规律间隔的短回文重复序列）的新技术的到来，使生物技术领域的进展速度极度加快。这种技术能经济、高效、精确地编辑 DNA。在过去，基因编辑是一个缓慢且不精准的过程。例如，在基因治疗中，一个“好的基因”被插入病毒中（它已经被中和了，所以它是无害的）。然后病毒被插入病人体内，在那里它会迅速感染一个人的细胞并注入 DNA。我们的目标是让 DNA 自己插入染色体适当的位置，这样细胞的缺陷代码就会被好的基因取代。一些常见的疾病就是由 DNA 中的一个小错误引起的，包括镰状细胞性贫血，泰伊－萨克斯二氏病和囊肿性纤维化等疾病。基因治疗带来了修正这些错误的希望。

然而，结果却令人失望。通常，身体会对病毒充满敌意，并发起反击，产生有害的副作用。而且好的基因通常不会把自己植入正确的位置。1999 年，在美国宾夕法尼亚大学发生了一场致命事故之后，许多基因治疗实验被终止。

CRISPR 技术解决了很多这样的难题。实际上，这项技术的基础在数十亿年前就已经开始发展。科学家感到很困惑：细菌是如何形成了非常精确的机制来击溃病毒的进攻的？细菌又是如何识别一种致命病毒然后击败它的呢？他们发现，细菌之所以能够识别这些威胁，是因为它们携带了病毒的遗传物质片段。就像一张照片，细菌可以用它识别入侵的病毒。一旦细菌识别出了遗传基因以及病毒，就会在一个非常精确的位置上切断病毒，中和病毒并阻止其传播。

科学家能够复制这一过程，成功地用其他类型的 DNA 替换病毒序列，并将 DNA 插入目标细胞中。这使“基因组手术”成为可能。CRISPR 迅速取代了传统的基因工程方法，使基因编辑更干净、更精确、更快速。

这场革命席卷了生物技术领域。“这完全改变了生物技术领域的面貌。”这项技术的先驱之一詹妮弗·杜德纳说。埃默里大学的大卫·韦斯说：“所有这些都发生在一年之间，这确实令人难以置信。”

荷兰胡布勒支研究所的研究人员已经证明，他们可以纠正导致囊肿性纤维化的基因组错误，由此带来了治愈许多之前无法治愈的遗传疾病的希望。许多科学家希望，某些癌症的某些基因最终也可以通过 CRISPR 技术被替代，从而阻止肿瘤的生长。

生物伦理学家担心这项技术可能会被滥用。因为人们还不知道这项技术的副作用和并发症，生物伦理学家组织了一些会议来进行讨论。他们提出了一系列建议，希望减缓 CRISPR 研究的速度。特别是，他们担心这项技术可能会导致生殖细胞系基因治疗。（基因疗法分为两类。其中，体细胞基因疗法只修改非生殖细胞，因此突变不会延续到下一代。而生殖细胞系基因疗法会改变生殖细胞，这样所有被修改的基因都会被后代继承。）如果不加控制的话，生殖细胞系基因疗法会改变人类的遗传基因。这意味着，一旦我们在星际开疆拓土，人类的基因新分支就会由此出现。通常情况下，这个过程需要数万年的时间，但是如果生殖细胞系基因疗法成为现实，生物工程可能会使这个时间缩短到一代人。

总而言之，科幻小说作家梦想改变人类，让人类移民遥远的星球。这曾经被认为是过于天马行空或不切实际的幻想。然而，随着 CRISPR 的出现，这些遥不可及的梦想再也不能被忽视了。尽管如此，我们必须对这种快速发展的技术所带来的所有伦理问题进行深入分析。

超人类主义的伦理学

这些都是超人类主义的例子，它提倡采用技术来提高我们的技能和能力。为了在遥远的世界生存甚至繁衍兴盛，我们可能不得不在物理和生物上改变自己。对于超人类主义者来说，这不是一种选择，而是一种必须。改变能增加我们在引力场、大气压力、大气成分、温度、辐射等方面与地球环境都不同的行星上生存的概率。

超人类主义者认为，我们应该拥抱科技，而不是被科技打败或与技术带来的影响做斗争。他们喜欢我们可以完善人类的想法。对他们来说，人类是进化的副产品，所以我们的身体是随机突变的结果。为什么不使用技术来系统地改进这些突变呢？他们的终极目标是创造一种超越人类的新物种——后人类。

尽管改变基因的概念让一些人感到厌恶，但加州大学洛杉矶分校的生物物理学家格雷格·斯托克强调，数千年来，人类已经改变了我们周围的动物和植物的基因。当我采访他时，他指出，今天我们看起来很自然的东西实际上是强烈的选择性繁殖的副产品。如果没有古代育种者培育满足我们需要的植物和动物，就不存在现代餐桌上的食物。（例如，今天的玉米是一种转基因玉米，没有人类的干预就无法繁殖。这些玉米粒或种子，不会自行脱落掉到土壤里，农民必须收割它们，然后再种植。）我们周围各种各样的狗都是选择性繁殖一个单一物种——灰狼的副产品。因此，人类已经改变了许多植物和动物的基因，例如用于狩猎的狗，以及被做成食物的牛和鸡。事实上，如果我们能神奇地去除人类在过去几个世纪里培育出来的所有植物和动物，那么我们将看到一个与今天截然不同的社会。

由于科学家已经分离出了某些人类特征的基因，所以很难阻止人们试图对它们进行修改。（例如，如果你发现邻居的孩子通过基因方法增进了智力，而且他们正在和你的孩子们竞争，那么你将面临巨大的压力，并且会让你的孩子们以同样的方式增强智力。竞技体育的奖励是天文数字，因此，要阻止运动员通过基因方法提高自己的能力是非常困难的。）不管面临着什么道德障碍，斯托克博士认为，除非基因修改是有害的，否则我们都不应该拒绝通过基因方法来提升人类。或者，正如诺贝尔奖得主詹姆斯·沃森曾经说过的：“没有人真的有勇气这么说，但如果我们知道如何通过添加基因来让人类变得更好，那我们为什么不这样做呢？”

后人类的未来?

超人类主义的拥护者相信，当我们在太空中遇到先进文明时，他们已经进化到通过改变自己的生物身体以适应许多不同星球上严酷的生活环境。对于超人类主义者来说，外太空的先进文明极有可能通过基因和技术方法获得提升。因此，如果遇到来自太空的外星人是半生物半机器人，我们不必感到震惊。

物理学家保罗·戴维斯的观点则更进一步：“我的结论是令人吃惊的。我认为很有可能，或者说不可避免地，生物智能只是一种短暂的现象，是宇宙中智力进化的一个短暂阶段。如果我们遇到地外生命，我相信它极有可能是‘后生物’的。这一结论对 SETI（搜寻地外文明）有着明显而深远的影响。”

人工智能专家罗德尼·布鲁克斯写道：“我的预测是，到 2100 年，我们将在日常生活中拥有非常智能的机器人。但我们不会与它们分开，我们将成为机器人的一部分，并与机器人连接在一起。”

关于超人类主义的争论实际上并不是一个新的争论，它能追溯到 20 世纪。当时人们刚刚了解了遗传法则。其中最早提出这个想法的人是约翰·伯顿·桑德森·霍尔丹。1923年，他发表了一场演讲，之后将演讲内容以书的形式出版，书名为《代达罗斯，或科学与未来》。他在书中预言，科学可以利用遗传学来改善人类的状况。

他的许多想法在今天看起来平淡无奇，但他意识到这些想法会引起争议，并承认对于那些第一次读到这些想法的人来说，它们可能显得“不合适、不自然”，但人们最终会接受这些想法。

最后，超人类主义者的基本原则是，当科学可以通过增强人类的力量来减轻痛苦时，人类将不必忍受“险恶、野蛮和短暂”的生命。朱利安·赫胥黎在1957年就已经清楚地阐明了这一点。

对于我们应该在哪些方面追求超人类主义，有几种不同的观点。一些人认为，我们应该把注意力集中在机械方法上，比如增强外骨骼、设计改善视力的特殊护目镜、创建能被上传到大脑的记忆库及可以增强感官的植入体。一些人认为，应该使用基因编辑的方法来消除致命基因，一些人认为它们应该被用来增强我们的自然能力，还有一些人认为它们应该被用来增加我们的智力。我们不需要花几十年的时间通过选择性繁殖来完善某些遗传特征——就像我们对狗和马所做的那样，可以借助基因工程在一代人的时间里实现我们想要的改变。

生物技术的进步如此之快，以致伦理问题层出不穷。而优生学不堪的历史，包括纳粹创造优等民族的实验，对于任何想改变人类的人来说，都是一个警示故事。现在，我们可以从老鼠身上提取皮肤细胞，并对它们进行基因改造，使之变成卵子和精子细胞，然后让它们配对，生出一只健康的老鼠。最终，这个过程可能会应用到人类身上。这将使不育夫妇成功地生下健康的孩子，但这也意味着人们可以在未经你允许的情况下获得你的皮肤细胞，并创造你的克隆体。

批评者声称，只有有钱有势的人才能从这项技术中受益。斯坦福大学的弗朗西斯·福山警告说，超人类主义“是世界上最危险的想法之一”。他认为，如果我们后代的 DNA 发生了改变，就可能会改变人类的行为，造成更多的不平等，并动摇我们的民主。然而，技术的发展史表明，尽管富人可以提前获得这些技术，但这些技术最终会下降到普通人都能负担得起的程度。

其他批评者声称，这可能是分裂人类的第一步，人类的定义也将岌岌可危。也许不同基因的增强人类的分支会在太阳系的不同角落出现，并最终分化成不同的物种。人们可以想象，在人类不同的分支之间，可能会爆发竞争甚至战争，甚至“智人”的概念也可能被质疑。我们将在第 13 章讨论这个重要的问题。

在阿道司·赫胥黎的著作《美丽新世界》中，生物技术被用来培育一种名为“阿尔法人”（Alphas）的高等生物，他们注定一出生就要领导社会。其他的胚胎被剥夺了氧气，这导致它们在智力上有缺陷，因此被培育用来服务阿尔法人。社会的底层是爱普西隆人，他们被培养成从事体力劳动的人。这个社会是一个有计划的乌托邦，它利用技术来满足我们所有的需求，一切看起来都井然有序，和平安宁。但事实上，整个社会都是建立在压迫那些苦难的最底层人士的基础之上的。

超人类主义的支持者承认，必须认真考虑所有这些假设的愿景，但在这一点上，他们认为这些担忧纯粹是学术性的。尽管在生物技术领域有大量的新研究，但大部分的讨论都必须放在更大的背景下。定制婴儿还不存在，父母希望孩子具有的许多个性特征的基因还没有被发现。它们可能根本就不存在。目前，没有一种人类行为特征可以通过生物技术来改变。

许多人认为，由于相关技术仍很遥远，人们对超人类主义胡作非为的恐惧还考虑得太早。但是考虑到生物技术发展的速度，在 21 世纪晚期，基因改造可能会成为一种真实的可能性，所以我们必须问这样一个问题：我们想要在多大程度上采用这项技术？

穴居人原则

正如我在以前出版的书中所叙述的，我相信“洞穴人或洞穴女人的原则”会发挥作用，并对我们想要改变自己的程度设定了一个自然的限制。自从我们第一次以现代人的身份出现在 20 万年前，我们的基本性格始终没有太大的改变。尽管今天我们拥有了核武器、化学武器和生物武器，但我们的基本需求仍然是一样的。

那么，我们想要什么？调查显示，在我们的基本需求得到满足后，同侪的意见会变得非常重要。我们想要更好看的外表，尤其是在异性面前。我们希望得到朋友们的羡慕。所以在大幅改变自我之前，特别是在面对那些会让我们看起来和周围的人不同的事物时，我们可能会犹豫不决。

因此，只有在可能提升我们的社会地位的情况下，人类才会采取这些措施。尽管我们会面临使用基因和电子手段来增强力量的压力（特别是在我们要进入外太空并在不同的环境中生活的情况下），但对于想在多大程度上做出改变，我们会有一个限制，而这个限制将帮助我们保持理智。

当钢铁侠第一次出现在漫画中时，他是一个相当笨拙的角色。他的盔甲是黄色的、圆滚滚的、丑陋的。事实上，他看起来就像一个行走的罐头。年幼的孩子们无法认同他，所以漫画家后来决定彻底改造他。于是，他的盔甲变得五彩斑斓、线条流畅、紧贴合身，这明显增强了托尼·斯塔克健美善打的形象。结果他的人气急剧上升。可见，即使是超级英雄也必须遵守穴居人的原则。

黄金时代的科幻小说常常把未来的人类描绘成有着巨大光头和极小身体的模样。其他的小说让我们进化出巨大的大脑，生活在大量的液体中。但是谁想要那样的生活呢？我认为，穴居人的原则会阻止我们进化成我们认为的那种令人厌恶的生物。相反，我们很有可能希望能够增加我们的寿命、记忆和智力，而无须改变基本的人类形态。例如，当我们在网络上玩游戏时，通常可以自由选择一个动画化身来代表我们自己。我们经常选择引人注目或有吸引力的化身，而不是怪诞或令人反感的形象。

也有可能，所有这些技术奇迹都会产生事与愿违的结果，把我们变成无助的孩子，过着毫无意义的生活。在迪士尼的卡通电影《机器人总动员》中，人类生活在宇宙飞船里，机器人可以满足人类的各种幻想。机器人会做所有的繁重工作，满足人类的每一个需求，让人类除了追求愚蠢的消遣活动外，没有别的事情可做。他们变得肥胖、娇生惯养、毫无用处，把时间花在无聊的、毫无意义的追求上。但我认为，我们的大脑中有一个人格“底线”。例如，许多专家估计，如果毒品被合法化，那么大约有 5% 的人类会上瘾。但是其他 95% 的人，在知道毒品会如何限制或摧毁一个人的生命后，将远离它们，宁愿生活在真实的世界里，而不是生活在一个被毒品改变的世界里。类似地，一旦虚拟现实技术进一步提升，同样比例的人更喜欢生活在网络太空而不是现实世界中，但它可能并不是一个压倒性的数字。

请记住，我们的穴居祖先希望成为有用的和对他人有帮助的人，这已经镌刻在我们的基因中。

我在第一次读阿西莫夫的“基地三部曲”时，就惊讶地发现，人类在 5 万年之后并没有改变自己。当然，我想那时的人类将会有一个完全增强的身体，有着巨大的头颅，极小的枯萎的身体，还有像漫画书里那样的超能力。但是小说中的许多场景可能已经发生在如今的地球上。回顾那部具有历史意义的小说，我现在才意识到，可能是穴居人的原则发挥了作用。我想，在未来，人们可以选择安装设备或植入配件来赋予自己超能力。之后，他们会将大部分东西拿掉，在社会中正常互动。或者，如果他们永久地改变自己，那么在某种程度上，他们就能提高自己的社会地位。

谁做出决定?

当世界上第一个试管婴儿路易斯 · 布朗于 1978 年出生时，创造他的技术遭到了许多神职人员和专栏作家的谴责，他们认为我们是在扮演上帝。今天，世界上已经有 500 多万试管婴儿出生，你的配偶或最好的朋友可能就是其中之一。

尽管它受到了严厉的批评，但是人们还是决定接受这项技术。

同样，当 1996 年多利羊第一次被克隆时，许多批评人士都谴责这种技术是不道德的，甚至是亵渎神灵的。然而，如今克隆基本上被接受了。我问生物技术方面的权威罗伯特·兰扎，第一次克隆人类可能在什么时候发生。他指出，目前还没有人成功克隆出一种灵长类动物，更不用说人类了。但他认为克隆人类总有一天会成为可能。如果人类能被克隆，很可能只有一小部分人类会决定克隆自己。（也许唯一会克隆自己的人是没有继承人的富人，或者是他们没有特别中意的继承人。他们可能会克隆自己，让自己的克隆体作为孩子继承财富。）

一些人还谴责了那些由父母基因改造而成的“定制儿童”。然而今天，人们通常会创造出若干体外受精的胚胎，然后丢弃那些有潜在致命性突变风险的胚胎（如泰伊－萨克斯二氏病）。因此，我们也许能在一代人的时间里，从基因库中消除这些致命的特征。

当电话在 20 世纪被发明出来时，遭到了很多人的批评。他们说，在以太[①]里与一些看不见、无实体的声音交谈，而不是面对面地与人交谈是不自然的，而且我们会花太多的时间在电话上，而不是和我们的孩子及亲密的朋友聊天。当然，批评人士是对的。我们确实花了太多的时间与虚无缥缈的声音交谈，和我们的孩子说话的时间却不够多。但我们喜欢电话，有时也用它来和我们的孩子交谈。人们自己，而不是社论作者，决定他们想掌握这项新技术。在未来，如果出现了可以

① 以太是一种科学家想象出来的物质。

增强人类的激进技术，人们将会自行决定要在何种程度上应用它。民主辩论应该是引入这些争议性技术的唯一途径。（想象一下，这一刻，来自宗教法庭时代的人访问了我们的现代世界。刚刚从焚烧女巫和异教徒时代走来的他们，可能会谴责所有的现代文明都是在亵渎神明。）今天看起来不道德甚至邪恶的东西，在未来也许会看起来很普通，很平凡。

在任何情况下，如果我们要探索行星和恒星，那么我们将不得不改变和增强自己，以在旅程中生存下去。而且，由于我们只能在一定程度上改变一个遥远的星球，因此必须调整自己，以适应不同的大气层、温度和引力。所以，基因和机械方面的增强是必要的。

但到目前为止，我们只讨论了增强人类的可能性。那么，当我们探索外太空并遇到与我们完全不同的智能生命形式时会发生什么呢？此外，如果我们遇到科技领先我们数百万年的文明，又会发生什么呢？

如果我们在外太空没有遇到先进的文明，我们如何让自己成为先进文明呢？尽管无法预测先进文明的文化、政治和社会，但有一条法则即使是外星文明也必须遵守，那就是物理定律。那么，物理学能为我们讲述先进文明的哪些故事呢？

最初，你是土。你从矿物变成蔬菜。又从蔬菜变成动物，再从动物变成人……你还必须经历上百个不同的世界。在那儿，有上千种思想。

——鲁米

如果你威胁要扩大你的武力，那么地球将燃烧成灰烬。你的选择很简单：加入我们，生活在和平中，或者继续你现在的行为，面对毁灭。我们将等候你的答复。决定权在你。

——《地球停转之日》中的外星人克拉图

第12章　寻找地外生命

有一天，外星人来了。

它们乘着奇妙的船只，利用人们只在梦中见过的技术，从没有人听过的遥远大陆远道而来。它们身披无比坚硬的盔甲，手持盾牌，说着不为人知的语言，并带来了奇怪的野兽。

人们都在猜测，它们是谁？从哪里来？

有人说，它们是来自星星的信使。

还有人说，它们像天上的天神。

很不幸，人们都错了。

1519年是毁灭性的一年。那一年蒙特祖马遇到了埃尔南·科尔特斯，阿兹特克人和西班牙帝国发生冲突。科尔特斯和他的征服者不是众神的信使，而是垂涎于黄金以及一切他们能掠夺的东西的暴徒。阿兹特克文明花了数千年的时间才从森林中崛起。但是，这一文明只拥有青铜时代的技术，几个月的时间里就被西班牙士兵征服并彻底摧毁了。

当我们进入外太空时，可以从这个悲惨的例子中学到的一个教训，那就是应该保持谨慎。毕竟，阿兹特克人的技术也许只落后于西班牙殖民者几个世纪。如果我们在太空中遇到其他文明，它们可能远远领先于我们，我们只能想象它们拥有什么样的力量。如果要与这样的先进文明开战，那可能就像金刚遇到了花栗鼠阿尔文。

物理学家斯蒂芬·霍金曾警告说："我们只需要看看自己，就能知道智能生命会如何演化成我们不希望遇到的东西。"他谈到哥伦布发现美洲原住民的后果，并总结道："那个结果并不是很好。"或者，正如天体生物学家大卫·格林斯本所说："如果你生活在一个可能到处是饥饿的狮子的丛林里，你会从树上跳下来，然后走过去打招呼吗？"

然而，好莱坞电影努力让我们相信，如果入侵的外星人在技术上领先我们几十年或几个世纪，我们仍能打败它们。好莱坞认为我们可以通过一些原始的、聪明的小伎俩来赢得胜利。在电影《独立日》中，我们要做的就是把一个简单的电脑病毒注入外星人的操作系统中，从而让它们认输。这说起来就好像外星人也使用微软 Windows 操作系统一样。

就连科学家也犯了这个错误，认为若干光年外的遥远外星文明可以造访我们的想法非常可笑，但科学家的前提是外星文明在技术上比我们只领先几百年。如果它们比我们领先几百万年，那么又会发生什么呢？从宇宙的角度来说，100 万年只不过是一眨眼的工夫。在这些难以置信的时间尺度上，新的物理定律和新技术将会被开启。

我个人相信，任何先进的太空文明都将是和平的。它们可能领先我们上亿年，有足够的时间来解决古老的宗派、部落、种族和激进宗教主义之间的冲突。但如果它们并不是和平的文明，那我们就必须做好准备。与其把无线电信号发送到太空，向外星文明宣布我们的存在，还不如先研究一下它们。

我相信，我们也许会在 21 世纪的某个时候与外星文明接触。它们可能是仁慈的，愿意与我们分享它们的技术，而不是无情的征服者。这将是历史上最重要的转折点之一，堪比火的发现。它可以决定人类文明在未来几个世纪的进程。

搜寻地外文明计划（SETI）

一些物理学家已经在积极地尝试解决这个问题。他们用现代技术观测天空，寻找太空中先进文明的迹象。这个项目被称为搜寻外地文明计划（SETI），它利用我们拥有的最强大射电望远镜来扫描天空，以侦听来自外星文明的信息。

目前，在微软联合创始人保罗·艾伦以及其他人的慷慨捐助下，实施该计划的研究所正在加利福尼亚州旧金山东北方向大约 300 英里的哈特克里克建造 42 个最先进的射电望远镜。它们将扫描 100 万颗恒星。最终，哈特克里克将可能建造 350 个射电望远镜，扫描 1 到 10 千兆赫之间的射电频率。

但是，开展该计划通常是一项吃力不讨好的任务，需要恳求富有的捐赠者和谨慎的贡献者为项目提供资金。美国国会表现出的兴趣并不大，并最终在 1993 年收回了所有的资助，称这个项目是在浪费纳税人的钱。（1978 年，参议员威廉·普罗克斯迈尔把他的“金羊毛奖”颁给了该计划作为嘲讽。）

缺乏资金使一些科学家感到沮丧，他们呼吁公众直接参与，以扩大这项研究。加州大学伯克利分校的天文学家创建了 SETI @home，以吸引数百万业余爱好者在线参与该研究。任何人都可以参与，只要从网站上下载软件就可以。到了晚上，当你进入梦乡时，你的电脑会搜索该计划收集到的海量数据，大海捞针般希望找到有用的信息。

我曾多次采访加州山景城搜寻地外文明计划研究所的赛斯·肖斯塔克博士。他认为我们将在 2025 年之前与外星文明接触。我问他为什么这么肯定。毕竟，几十年的辛勤工作并没有确认任何一个来自外星文明的信号。此外，使用射电望远镜监听外星人的对话有点像赌博，也许外星人并不使用射电波段。也许它们使用完全不同的频率或者使用激光，又或者以完全意想不到的方式进行交流。他承认，所有这些都是有可能的。但他相信我们很快就会与外星生命接触，因为他相信德雷克方程。

1961 年，天文学家弗兰克·德雷克对关于太空中外星人的所有疯狂猜测并不满意。他试图计算出找到这样一种文明的可能性。例如，人们可以从银河系恒星的数量（约 1 000 亿）开始，然后乘以这些恒星周围有行星的比例，接下来乘以所有行星中存在生命的行星的比例，然后是它们具有智能生命的比例等等。通过将这些比例相乘，我们就能得到银河系可能存在先进文明数量的一个大致数字。

弗兰克·德雷克第一次提出这个公式时，还存在太多的未知因素，由此得出的最终结果纯粹是推测。对银河系文明数量的估计，从数万到数百万不等。

然而现在，随着太空中被发现的系外行星越来越多，人们可以做出更切合实际的估计。好消息是，天文学家每年都在使德雷克方程的各个组成部分更趋于精确。我们现在知道，在银河系中，每 5 颗类似太阳的恒星中，就至少有一颗有类地行星围绕着它旋转。根据德雷克方程，我们的星系中有超过 200 亿颗类地行星。

德雷克方程还经过了多次修正。最初的方程太简单了。正如我们看到的，现在我们知道，类地行星必须与按圆形轨道运行的木星大小的行星相伴，这样才能清除那些可能摧毁生命的小行星和碎片。所以我们必须将类地行星的数量减少到那些拥有木星大小邻居的行星数量。类地行星也必须有大卫星陪伴，以帮助它们稳定地自转，否则它们最终会在数百万年之后发生摆动甚至翻转。（如果月亮很小，就像小行星一样，那么根据牛顿定律，地球自转的小扰动就会逐渐积累，最终地球可能会翻转过来。这将是生命的灾难，因为地壳开始破裂，可能会带来剧烈的地震、巨大的海啸以及可怕的火山爆发。我们的月球足够大，所以这些扰动不会形成。但是火星的卫星很小，可能它在遥远的过去已经发生了翻转。）

现代科学给我们提供了大量的具体数据，告诉我们太空中有多少行星能够孕育生命，但它也发现了通过自然灾害和事故来扼杀生命的许多方法。在地球的历史上，智慧生命曾多次几乎被自然灾害毁灭（例如小行星碰撞、席卷整个行星的冰川期、火山爆发）。一个根本的问题是，在符合这些标准的行星中，有多少比例的行星实际上是存在生命的，又有多少比例逃脱了行星灾难，并孕育了智慧生命。因此，要精确估计银河系中智能文明的数量，我们还有很长的路要走。

第一次接触

我问肖斯塔克博士：如果外星人来到地球会发生什么？总统会召集参谋长联席会议召开紧急会议吗？联合国是否会起草一份欢迎外星人的声明？我们第一次接触时，会采用什么样的方案？

他的回答非常令人吃惊：基本上，没有方案。科学家在会议上讨论了这个问题，但他们只提出没有官方分量的非正式建议。没有政府会认真对待这个问题。

在任何情况下，第一次接触可能都是单向的对话，地球上的探测器将接收到来自遥远星球的一条信息，但这并不意味着我们可以与它们建立联系。这样的信号可能来自一个恒星系统，例如，距离地球 50 光年的恒星系统，所以将信息发送给这颗恒星，并将回信送回地球，需要 100 光年。这意味着在太空中与地外文明的交流将是极其困难的。

假设有一天外星人能到达地球，一个更实际的问题是，我们如何与外星人交谈？它们会说什么样的语言？

在电影《降临》中，外星人派出了几个巨大的星际飞船，它们在许多国家上空盘旋。当地球人进入这些星际飞船时，他们遇到了看起来像巨型乌贼的外星人。试图与外星人互动是很困难的，因为它们通过在屏幕上写出奇怪的字符来进行交流，而这正是语言学家难以翻译的。当外星人写下一个可以被解读为工具或武器的词时，一场危机由此爆发了。核大国对这种模棱两可的态度感到困惑，因此它们让武器处于高度戒备状态。似乎一场星际战争即将爆发，这一切都是因为一个简单的语言错误。

（在现实中，任何先进到足以将星际飞船送往地球的物种，都可能一直在监控我们的电视和无线电信号，并提前破译了我们的语言，所以外星人不需要依赖来自地球的语言学家。但无论如何，与外星人展开一场星际战争是极其不明智的，因为外星人可能比我们先进几千年。）

如果外星人的语言采用完全不同的参照框架，情况会是怎样的呢？

如果外星人是由一群智能狗进化而来的，那么它们的语言就会发散出气味，而不是视觉图像。如果它们是从智能鸟类进化而来的，那么它们的语言可能基于复杂的旋律。如果它们是蝙蝠或海豚的后代，它们的语言可能会使用声呐信号。如果它们是昆虫的后代，它们可能通过信息素来发出信号。

事实上，当我们分析这些动物的大脑时，会发现它们与我们的大脑有很大的区别。虽然我们的大脑有很大一部分都专注于视力和语言，但其他动物的大脑却专注于嗅觉和听觉等事物。

换句话说，当我们第一次接触外星文明时，不能假设它们会像我们一样思考和交流。

外星人长什么样?

在科幻电影中，高潮经常出现在最终我们看到外星人时。（事实上，另一部极好的电影《接触》有一点让人特别失望，那就是在经历了剧情累积之后，我们一直没见到外星人。）但在《星际迷航》系列中，所有的外星人看起来都和我们一样，像我们一样说话，还说一口完美流利的美式英语。唯一不同之处在于它们有不同类型的鼻子。更有想象力的是《星球大战》中的外星人，它们看起来像野生动物或鱼类，但它们来自自己的行星。在那儿，它们呼吸着空气，那里的重力与地球的重力相似。

一开始，有人也许会说外星人可以长得像你想要的任何东西，因为我们从来没有和它们接触过。它们很可能会遵循一定的逻辑吧。虽然我们不能确定，但外太空的生命很有可能诞生于海洋，并由碳基分子组成。这样的化学特征与生命诞生的两个重要标准非常吻合：它复杂的分子结构带来的储存大量信息的能力，以及自我复制的能力。（碳有 4 个原子键，这使得它可以形成长链碳氢化合物，包括蛋白质和

DNA。这些碳基 DNA 长链包含了原子排列的编码。这些长链分成两股排列，它们可以解开，然后抓住分子，根据这段代码来复制自己。）

最近，一个新的科学分支诞生了。它被称为“外空生物学”，目标是研究遥远世界的生命，它们的生态系统不同于地球上的生态系统。碳化学为我们提供了丰富多样的分子。到目前为止，外空生物学家很难找到不是基于碳化学的生命创造途径。科学家也考虑过许多其他可能存在的生命形式，比如飘浮在气态巨行星大气中类似气球的生物，但是很难创造出一种能使这种生物成为可能的真实化学物质。

《禁忌星球》是我小时候最喜欢的电影。它给我上了一节宝贵的科学课。在一个遥远的世界里，一个巨大的怪物正在杀害飞船船员，宇航员被吓坏了。一位科学家把怪物留在土壤里的足迹制作成石膏模型。他对所发现的东西感到震惊，并宣称，怪物的脚违反了所有的进化规律。它的爪子、脚趾、骨头是按照一种毫无意义的方式排列的。

这引起了我的注意。一个违反进化规律的怪物？也就是说，怪物和外星人也必须遵守科学规律。对我来说，这是一个新观点。以前我认为怪物只需要是凶猛和丑陋的，但是怪物和外星人和我们一样，必须遵守自然法则这个观点很有道理，因为它们不是生活在真空中的。

举个例子，当听说尼斯湖水怪的时候，我在想这种生物的繁殖种群是什么样的？如果那个湖中能存在一个类似恐龙的生物，那么它的繁殖种群一定还有约 50 个同类。在这种情况下，这些生物存在的证据（骨头、猎物的尸体、废物等）应该很容易找到。但事实上，并没有发现这样的证据，这使人们对它们的存在产生了怀疑。

同样，我们也应该把进化定律应用于太空中的外星人。我们不可能准确地知道外星文明是如何出现在遥远的星球上的。然而，我们却可以根据自己的进化做出一些推论。分析电影《智人》中智能是如何发展的，我们就能看到至少有三个因素对人类从泥潭中崛起是必需的。

立体视觉

一般来说，捕食者比猎物更聪明。要想有效地捕猎，捕食者必须擅长秘密行动，而且狡猾、有策略、善于伪装和欺骗。它还必须知道猎物的习性，它们在哪进食，弱点是什么，防御方法是什么。这些都很费脑筋。

另一方面，所有猎物要做的就是逃跑。

这反映在它们的眼睛上。老虎、狐狸等捕食者的眼睛能看到前方的事物，通过大脑比对左眼和右眼的图像，它们具有了立体视觉。这使它们能够判断距离，这对于定位猎物至关重要。而猎物不需要立体视觉，它们需要的只是用全方位的视觉来检测捕食者的存在，因此它们脸的两侧都有眼睛，比如鹿和兔子。

太空中的智能外星人很有可能是从寻找食物的捕食者进化而来的。这并不一定意味着它们是野蛮好斗的，但确实意味着它们很久以前就可能是掠食者。因此我们需要谨慎行事。

对生拇指或有抓握能力的肢体

物种能发展智能文明的标志之一就是操纵环境的能力。植物只能被动接受周围环境的变化。与植物不同，聪明的动物可以改变它们的环境，增加它们生存的机会。对生拇指是人类与众不同的特征之一，这让我们有能力用双手去研发工具。在此之前，双手的主要作用是在树枝上荡来荡去，而我们的食指和拇指形成的弧度的大小，大致相当于非洲树枝的粗细。（这并不意味着对生拇指是通往智能生命的唯一抓取工具，其实触手和爪子也可以。）

因此，第一个和第二个标准结合在一起，让动物有能力协调手眼来寻找猎物，也可以操纵工具，但第三个标准将它们联系在一起。

语言

在大多数物种中，个体吸取的任何教训都会随着它们的死去而消逝。

为了将必要的信息一代一代地传递下去并积累起来，某种形式的语言是至关重要的。语言越抽象，在几代物种之间传递的信息越多。

成为捕食者有助于促进语言的进化，因为成群的捕食者必须相互交流和协调。语言主要对动物群有用。单独一个捕食者可能会被乳齿象碾碎，但一群捕食者可以伏击、围困、诱捕乳齿象，并打败它。此外，语言必然是一种社会现象，它加速了个体之间的合作。这是人类文明发展的重要组成部分。

有一个形象的例子展示了语言的社会作用。在探索频道的一个电视节目中，我和许多嬉戏的海豚在水池里一起游泳。有一个声波传感器被插入水池，记录下它们用来相互交流的啾啾声和口哨声。虽然海豚没有书面语言，但它们有可以被记录和分析的声音语言。

然后，我们可以使用电脑寻找表示智能的模式。例如，如果随机分析英语，你会发现字母“e”是最常见的字母。然后，你可以编制一个字母列表，分析每个字母的使用频率，为这种语言或特定的人提供一个独特的“指纹”。（这可以用来追溯历史手稿的作者，例如，确定莎士比亚确实是那些剧本的作者。）

类似地，你可以记录下海豚之间的交流，发现它们的啾啾声和口哨声的重复遵循着某种数学模式。

还有，你可以分析许多其他物种的语言，比如狗和猫，并发现类似的智能迹象。

然而，当分析昆虫的声音时，我们发现越来越少的智力证据。问题的关键是，动物确实有原始的语言，计算机可以从数学上计算它们的复杂性。

地球上智能生命的进化

如果至少有三个属性对智能生命的发展是必要的，那么，地球上有多少动物拥有这三个属性？我们发现，许多具有立体视觉的捕食者都有钳子、爪子、尖牙或触角，但没有抓握工具的能力。同样，没有哪个物种拥有复杂的语言系统，而这种系统能使它们与同伴一起捕猎、分享信息，并将信息传递给下一代。

我们还可以比较人类与恐龙的进化和智力。尽管我们对恐龙智力的理解是极其有限的，但人们相信它们在约 2 亿年的时间里始终主宰着地球。但恐龙没有变得聪明，也没有发展出恐龙文明，而这一切只花费了人类大约 2 万年的时间。

但是，如果我们仔细分析恐龙王国，就会看到智慧可能繁荣的迹象。例如，电影《侏罗纪公园》里不死的迅猛龙，很可能会随着时间的推移变得聪明起来。它们有捕食者的立体视觉，也会成群结队地捕猎，这意味着它们可能会利用一些通信系统协调搜寻工作。它们用爪子抓取猎物，后来这可能进化成对生拇指。（相比之下，霸王龙的四肢很小，很可能只在狩猎结束后用来抓肉，而且不太可能在抓取工具上有很大的用处。霸王龙本质上是一个行走的嘴巴。）

《造星者》中的外星人

在这个框架下，我们可以分析奥拉夫·斯塔普尔顿在《造星者》中描绘的外星人。这个故事的主人公通过意识经历了一场穿越宇宙的旅行，遇到了许多迷人的文明。我们看到了银河系中散布着各种可能的智能生命。

有一种外星物种生存于一颗引力场强大的行星上。因此，它们需要用六条腿，而不是四条腿走路。最终，两条前腿进化成双手，这样它们能自由地使用工具。随着时间的推移，这种动物进化成类似半人马座一样的东西。

主人公遇到了像昆虫一样的外星人。尽管每只昆虫都不具有智能，但数十亿昆虫聚集在一起却创造了集体智慧。一种像鸟的物种会组成巨大的群体一起飞行，它们飞行的时候看起来就像一朵云，这同时也产生了集体意识。他遇到了像植物一样的智能生命，白天，它们像植物一样一动不动，但在夜晚它们可以像动物一样移动。他甚至遇到了完全超出我们想象的智能生命形式，比如智能恒星。

这些外星生物很多都生活在海洋中。这些水生物种中最成功的一种是两种不同生命形式的共生体，它们类似于鱼和螃蟹。螃蟹骑在鱼头上面，这样鱼可以带着它一起快速移动，螃蟹则可以用爪子摆弄工具。这种组合使它们获得了巨大优势，成为它们星球上的主要物种。最后，这种蟹状生物冒险登上陆地，在那里它们发明了机器、电器、火箭船以及一个基于繁荣、科学和进步的乌托邦社会。

这些共生生物制造了星际飞船，并遇到了不那么先进的文明。斯塔普尔顿写道："这种共生生物向原始生命小心地隐藏着自己，生怕失去独立性。"

换句话说，虽然鱼和蟹单独不能进化成一种更高级的生物，但两者的结合可以。

如果外星文明确实存在，那么考虑到它们中的绝大多数可能生活在被冰覆盖的卫星（如木卫二或土卫二）或者流浪行星的卫星上，一个水生物种是否能真正变得智能呢？

如果分析我们自己的海洋，就会发现一些问题。在海洋中，鳍是一种非常有效的移动工具，而脚（和手）则不是。一个物种可以用鳍快速地移动，而用脚只能在海底笨拙地移动。毫不奇怪，在海洋中，我们很少看到有动物能进化出可以用来抓握工具的肢体，因此，有鳍的生物不太可能变得智能（除非鳍在某种程度上进化得能抓住物体，否则这些鳍实际上就是陆地动物返回海洋时的胳膊和腿，就像海豚和鲸鱼一样。）

然而，章鱼是一种非常成功的动物。它存活了至少 3 亿年，而且可能是所有无脊椎动物中最智慧的。当根据我们的标准来分析章鱼时，我们发现它与其中的 2/3 都匹配。

首先，作为一个捕食者，它有猎人的眼睛。（然而，它的两只眼睛并不能很好地立体聚焦于前面。）

其次，它的八根触须赋予了它在环境中操控物体的非凡能力。这些触手都非常灵巧。

但它没有可以用来交谈的语言。作为一个孤独的“猎人”，它没有必要与其他同类进行交流。据我们所知，几代章鱼之间没有互动。

因此，章鱼表现出某种智力。它们从水族馆中逃脱出来的能力已经广为人知，它们充分利用自己柔软的身体，挤过微小的缝隙。它们还可以在迷宫中寻找方向，这说明它们拥有某种形式的记忆。此外，它们也会操作工具，一只章鱼能够抓住椰子壳，为自己创造一个庇护所。

既然章鱼具有有限的智力和用途多样的触须，那么为什么它们没有变得智能呢？具有讽刺意味的是，这可能恰恰证明了它的成功。藏在岩石下，用触手抓住猎物是一个非常成功的策略，所以章鱼可能不需要发展智力。换句话说，它们不承担变得更智能的进化压力。

然而，在一个遥远的星球上，在不同的条件下，你可以想象一种章鱼状的生物发展出一种由啾啾声和口哨声构成的语言，这样它们就可以成群结队地捕猎。也许通过进化，章鱼的嘴就可以发出基本的语言，人们甚至可以想象，在遥远的未来，地球上的进化压力可能会迫使章鱼发展智力。

因此，出现一种聪明的章鱼也是有可能的。

斯塔普尔顿设想的另一种智能生物是一种鸟。科学家已经注意到鸟类和章鱼一样具有相当的智力。但与章鱼不同的是，它们通过啾啾声和歌声、旋律，用一种非常复杂的方式相互交流。通过记录某些鸟类的叫声，科学家已经注意到，鸟儿的歌声越复杂、越优美，对异性的吸引力就越大。换句话说，雌鸟能够通过雄鸟叫声的复杂性来判断它的健康状况、力量，以及是否适宜作为配偶。因此，它们有进化的压力来发展复杂的旋律和某种智力。虽然有些鸟儿拥有猎人的立体视力（如鹰和猫头鹰）和某种形式的语言，但它们缺乏操纵环境的能力。

数百万年以前，一些以四条腿走路的动物进化成了鸟类。通过分析鸟类的骨骼，我们可以精确地看到腿骨是如何慢慢进化成翅膀的骨骼的。这两组骨头之间有一对一的对应关系。但是要想真正地控制环境，人们就需要那些双手可以自由地掌控工具的动物。这意味着，智能鸟类要么必须进化出既能飞行又能操控工具的双重功能翅膀，要么至少有 6 条腿，其中 4 条最终变成翅膀和手。

因此，如果能以某种方式进化出操纵工具的能力，那么拥有智能的鸟类是可能会出现的。

这些例子只是展示了各种智能物种的可能。当然，我们还能构想出其他许多种可能性。

人类智能

为什么我们变得智能？这是一个很有启发性的问题。许多灵长类动物几乎满足了上述三个标准，但为什么是我们进化出了这些能力，而不是黑猩猩、倭黑猩猩（进化上与我们最接近的动物），或者大猩猩？

当我们测量智人与其他动物的区别时，会发现相比之下，我们是软弱和笨拙的。我们很容易成为动物王国的笑料。因为我们不能跑得很快，没有爪子，也不能飞。我们没有敏锐的嗅觉，没有盔甲，并不强壮。此外，我们的皮肤没有毛皮，而且很脆弱。无论按照哪种分类，我们都会发现有动物比我们的身体更加优越。

事实上，我们周围的大多数动物都非常成功，因此它们没有进化的压力去改变。有些动物在数百万年的时间里都没有改变。而正是因为我们的软弱和笨拙，我们承受着巨大的压力，需要获得其他灵长类动物所缺乏的技能。为了弥补不足，我们必须变得聪明。

有一种理论认为，东非的气候在几百万年前就开始发生变化，这导致森林退化，草地开始蔓延。我们的祖先是森林生物，所以当树木开始消失时，他们中的许多人都死了。

那些幸存下来的祖先被迫从森林迁移到大草原。他们不得不挺起腰板，直立行走，以使他们的视线越过野草。（在我们的脊柱前凸中也可以看到这一点，这给我们的背部带来了巨大的压力。这也是为什么背部问题是中年人面临的最主要的健康问题之一。）

直立行走还带来另一个巨大的优势：解放了双手，让我们能操纵工具。

当我们在太空中遇到智能的外星人时，很有可能它们同样地笨拙而虚弱，并通过不断进化智能来弥补这些缺陷。它们和我们一样，将通过一种新技术进化出生存的能力：能够按照自己的意愿改变环境的能力。

在不同行星上进化

那么，智能生物如何发展出一个现代的科技社会呢？正如我们讨论的，银河系中最常见的生命形式可能是水生生物。我们已经研究了海洋生物是否能发展出必要的生理机能，但我们的社会也受文化和技术因素的影响，所以让我们来看看海底能否发展出先进的文明。

对人类来说，在发现农业之后，开发能源和信息的过程经历了三个阶段。

第一阶段是工业革命，我们双手的能力被煤和化石燃料的力量放大了很多倍。这带来了社会的快速发展，原始的农业文明转变为工业文明。

第二阶段是电力时代，发电机放大了我们能使用的力量，新的通信形式随之出现，包括广播、电视和电子通信等形式。结果，能源和信息都繁荣起来。

第三阶段是信息革命，计算机的力量主导了社会。

我们现在可以问一个简单的问题：水生外星文明也能经历能源和信息发展这三个阶段吗？

木卫二和土卫二离太阳很远，而且它们的海洋永远被冰覆盖着，因此在这些遥远的卫星上，任何智能生物可能都是失明的，就如同生活在地球表面下黑暗洞穴里的鱼。相反，它们可能会发展出某种形式的声呐，像蝙蝠一样利用声波在海洋中导航。

但是光的波长比声波的波长要小得多，这意味着它们将无法看到我们肉眼能看到的细节（就像医生使用的声波图提供的细节远不如内窥镜检查）。这将延缓它们创造现代文明的步伐。

但更重要的是，任何水生物种都将面临能源问题，因为化石燃料不能在水中燃烧，而且也很难保护电力。如果没有氧气来协助燃烧和机械运动，大多数工业机器都毫无用处。太阳能也派不上用场，因为阳光不会穿透从不融化的冰盖。

没有内燃机、火和太阳能，似乎任何外星水生物种都缺乏发展现代社会的能量。然而，有一种尚未开发的能源是可以利用的，那就是从海底的热泉中获取的地热能。类似于我们海洋底部的火山口，木卫二和土卫二上的这类热泉口可能为工具提供了一个便利的能源来源。

也有可能制造出一个水下蒸汽机。火山口的温度可能远远超过了水的沸点。如果能够引导这些喷口的热量，那么生命体就可以用它来制造蒸汽机。它们可以使用一种管道系统，从这些火山口抽取沸腾的水，让它们推动活塞。这样，这里的生命就可以进入机器时代了。

也可以利用这种热来融化矿石，进行冶炼。如果它们能冶炼和铸造金属，那么就可以在海洋底部建造城市。简而言之，这有可能引发一场水下工业革命。

水会使大多数传统电器短路，因此电力革命似乎不太可能。如果没有电，那个时代的所有奇迹都不可能实现，所以它们的技术发展会受到阻碍。

但也有一个可能的解决方案。如果这些生命能在海底找到磁铁，那么就有可能制造出一台发电机，并用它来驱动机器。通过旋转这些磁铁（也许是通过蒸汽推动涡轮叶片），它们可以推动电线中的电子，产生电流。（这和自行车灯和水电大坝中的过程是一样的。）关键是，智能的水下生命甚至可以在有水的情况下使用磁铁来制造发电机，从而进入电力时代。

用计算机进行信息革命同样很困难，但对水生物种来说也并非不可能。就像水是孕育生命的完美媒介一样，硅也是任何基于芯片的计算机技术的基础。海底可能有硅。它们可以通过紫外线来开采、提纯和蚀刻硅，就像我们在地面做的那样。（为了制造硅芯片，紫外线需要通过一个包含了芯片上所有电路蓝图的模板来传递。紫外线和一系列化学反应在硅片上蚀刻出图案，在芯片上制造晶体管。这个过程是晶体管技术的基础，也可以在水下完成。）

因此，水生生命有可能发展出智能，创造现代技术社会。

外星技术遭遇的自然障碍

一旦一种文明踏上了成为现代社会的漫长而艰难的路程，它又面临着另一个问题。可能会有一系列的自然现象阻碍它们前进。

例如，如果智能生物在金星或土卫六泰坦这样的地方进化，它们的世界可能永远被云层覆盖，它们因此永远不能看到星星。它们对宇宙的概念将局限于它们的星球。

这意味着它们的文明将永远不会发展天文学，其宗教将受限于它们自己星球的故事。因为它们不会渴望着探索云层之外的世界，其文明也会受到阻碍，更不太可能发展出太空计划。而如果没有太空计划，它们将永远不会有远程通信和气象卫星。（在斯塔普尔顿的小说中，一些生活在海洋表面之下的生命最终来到了陆地，在那里它们发现了天文学。如果它们待在海洋里，那么它们永远都不会发现自己星球之外的宇宙。）

阿西莫夫在他的获奖小说《日暮》中，勾勒出发达社会面临的另一个问题。他设想科学家生活在一颗围绕着六颗恒星旋转的星球上。这颗行星一直沐浴在星光之中。它的居住者从来没有见过夜空中的几十亿颗星星，他们坚信整个宇宙都是由他们的太阳系组成的。他们的整个宗教和身份认同都围绕着这个核心信念。

但是，科学家的发现开始令人不安。他们发现，每隔 2 000 年，他们的文明就会陷入完全的混乱。一些神秘的事情会发生，使社会彻底崩溃。在过去，这个循环似乎不断重复着。传说人们疯了，因为一切都变黑了。人们点燃巨大的篝火照亮天空，直到整个城市燃起熊熊大火。奇怪的宗教崇拜开始蔓延，统治瓦解，正常社会崩溃。直到 2 000 年后，一个新的文明从上一个文明的废墟中诞生。

然后，科学家意识到隐藏在过去的那些事实背后令人厌恶的真相：每隔 2 000 年，他们行星的轨道就会出现异常，所以它会经历夜幕来临。令他们感到恐惧的是，他们发现这个循环很快会再次发生。在故事结束时，夜幕再次降临，文明陷入一片混乱。

《日暮》这样的故事促使我们思考，在与我们自己星球完全不同的环境下，行星上的生命能如何生存。我们很幸运地生活在地球上。这里能源丰富，火和燃烧都是可能的，大气允许电子设备从不短路地顺利运转。这里还有丰沛的硅，我们可以从这里看到夜空。如果缺少了其中任何一种条件，先进文明都很难崛起。

费米悖论：外星人在哪儿？

但所有这些仍然留下了一个挥之不去的问题，那就是费米悖论：外星人在哪儿？如果它们存在，那么一定会留下印记，甚至可能会拜访我们。但我们没有看到任何外星人造访的真正证据。

对于这个悖论，有很多种解释。我的想法是，如果它们有能力从几百光年以外的地方到达地球，那么它们的技术比我们的要先进得多。在这种情况下，如果认为它们会跋涉数万亿英里来参观一个没有任何东西可提供的落后文明，那么这个想法未免有些自大。毕竟，当我们去森林时，会试着与鹿和松鼠说话吗？也许一开始我们可能会尝试，但既然它们不回话，我们很快就会失去兴趣，离开了。

所以在大多数情况下，外星人会任由我们发展，用好奇的眼光看待我们这种原始的生物。或者就像几十年前奥拉夫·斯塔普尔顿推测的那样，也许它们有一种不干涉原始文明的政策。换句话说，它们可能已经意识到我们的存在，但不想影响我们的发展。（斯塔普尔顿给我们提供了另一种可能性，他写道："这些乌托邦式的世界不是有害的，但不能进一步发展。它们被留在了和平与保护之中，就像我们在国家公园里以科学为目的保护野生动物一样。”）

当我问肖斯塔克博士这个问题时，他给了我一个完全不同的答案。他说，一个比我们更先进的文明很有可能发展出人工智能，所以它们会把机器人送上太空。他告诉我说，如果我们最终遇到的外星人是机械的，而不是生物的，那么我们不应该感到惊讶。在像《银翼杀手》这样的电影中，机器人之所以被派到外太空去做肮脏的工作，是因为探索太空非常困难和危险。反过来，这也可以解释为什么我们接收不到它们的无线电信号。如果外星人遵循我们的技术路线，它们将在发明无线电后不久就发明机器人。一旦进入人工智能时代，它们可能会和机器人合并，不再使用无线电。

例如，机器人文明可能通过电缆相连，而不是无线电或微波天线。搜寻地外文明计划的无线电接收器无法接收到这种通信信号，因而无法发现这样的文明。换句话说，一个外星文明可能只有几个世纪的时间使用无线电，也许这就是我们无法接到无线电信号的原因之一。

另一些人猜测，也许外星人想从我们的星球上掠夺一些东西。一种可能是我们海洋中的液态水。在我们的太阳系中，液态水确实是一种珍贵的物品，只有在地球和气体巨行星的卫星上才能找到它。但冰不是这样。在彗星、小行星和围绕气体巨行星运行的卫星上，有大量的冰，所以外星文明需要做的只是加热冰。

另一种可能是，外星人想从地球上窃取有价值的矿物。这当然是可能的，虽然在许多无人居住的星球上也有珍贵的矿产资源。如果一个外星文明拥有从遥远的距离之外到达地球的技术，那么它们能利用许多行星，而开发一颗无人居住的行星比开发住满智慧生命的行星要容易得多。

还有一种可能性是，外星人想从地球的核心窃取热量，这将摧毁整个地球。但我们怀疑，一个先进的文明已经能驾驭核聚变的力量，因此，没有必要从地球的核心窃取热量。氢是聚变核电站的燃料，是整个宇宙中最丰富的资源。因此，外星文明总是能从恒星中获取能量，而宇宙中有许多这样的恒星。

我们妨碍了外星人吗？

在《银河系漫游指南》中，外星人想要消灭我们，因为我们妨碍了它们。外星人中的官僚与我们个人之间没有任何矛盾，但要建立星际通路就必须移走我们，这是一种真实的可能性。例如，谁对鹿更危险？是一个手持火力凶猛的步枪但饥肠辘辘的猎人，还是一个带着公文包、需要土地建造房屋的温和的人？对于一只鹿来说，猎人似乎更危险。但最终，开发商对这一物种的杀伤力更大，因为他们毁掉了一整片到处都是动物的森林。

同样，《世界之战》中的火星人对地球人并没有恶意。但它们的世界正在消亡，因而它们要占领我们的世界。它们并不憎恨人类，只是我们妨碍了它们。

同样的推理在之前讨论过的超人电影《超人：钢铁之躯》中也出现过。电影中，所有氪星人的 DNA 在它们的星球爆炸之前被保存了下来，它们需要占领地球来恢复自己的种族。这个图景当然是可信的，但它们可以掠夺和占领其他的行星，所以人们可以期待外星人放过我们。

我的同事保罗·戴维斯提出了另一种可能性。也许它们的技术非常先进，可以创造出比现实更优越的虚拟现实程序，这样它们就更愿意永远生活在一个奇妙的视频游戏中。这种可能性并不是多么不合逻辑，因为即使在人类中，也有一部分人宁愿生活在一个烟雾弥漫的、毒品泛滥的国家，而不愿面对现实。在我们的世界里，这是一个不可持续的选择，因为如果每个人都吸毒，社会就会崩溃。但是，如果机器满足了我们所有的世俗需求，那么便有可能形成寄生社会。

但是，所有这些猜测仍然留给我们一个问题，那就是一个也许比我们的文明先进几千年到几百万年的文明会是什么样子？与它们相遇会揭开一个和平繁荣的新时代，还是走向毁灭？

我们不可能预测一个先进文明的文化、政治和社会，但正如我所提到的，有一件事是它们必须遵守的：物理定律。物理学能告诉我们，一个超级先进的文明将会如何演变。

如果在银河系中没有遇到任何先进的文明，我们又如何才能进入未来？我们是否能探索恒星，并最终在银河系中探险？

一些科学家建议增加一种 IV 型文明的分类。这种文明能很好地控制时空，足以影响整个宇宙。

为什么要止步于一个宇宙?

——克里斯·英庇

科学真是迷人。从零星的事实，竟然可以得到这么多推测。

——马克·吐温

第 13 章　先进文明

这是通俗小报的头条新闻：

“在太空中发现的巨大的外星巨型结构！”

“天文学家对太空中的外星机器感到困惑！”

即使还不习惯发表关于 UFO（不明飞行物）和外星人的耸人听闻报道的《华盛顿邮报》，也给出了“天空中最奇怪的星星再次出现”这样的标题。

天文学家通常都是分析来自卫星和射电望远镜的无聊数据。突然间，他们被焦虑的记者的电话淹没了。记者们询问，是否真的在太空中找到了一个外星人结构。

这让天文学家措手不及，天文学界说不出话来。是的，在太空中发现了一些奇怪的东西。是的，现在还无法解释它们，但现在说它意味着什么还为时过早。这也可能只是一场徒劳的努力。

这场争论源自天文学家对一颗行星掩蚀遥远恒星的观测。通常，一颗木星大小的系外行星在它的母恒星前移动，这会使恒星的星光变暗 1% 左右。但是有一天，人们在分析开普勒太空望远镜关于恒星 KIC 8462852 的数据时，发现了一个惊人的反常现象：这颗恒星距离地球约 1 400 光年，2011 年，一些东西使它的星光暗淡了 15%。但是要知道，通常我们可以忽略这类异常现象，因为也许是仪器出了问题，也许是功率突然变化，或者电力输出瞬间激增，或者可能只是因为望远镜上的灰尘。

但 2013 年科学家第二次观测到这个现象，这一次恒星的亮度变暗了 22%。科学上已知的任何东西都不能使恒星这样规律地变暗。

“我们从未见过像这颗星那样的东西。这真的很奇怪。”耶鲁大学的博士后研究员塔比萨 · 博亚金说。

路易斯安那州立大学的布拉德利 · 施哈弗在旧的照相底片种搜索，发现自 1890 年以来，这颗恒星的光一直呈周期性变暗，这使情况变得更加诡异。《今日天文学》杂志写道，这引发了一场观测热，因为天文学家急于弄清这个正在迅速成为天文学最大谜团之一的东西。

因此，天文学家列出了一长串可能的解释。但是，每一种解释似乎都是对科学常识的挑战。

是什么原因导致恒星亮度大幅下降？它真的能比木星大 22 倍吗？

一种可能的解释是，它是由一颗坠入恒星的行星造成的。但这种解释被排除了，因为异常现象反复出现。另一种可能是，它是来自行星系统圆盘上的尘埃。当一个行星系统在太空中坍缩时，原始的气体和尘埃盘就会比恒星本身大很多倍，所以也许恒星星光的变暗是因为这个圆盘从恒星前面经过。但通过分析恒星本身，科学家发现这颗恒星是成熟的，于是排除了这种可能。尘埃应该早就凝结了，或者被恒星风吹进了太空。

在排除了许多可能的解释之后，仍然有一个不容忽视的选项。虽然没有人愿意相信，但仍不能排除它，那就是也许它是一个由外星智慧建造的巨型结构。

宾夕法尼亚州立大学的天文学家杰森·赖特说："外星人应该永远是你考虑的最后一个假设，但这看起来似乎符合对外星文明建造物的预期。"

2011 年和 2013 年两次恒星亮度变弱的时间间隔是 750 天，因此，天文学家预测这种现象将在 2017 年 5 月再次出现。按照天文学家预期的时间，这颗恒星又开始变暗了。这一次，地球上几乎每一个能够测量星光的望远镜都在追踪这颗恒星。来自世界各地的天文学家目睹了这颗恒星的亮度下降了 3%，然后又变亮了。

但这是什么物体呢？一些人认为这可能是一个戴森球。这个概念最早由奥拉夫·斯塔普尔顿在 1937 年提出的，后来物理学家弗里曼·戴森对它进行了分析。戴森球是围绕着恒星的一个巨大球体，其目的是从大量的星光中获取能量。它也可以是一个围绕着一颗恒星的巨大球体，并周期性地从恒星的前方穿过，这导致恒星星光暗淡。也许这是为了给先进的 II 型文明机器提供动力而创造出来的。这最后一种假设激发了业余爱好者和记者的想象力。于是他们问，什么是 II 型文明？

文明的卡尔达肖夫指数

这种对先进文明的分类最早由俄罗斯天文学家尼古拉·卡尔达肖夫于 1964 年提出。他不满足于在不知道可能寻找到什么的情况下就去寻找外星文明。科学家喜欢对未知的事物进行量化，因此，他引入一种根据能源消耗对文明进行分类的方法。不同的文明可能有不同的文化、政治和历史，但所有这些都需要能量。他的分类如下：

I 型文明利用投向行星的所有阳光。

II 型文明利用其恒星产生的所有能量。

III 型文明利用整个星系的能量。

通过这种方式，卡尔达肖夫给出了一种简单的方法，可以根据能量的使用对星系内可能的文明进行计算和分类。

反过来，每种文明消耗的能量都可以被计算出来。我们很容易计算出地球上 1 平方英尺的土地能接收多少阳光。接着乘以被太阳照亮的地球表面积，就能马上计算出一个典型 I 型文明的大致能量。（我们发现，I 型文明能利用 7×10^{17} 瓦的能量，这大约是地球上今天能量输出的 10 万倍。）

我们知道太阳的能量有多少比例投向地球，因此，将其乘以整个太阳的表面积，可以得到它的总能量输出（大概是 4×10^{26} 瓦）。这就告诉我们，II 型文明大约可以利用多少能量。

我们也知道银河系中有多少颗恒星，所以我们可以将太阳能量乘以这个数字，从而得到整个星系的能量输出。这让我们知道我们星系中 III 型文明的能量消耗，这个数字大约是 4×10^{37} 瓦。

结果很有趣。卡尔达肖夫发现，每种类型的文明都比前一类型文明的能量消耗要大很多，其比例约为 100 亿到 1 000 亿。

我们可以计算出自己什么时候会上升到这些类型的文明。根据地球上的总能量消耗，我们发现目前我们是 0.7 型文明。

假设每年的能源消耗增加 2%~3%，这大致相当于当前全球 GDP（国内生产总值）平均增长率或年增长率，我们目前离成为 I 型文明还有一两个世纪的时间。根据这个计算，上升到 II 型文明的水平可能需要几千年的时间。我们上升为 III 型文明的时间，就更难计算了，因为它涉及在星际旅行方面难以预测的发展。据估计，在 10 万甚至 100 万年内，我们都不会成为 III 型文明。

从 0 型文明转变为 I 型文明

在所有的转变中，最困难的可能是从 0 型文明到 I 型文明的转变。这也是我们目前正在经历的，其原因在于 0 型文明在技术上和社会上都是最不文明的。直到最近，它才从宗派主义、独裁和宗教冲突的沼泽中崛起。人类文明残酷的历史充满了审判、迫害、大屠杀和战争。我们的历史书中记载了许多关于大屠杀和种族灭绝的可怕故事，其中很大一部分是由迷信、无知、歇斯底里和仇恨带来的。

但我们正在经历新的I型文明的诞生阵痛。它以科学和繁荣为基础。我们看到，引发这一重要转变的种子正在萌芽，一种行星语言正在诞生。互联网本身就是I型文明的一种通信系统。因此，互联网是I型文明发展的第一种技术。

我们也在见证一种行星文化的出现。在体育运动中，我们看到了足球和奥运会的兴起。在音乐方面，我们看到了全球明星的崛起。在时尚界，我们在所有的高端购物中心都看到了同样的高端商店和品牌。

一些人担心这一过程会威胁到当地的文化和习俗。但如今，在大多数第三世界国家，那里的精英都能说两种语言。他们能流利地说当地语言，还能讲一门全球性的欧洲语言或中国普通话。在未来，人们可能拥有两种文化，既能熟练地掌握当地文化的习俗，也对新兴的行星文化感到轻松自在。因此，即使出现了新的行星文化，地球的丰富性和多样性也会继续存在。

在对太空中的文明进行分类之后，我们就可以用它来计算星系中先进文明的数量了。举个例子，如果我们把德雷克方程应用到I型文明中，就能估算星系中有多少这种文明，我们就会发现它们应该是很常见的。然而，我们没有看到显著的证据。为什么？有几种可能性。埃隆·马斯克曾推测，太空中的先进技术也可能发展出自我毁灭的力量。I 型文明面临的最大威胁可能正是自己造成的。

对我们来说，在从 0 型到 I 型文明的转变过程中，我们面临着若干调整：全球变暖、生物恐怖主义以及核扩散。

第一个也是最直接的威胁是核扩散。核弹正在世界上一些局势最不稳定的地区蔓延，比如中东、印度次大陆和朝鲜半岛。即使是综合实力弱小的国家也有可能在某个时候掌握发展核武器的能力。在过去，只有一些大国也只能将铀矿石提炼成武器级材料。巨大的气体扩散厂和超级离心机工厂是必需的。这些提纯设施太大了，所以很容易被卫星发现，这是小国无法做到的。

但是，核武器的设计图被窃取，并被卖给不稳定的政权。超级离心机和将铀提纯成武器级材料的成本已经下降。其结果是，即使徘徊在崩溃边缘的国家，如今也能积聚起一个小型但致命的核武器库。

现在的危险是，印度和巴基斯坦等国家之间的区域战争可能会牵扯进核大国，从而升级为一场大规模战争。由于美国和俄罗斯各自拥有大约 7 000 枚核武器，这一威胁意义重大。甚至有人担心，非国家行动者或恐怖组织可能会获得一枚核弹。

五角大楼委托全球商业网络智库撰写了一份报告，报告分析了如果全球变暖破坏了孟加拉国等许多相对较为贫困的国家的经济，那么可能会发生什么。它的结论是，在最坏的情况下，各国可能会使用核武器来保护自己的边境，以免自己的国家被数以百万计的绝望又饥饿的难民淹没。即使最终没有引发核战争，全球变暖也是人类面临的生存威胁。

全球变暖和生物恐怖主义

自最后一个冰河时期在1万年前结束以来，地球一直在逐渐变暖。然而，在过去的半个世纪里，地球以惊人的速度在加速升温。我们能在许多方面找到证据：

- 地球上每一个主要的冰川都在消融
- 过去50年里，北极冰层厚度已经平均变薄了50%
- 被世界第二大冰盖覆盖的格陵兰岛，其大部分地区的冰正在融化
- 南极洲拉森冰架C大小与特拉华州相仿，2017年它断裂了，目前冰原和冰架的稳定性很成问题
- 过去几年是人类有史以来气温最热的几年
- 在过去的一个世纪，地球平均温度已经增加了大约1.3摄氏度
- 夏季的长度平均比过去长了大约一星期
- 我们看到越来越多的“百年一遇”的事件，如森林火灾、洪水、干旱和飓风

如果全球变暖趋势在未来几十年里没有减弱，那么存在的一种危险是它可能会破坏世界各国的稳定。它会造成大规模的饥荒，引发沿海地区的大规模移民，从而威胁世界经济，阻止我们向I型文明过渡。

生物武器是另一种威胁，它可能会导致全球98%的人口死亡。

纵观世界历史，最大的杀手不是战争，而是瘟疫和传染病。不幸的是，可能有些国家已经秘密储存了一些致命的疾病病毒，比如天花。利用生物技术，这些疾病将成为武器并形成威胁。还有一种危险，有人可以通过生物工程，利用现有疾病，如埃博拉病毒、艾滋病病毒、禽流感病毒等，制造出末日武器。这种武器会使这些疾病更加致命，或者使其传播变得更快更容易。

如果未来我们冒险去其他星球，也许会发现已经消逝的文明的灰烬：那些行星的大气具有高放射性；失控的温室效应使那里变得过热；或者是因为它们使用了先进的生物技术武器，行星上的城市都空荡荡的。因此，从0型到I型文明的转变并不一定会发生，事实上它只是代表了一个新兴文明所面临的最大挑战。

I型文明的能源

一个关键的问题是，I型文明能否过渡到使用化石燃料之外的能源。

一种可能性是利用铀的核能。但是，用于常规核反应堆的铀燃料会产生大量的核废料，它们在数百万年的时间里都具有放射性。即使在已经进入核时代50年的今天，我们仍然没有安全储存高辐射核废料的方法。这种废料也很热，会造成熔毁，就像我们在切尔诺贝利和福岛核电站灾难中看到的那样。

在第8章我们已经看到，核聚变是对铀裂变能量的一种替代，但它还无法大规模地进行商业化利用。但比我们先进一个世纪的I型文明可能已经完善了这种技术，并将它作为一种不可或缺且几乎无限的能量来源。

核聚变的一个优点是它的燃料为可以从海水中提取的氢。核聚变发电厂也不会像我们在切尔诺贝利和福岛核电站看到的那样，发生灾难性的熔毁。如果核聚变发电厂发生故障（如超高温气体接触反应器内壁），那么聚变过程会自动停止。（这是因为聚变过程达到了劳逊判据：为了在一段时间内燃烧氢，必须保持适当的密度和温度。但如果聚变过程失去控制，它将不再满足劳逊判据，反应会自动停止。）

此外，聚变反应堆只产生少量的核废料。因为在氢聚变的过程中会产生中子，这些中子可以照射反应堆的钢，使其具有轻微的放射性。但是，以这种方式产生的核废料只是铀反应堆产生的核废料的一小部分。

除了核聚变能源之外，还有其他可能的可再生能源。对 I 型文明来说，一个有吸引力的可能是利用天基太阳能。由于有 60% 的太阳能在穿过大气层的过程中被损耗掉，所以卫星可以比地球表面的收集器吸收更多的太阳能。

天基太阳能系统可能包括许多环绕着地球的巨大的镜子，利用这些镜子收集太阳光。它们将与地球同步运动（它们绕地球旋转的速度与地球自转的速度相同，所以看起来在天空中的位置是固定的）。这些能量可以通过微波辐射的形式传送到地球上的接收站，然后通过传统的电网进行分配。

太空太阳能有很多优点。它是干净的，且不产生废弃物。它可以一天 24 小时发电。（这些卫星几乎从不运动到地球的阴影中，因为它们的轨道与地球的轨道有一定的距离。）太阳能电池板没有移动部件，这就大大减少了故障和维修费用。最重要的是，太空太阳能可以无限地利用来自太阳的免费清洁能源。

研究太空太阳能问题的每一个科学小组都得出结论，认为利用现成的技术可以实现这个目标。但就像所有涉及太空旅行的努力一样，其主要问题是成本。简单的估计表明，它比在你的后院安装太阳能电池板要贵很多倍。

太空太阳能已经超出了我们这样的 0 型文明的能力，但它可能成为 I 型文明的一个自然能量来源，其原因有以下几个：

（1）太空旅行的成本正在下降，特别是由于私人火箭公司和可重复使用火箭的出现和发展。

（2）太空电梯在 21 世纪末可能实现。

（3）太空太阳能电池板可以由轻质纳米材料制成，使重量和成本降低。

（4）可以用机器人在太空组装太阳能卫星而无须宇航员去组装。

这种方式通常被认为是安全的，虽然微波可能是有害的，但计算表明，由于大部分能量都被限制在光束中，逃逸在光束之外的能量应该低于可接受的环境保护标准。

向 II 型文明转变

最终，I 型文明可能耗尽其行星上的能量，并寻求利用太阳本身所产生的巨大能量。

II 型文明应该很容易找到，因为它们很可能是永不灭亡的。科学已知的一切都不能摧毁 II 型文明的文化。利用火箭技术可以避免流星或小行星碰撞，可以通过使用氢或太阳能技术（燃料电池、核聚变装置、太空太阳能卫星等）来避免温室效应。如果存在任何行星的威胁，它们甚至可以派出大型太空舰队。如果有必要，它们甚至可以移动它们的星球。由于有足够的能量使小行星偏转，它们可以驱赶其行星周围的小行星，使其轨迹发生微小的变化。如果它们的恒星到达了生命周期的晚期并开始扩张，那么它们可以通过连续使用"引力弹弓"，使行星的轨道移动到离太阳更远的地方。

为了给它们的文明提供能量，它们可能会像我们之前提到的那样，建立一个戴森球，从太阳本身获取大部分能量。（要建造如此巨大的巨型建筑，有一个问题是在岩质行星上可能没有足够的材料可使用。由于太阳直径是地球的 109 倍，所以需要大量的材料来建造这些结构。也许解决这个问题的方法是使用纳米技术，因为如果这些巨型结构是由纳米材料制成的，它们可能只是一些分子的叠加，这将大大减少所需的建筑材料的数量。）

建造如此巨大的结构需要无数次的太空任务，但是建造它们的关键可能是利用太空机器人和自组织材料。例如，如果可以在月球上建造一个纳米工厂，让它为戴森球制造电池板，那么我们就可以在外太空组装这些机器人。因为这些机器人是可以自我复制的，所以可以制造无数多的机器人来建造这个结构。

但是，即使一个 II 型文明几乎是不朽的，它也面临着一个长期的威胁：热力学第二定律。所有的机器都会产生红外热辐射，这就使得行星上的生命存在变得不可能。第二定律认为，在一个封闭的系统中，熵（无序性、混沌或浪费）总是增加的。在这种情况下，每台机器、每台设备、每个仪器都会以热能的形式产生废物。我们可以假设，解决方案是建造巨大的冰箱来冷却行星。这些冰箱实际上降低了行星内部的温度，但是如果我们把所有的东西都加起来，包括冰箱所使用的马达产生的热量，那么整个系统的平均热量仍然会增加。

（例如，在非常炎热的日子里，我们会用扇子给面部降温。我们认为这一举动能让我们凉快下来，但实际上给自己扇风只是让我们暂时凉爽一些，我们的肌肉、骨骼等运动反而产生了更多的净热量。所以，给我们自己扇风只是让我们得到心理上的安慰，但我们的全身温度和周围空气的温度实际上是上升了。）

冷却 II 型文明

为了在第二定律下生存，II 型文明可能需要分散它的机械或过多的热量。正如我们之前讨论过的，一种解决方案是将大部分机器搬到外太空，这样母行星就变成一个公园。这意味着 II 型文明可能会在行星之外建造所有的产生热量的设备。虽然它消耗了恒星的能量输出，但产生的废热是在外太空，因此，会无害地消散。

最终，戴森球本身开始升温。这意味着，戴森球体必然会发射红外辐射。（即使我们假设这种文明创造出了试图隐藏这种红外辐射的机器，最终这些机器本身也会变热，并在红外波段发出辐射。）

科学家已经扫描了天空，寻找来自II型文明的红外辐射迹象，但他们一无所获。芝加哥郊外费米实验室的科学家扫描了25万颗恒星，寻找II型文明的迹象，但只发现了4颗“有趣但仍可疑”的恒星，所以他们的结果是不确定的。2018年晚些时候投入使用的詹姆斯·韦伯太空望远镜有可能专门在红外波段上进行观测。它可能具有在我们周围发现所有II型文明热迹象的灵敏度。

所以这是一个谜。如果II型文明几乎是不朽的，它们必然会发射大量的红外辐射，那么我们为什么还没有探测到它们呢？这一结果告诉我们，也许仅仅寻找红外辐射还不够。

亚利桑那大学的天文学家克里斯·英庇，在评论寻找II型文明时写道：“前提是任何高度发达的文明都会留下比我们更大的痕迹。II型或以后的文明可能会使用我们正在探索或几乎无法想象的技术。它们可能会精心安排恒星灾难，或者使用反物质推进力；也可能会操纵时空来创造虫洞或婴儿宇宙，并通过引力波进行交流。”

或者就像大卫·格林斯本所写的那样：“逻辑告诉我，在天空中寻找高级外星人那上帝般的迹象是合理的。然而，这个想法又似乎很荒谬。它既合乎逻辑又荒谬。想象一下吧。”

摆脱这种困境的一种可能的方法是认识到有两种方式可以对一个文明进行排名：一种是通过能源消耗，另一种是通过信息消耗。

由于消耗了大量的信息，现代社会在小型化和提高能源效率方面获得了发展。事实上，卡尔·萨根提出了一种根据信息对文明进行排名的方法。

在这种图景下，A 型文明消耗了 100 万比特的信息。B 型文明的信息消耗 10 倍于此，即 1 000 万比特的信息，以此类推，直到 Z 型文明，它可以消耗惊人的 10^{31} 比特的信息。照此计算，我们是 H 型文明。这里的重点是，在消费相同数量的能源的情况下，某种文明在信息消耗规模方面更先进。因此，它们可能不会产生大量的红外辐射。

在参观科学博物馆时，我们可以找到例子。我们惊讶于工业革命时期机器的大小，比如巨大的机车和蒸汽船。但我们也注意到它们的效率很低，产生了大量的废热。类似地，如今普通的手机可以超越 20 世纪 50 年代的巨型计算机组。现代技术变得更加复杂、更智能化，能源消耗却变得更少。

因此，一种 II 型文明可以消耗大量的能量，但不会因为在戴森球、小行星和附近的行星上布置它们的机器、不会因创造出超级高效的微型计算机系统而产生大量的热。它们的技术可能也会变得超级高效，在消耗大量信息的同时产生相对较少的废热，而不是产生大量的热量。

人类会分崩离析吗?

然而，对于每种文明在太空旅行方面能取得多大的进步是存在限制的。例如，正如我们看到的，I 型文明就受到了其行星能量的限制。在最好的情况下，这种文明将掌握改造火星这类行星的技术，并开始探索最近的恒星。机器人探测器将开始探索附近的行星系统，也许第一批宇航员将被送往最近的恒星，比如比邻星。但其技术和经济还不够先进，无法开始对周围行星系统展开系统性移民。

II 型文明是一种先进若干世纪及至几千年的文明。对于它来说，对银河系的一隅进行移民具有事实上的可能性。但即使是 II 型文明，最终它们也会受到光障的限制。如果无法达到比光速还快的推进速度，那么它们可能要花上几个世纪的时间才能在银河系中的某一部分移民。

但是，如果从一个行星系统到另一个行星系统需要几个世纪的时间，那么最终它与地球的联系将变得极其松散。这些行星最终将失去与其他世界的联系，适应截然不同环境的人类新分支可能会出现。移民者也可能通过改变自己的基因和机器人化的方式来适应陌生的环境。最终，他们可能感受不到与地球的任何联系。

这似乎与阿西莫夫在他的基地系列小说中描述的景象相矛盾。他描述的银河帝国在 5 万年后出现，并已经占领了银河系的大部分地区。我们能调和这两种截然不同的未来愿景吗？

人类文明的最终命运是分裂成更小的群体，彼此只有最浅层的了解吗？这为我们提出了一个终极问题：我们会在这个过程中收获星星，却失去人类特征吗？如果人类有那么多不同的分支，那么作为人类又意味着什么呢？

这种差异在自然中似乎是普遍存在的，它是贯穿所有进化物种的共同主线，不仅仅是人类。达尔文在他的笔记本上画出一个预言性的图表，他是第一个看到这种现象如何在动物和植物王国发生的人。在图上，他画了一棵主干的分支，不同的分支进化成更小的分支。在一个简单的图表中，他画出了生命的世系谱，向我们揭示自然界所有的多样性都是从单一物种进化而来的。

也许这张图不仅适用于地球上的生命，也适用于几千年后的人类本身。那时的我们将成为一种能在附近星星上移民的 II 型文明。

星系大迁徙

为了对这个问题有一些具体的了解，我们必须重新分析我们自己的进化历程。回望人类历史的长河，我们可以看到，在大约 7.5 万年前，发生了一场大迁徙。一小群人从非洲穿越中东，并在途中建立了定居点。也许是受到生态灾难的影响，如多巴火山爆发和冰川期，其中一个主要分支穿过中东，前往中亚。然后，这种迁移在大约 4 万年前进一步分裂成几个较小的分支。一个分支继续向东，最终在亚洲定居，形成了现代亚洲人的核心。另一个分支在兜了个圈子后进入北欧，最终变成高加索人。然而，还有一个分支向东南方向发展，最终穿过印度，进入东南亚以及澳大利亚。

今天，我们看到了这次大迁徙的结果。

我们看到各种颜色、身高、体形和文化的人，他们对自己的真实的祖先没有记忆。人们甚至可以粗略地计算出人种之间的差异。如果我们假设每一代人相隔 20 年的时间，那么最多有 3 500 代人就能把地球上任何两个人群完全分隔开来。

但是在几万年后的今天，随着现代科技的发展，我们能够重建过去的所有迁徙路线，并建立过去 7.5 万年中人类迁徙的祖先族谱。

我在主持英国 BBC 电视台科学特别节目时，对时间的本质进行了生动的展示。BBC 拿走了我的一些 DNA 并对其进行了测序。我的四个基因被仔细地与世界上成千上万人的基因进行了比较，以期寻找一种匹配的基因。然后，与我这四个基因匹配的人的位置就被标在了地图上。结果相当有趣，这些基因匹配的人集中分布在日本和中国，然后有一些点组成的细线逐渐深入戈壁沙漠附近，穿过中国西藏，逐渐消失。所以，通过 DNA 分析，有可能追溯我的祖先在 2 万年前走过的路线。

我们会变得有多不同?

人类在几千年之后会分化到什么程度？人类在经历了数万年的基因分离后还能被辨认出来吗？

实际上，可以通过把 DNA 比作时钟来回答这个问题。生物学家已经注意到，DNA 在不同年代的变异速度大致相同。例如，与我们最接近的进化邻居是黑猩猩。对黑猩猩的分析表明，我们之间大约有 4% 的 DNA 不同。对黑猩猩和人类化石的研究表明，我们在大约 600 万年前与它们分开进化。

这意味着，我们的 DNA 在 150 万年的时间里以 1% 的速度发生着变异。这只是一个近似的数字，但不妨碍我们看看它是否能让我们了解自己 DNA 的古老历史。

假设，目前这种变化率（每 150 万年变化 1%）大致是恒定的。

现在让我们来分析一下我们最亲近的人类亲属尼安德特人。对尼安德特人的 DNA 和化石分析表明，他们的 DNA 与我们的 DNA 大约有 0.5% 的不同，我们与他们大约在 50 万到 100 万年前分离。所以这和 DNA 时钟是基本一致的。

现在，如果分析人类，我们会发现任意随机被选出的两个人，其 DNA 只有 0.1% 的差异。我们人类的 DNA 时钟显示，不同的人类分支大约在 15 万年前开始分化，这与人类的实际起源基本一致。

所以根据 DNA 时钟，我们可以粗略地计算出我们是什么时候与黑猩猩、尼安德特人，以及其他人类种族分开进化的。

关键是，如果我们分散在整个银河系，而且不对 DNA 进行彻底的改变，利用这个时钟就可以估计人类在未来会发生多大的变化。假设那时候我们仍然是一种 II 型文明，拥有亚光速火箭只有不到 10 万年的时间。

即使不同的人类定居点失去了与人类其他分支的联系，也意味着人类的 DNA 可能只会产生大约 0.1% 的差异，这是今天在人类身上看到的基因的差异。

因此可以得出结论，当人类以亚光速在整个银河系扩散，不同的分支之间失去了所有联系时，我们仍然基本上是人类。即使在 10 万年后，当我们有理由期望实现光速旅行时，不同定居点的人类之间的区别，也不会比现在地球上任何两个人的区别更大。

这种现象也适用于我们所说的语言。当考古学家和语言学家试图追溯语言的起源时，他们注意到一种令人吃惊的模式。他们发现，由于迁移，语言不断地演变成其他较小的方言，随着时间的推移，这些新的方言逐渐演变成成熟的语言。

如果把所有已知语言以及它们是如何演变成其他语言的过程画成一颗巨树，并将其与描述古代迁徙路线的祖先树进行比较，就会发现一种完全相同的模式。

例如，自公元874年开始，冰岛很大程度上与欧洲隔绝，挪威开始有了第一个定居点。冰岛可以作为一个测试语言和基因理论的实验室。冰岛语和9世纪的挪威语密切相关，其中还混杂着一小部分苏格兰语和爱尔兰语。（这可能是维京人从苏格兰和爱尔兰带走了奴隶的原因。）然后，就可以创造出一个DNA时钟和一个语言时钟，来大致计算出1 000年来，这里的DNA和语言有了多少变化。即使在千年之后，人们也可以很容易地在他们的语言中找到古老迁徙模式留下的证据。

但是，即使我们的DNA和语言在几千年的分离之后仍然相似，我们的文化和信仰又会如何呢？我们是否能够理解并识别这些不同的文化？

共同的核心价值

在研究大迁徙以及它所创造的文明时，我们不仅看到人类在肤色、体形、头发等方面的身体差异，也看到了某些贯穿所有文化的核心特征，即使它们在数千年前就已经失去了联系。

今天，我能从电影中找到这样的证据。不同种族和文化的人可能在7.5万年前与我们分离，但他们仍然在电影中的同一时刻欢笑、哭泣和激动。外国电影的译者们注意到了电影中笑话和幽默的共性，尽管这些语言本身在很久以前就已经分别演化了。

这样的证据也适用于我们的审美观。当我们参观艺术博物馆里的古代文明展时，总会看到一些共同的主题。不管文化如何，我们都能找到描绘风景的艺术作品，描绘富人和权贵的肖像，以及神话和神灵的形象。虽然美丽的感觉很难被科学量化，但大家对美丽的认知往往是共通的，即使是在完全不同的文化中。例如，无论我们研究哪种文化，都能看到类似的花朵和花朵图案。

另一个跨越空间和时间的主题是我们共同的社会价值观。它的一个核心焦点是为了他人的福利，这意味着善良、慷慨、友谊和体贴。各种各样的黄金法则存在于许多文明中。世界上许多宗教都在最基本的层面上强调了同样的理念，比如慈善，以及同情穷人和不幸的人。

另一个所有文化的核心特征不是内在的，而是针对外在事物的。这包括好奇心、创新、创造力，以及探索和发现的欲望。世界上所有的文化都有关于伟大探险家和探路者的神话和传说。

因此，穴居人的原则认识到，我们的核心人格在20万年里并没有发生太大的变化，所以即使我们分散在恒星之间，也很可能会保留我们的价值观和人格特征。

此外，心理学家还指出，对于哪些东西更富吸引力，我们的大脑可能有一幅图像。如果随机地对数百个不同的人拍照，然后用电脑将这些图片叠加在一起，我们会看到一个合成的平均图像。令人惊讶的是，这张图片被许多人认为是有吸引力的。如果这是真的，这意味着在我们的大脑中有一个代表平均水平的图像，它决定着哪些东西对我们更有吸引力。我们认为漂亮的人脸实际上是一种常态，而不是例外。

但是，当我们最终达到 III 型文明的状态，并且能以超光速旅行时，会发生什么呢？我们会把我们这个世界的价值观和美学观念传播到整个银河系吗？

向 III 型文明转变

最终，II 型文明可能不仅会耗尽它的母恒星的能量，还会耗尽其附近所有恒星的能量，并逐渐开始成为 III 型文明，即星系文明。III 型文明不仅能从数十亿颗恒星中获取能量，还能利用黑洞的能量，比如位于银河系中心超大质量的黑洞，它的重量相当于 200 万个太阳。当一艘星际飞船朝着我们星系核的方向运动时，我们会发现大量密集的恒星和尘埃云，这将成为 III 型文明的理想能量来源。为了在星系中进行交流，这样一个先进的文明可能会使用引力波。爱因斯坦在 1916 年首次预言了引力波，但直到 2016 年它才被物理学家发现。与激光束不同的是，当引力波传播时，激光束可能被吸收、散射和扩散，而引力波能够在恒星和星际传播，这个优势使其在长距离通信方面可能更可靠。

目前还不清楚，超光速旅行是否可行，因此我们目前需要考虑如果它是不可能的会怎样。

如果只有亚光速飞船是可能的，那么 III 型文明可能会决定发送可自我复制的探测器，以亚光速飞行到恒星，以此来探索银河系后院里的数十亿个世界。他们的想法是把这些机器人放在一个遥远的卫星上。卫星是一个理想的选择，因为它们的环境更稳定，不受侵蚀，而且由于它们的引力较弱，飞船很容易在其表面着陆和离开。利用太阳能收集器来提供能量，卫星探测器可以扫描行星系统，并不断传回有用的信息。

一旦亚光速飞船着陆，探测器就会用月球材料创建一个工厂，以制造出上千份自己的复制品。每一个复制品都会继续克隆，并飞向其他遥远的卫星进行移民。所以，只需要一个机器人，我们就能获得 1 000 个机器人。如果每一个机器人都能制造 1 000 个机器人，那么我们就有了 100 万个机器人，而后是 10 亿个，1 万亿个。在短短几代人的时间里，我们就可以拥有一个膨胀的球体，里面包含了千万亿个这类设备。科学家称之为冯·诺伊曼机器。

事实上，这是电影《2001 太空漫游》中的情节。即使在今天，这可能也是有关地球与外星智慧最现实的相遇描述。在这部电影里，外星人把一个冯·诺伊曼机器——黑石放在月球上，它向木星上的一个中转站发送信号，以监测甚至影响人类的进化。

因此，我们首先遇到的可能不是一个小眼睛的怪物，而是一个小小的可自我复制的探测器。它可能是由纳米技术小型化的机器，而它可能小到你都不会注意到。可以想象，在你的院子或月亮上，有证据表明外星人曾经造访过，但很难发现这些证据。

事实上，保罗·戴维斯教授已经提出了一个建议。他写了一篇文章，主张回到月球，以寻找异常的能量信号或无线电信号。如果一个冯·诺伊曼机器在数百万年前登陆月球，它很可能会使用阳光作为能量，因此它可以持续地发出无线电辐射。另外，由于月球表面没有侵蚀现象，很有可能它将处于近乎完美的工作状态，而且可能还在运行中。

人们对重返月球和火星重新产生了兴趣，这为科学家提供了一个绝佳的机会，他们想要了解是否有证据证明过去曾有外星生命造访那里。

（一些人，比如埃里希·冯·丹尼肯，声称外星飞船已经在几个世纪前登陆，古代文明的艺术作品描绘了这些外星宇航员。他们声称，在古代绘画和纪念碑中经常看到的精致头饰和服装实际上描绘了古代宇航员穿戴的头盔、油箱、压力服等等。虽然不能无视这个想法，但要证明这一点是非常困难的。仅仅以古代绘画作为证据还不够。我们需要用正面的、确凿的证据来证明外星人曾经来过。例如，如果存在外星太空港，就必须有电线、芯片、工具、电子、垃圾和机器等形式的残骸和废物。其实，一个外星芯片就可以解决整个争论。所以，如果你的一个熟人声称自己被外星人绑架了，那么告诉他或她下次被绑架时从飞船上偷点东西带回来。）

因此，即使无法突破光速，III 型文明也可能在几十万年内，在整个银河系中散布上万亿个探测器，而且所有这些探测器都能发回有用的信息。

冯·诺伊曼机器可能是 III 型文明获取星系状态信息的最有效方法。但是还有另一种方法可以更直接地探索星系，那就是利用我称为“激光传送”的方法。

在恒星间激光传送

科幻小说作家的梦想之一是能够以纯能源的方式探索宇宙。也许有一天，在遥远的未来，我们能够摆脱物质的存在，骑着一束光在宇宙中漫游。我们将能够以最快的速度奔向遥远的恒星。没有了物质的限制，我们就可以和彗星一起飞行，掠过火山喷发的表面，飞过土星的光环，去位于星系另一边的某个目的地。

这种飞行并非幻想，而是有着坚实的科学基础。在第 10 章中，我们分析了人类连接组项目，这项雄心勃勃的计划旨在绘制整个大脑地图。也许在 21 世纪末或 22 世纪初，我们将拥有完整的大脑地图，原则上它将包含我们所有的记忆、知觉、情感，甚至我们的个性。然后，连接体可能被放置在激光束上送入外太空。创造你的思想的数字拷贝所需要的所有信息，都可以穿越太空。

在一秒钟内，你的连接体可以被发送到月球，几分钟内就能到达火星，几小时内，它就能到达气体巨行星。在 4 年内，你可以参观比邻星。在 10 万年内，你甚至可以到达银河系的尽头。

一旦它到达一个遥远的星球，激光束的信息就会被下载到一台大型计算机上，然后你的连接体可以控制一个机器人化身。机器人的身体非常坚固，即使在大气层有毒、气候寒冷或者炽热、引力过强或过弱的情况下，也能存活。所以尽管你所有的神经模式都包含在电脑里，你还是会有来自化身的所有感觉。无论从什么角度看，你都是住在机器人里面的。

这种方法的优势在于，不需要复杂、昂贵的助推火箭或空间站。

你永远不会面对失重、小行星碰撞、辐射、事故以及无聊等问题，因为你单纯是作为信息被传送的。以光速飞行，你已经用最快的方式到达了可能的恒星。从你的角度看，这次旅行是即时的。你所记得的就是进入实验室，然后立即到达目的地。（这是因为随着光束飞行时，时间停止了。当你以光速前进时，你的意识就会被冻结，所以你可以在没有任何时间延迟的情况下自由穿越宇宙。这与假死有很大的不同，因为正如我所提到的，以光速旅行时，时间有效地停止了。虽然你在穿越途中看不到风景，但你可以在任何一个中转站停下来，并观察周围的环境。）

我称其为激光传送，它可能是到达恒星最方便快捷的方式。一个世纪后的I型文明也许能够进行第一次激光传送实验。但是对于II型和III型文明来说，激光传送可能是穿越整个星系时的首选运输方式，因为它们很可能已经在遥远的行星上用可自我复制的机器人完成了移民。也许III型文明会有一条巨大的激光传送超级高速公路，连接着银河系中的恒星。在任何时候，公路上都有数万亿个灵魂正处在运输过程中。

尽管这个想法似乎提供了探索星系最方便的方法，但要真正创建激光端口还需要解决几个实际问题。

把你的连接体放在激光束上不是问题，因为原则上激光可以传输无限的信息。主要的问题是要在接收连接体的过程中创建一个中继台网络，它能将连接体信号放大，并将其发送到下一个站点。正如我们提到的，奥尔特云从一颗恒星向外延伸数光年，所以不同恒星的奥尔特云可以互相重叠。因此，奥尔特云中的固定彗星可能是建设这些中转站的理想地点。（在奥尔特云的彗星上创建中继台比把它们放在遥远的卫星上更可行，因为卫星绕着行星运行，还经常被行星遮挡，而这些彗星是静止的。）

正如我们看到的，建设这些中转站的速度不能超过光速。解决这个问题的一种方法是使用激光帆系统，它以接近光速的速度运行。一旦这些激光帆在奥尔特云的彗星上着陆，它们就可以利用纳米技术制造自己的复制品，并使用在彗星上发现的原材料组装一个中转站。

尽管最初的中转站建造必须以亚光速进行，但在那之后，我们的连接体可以自由地以光速飞行。

激光传输不仅可以用于科学目的，也可以用于娱乐。我们可以在群星中度个假。我们首先筹划想要访问的一系列行星、卫星或彗星，无论那儿的环境有多么不利或危险。我们可能会列出自己想要栖居的化身类型。（这些化身并不存在于虚拟世界中，而是被赋予了超人力量的真实机器人。）所以在每一颗行星上，都有一个化身在等待着我们，它们拥有我们所渴望的所有特质和超能力。当到达那个行星的时候，我们便占用了那个化身的身份，穿越整个行星，欣赏所有令人难以置信的景象。之后，我们将返还机器人供下一个客户使用，并依靠激光把我们传送到下一个目的地。在一个假期里，我们也许能够探索若干卫星、彗星和系外行星。我们永远不必担心事故或疾病，因为在银河系中漫游的只是我们的连接体而已。

因此，当我们在夜晚仰望天空，并思考着是否有人居住在那里时，尽管夜空可能看起来寒冷、寂静，而且空荡荡的，但也许其中充满了数以万亿计正在以光速穿越天空的旅行者。

虫洞和普朗克能量

然而，这也带来了第二种可能，即超光速旅行对于 III 型文明来说是可能实现的。一种新物理学定律出现在这幅图景中，那就是在普朗克能量的领域的这个尺度上，会发生违反通常引力定律的奇怪现象。

要理解普朗克能量为什么如此重要，我们必须认识到，目前从大爆炸到亚原子粒子运动的所有已知物理现象都可以用这两种理论来解释：爱因斯坦的广义相对论和量子理论。它们共同代表了所有物质和能量的基本物理法则。其中，广义相对论是一个大尺度理论，它解释了大爆炸、黑洞的性质以及宇宙膨胀的演化。量子理论是非常小尺度的理论，它描述了原子和亚原子粒子的性质和运动，这些粒子使我们的客厅里所有的电子奇迹成为可能。

问题是这两种理论不能统一为一种综合的理论。它们完全不同，基于不同的假设，运用了不同的数学和物理图像。

如果统一场理论是可能的，那么它所产生的能量就是普朗克能量。这就是爱因斯坦的引力理论完全失效的临界点，它也是大爆炸的能量和黑洞中心的能量。

普朗克能量是 10^{19} 亿电子伏特。这是地球上最强大的粒子加速器——欧洲核子研究中心（CERN）的大型强子对撞机（LHC）产生能量的 1 000 万亿倍。

起初，似乎探测普朗克能量是毫无希望的，因为它非常巨大。但是 III 型文明的能量超过 I 型文明 10^{20} 倍，它有足够的力量来做到这一点。因此，III 型文明或许可以利用时空的结构，并随心所欲地弯曲它。

他们可以通过创造一个比大型强子对撞机更大的粒子加速器，来达到这个不可思议的能量等级。大型强子对撞机是一个周长 17 英里的圆环形管道，它的周围环绕着巨大的磁场。

当质子流被注入这个对撞机时，磁场将使它们沿圆形的路径运动。然后，能量脉冲会周期性地施加到环形轨道上，使质子流加速。在环形轨道内，有两束质子流沿相反的方向运动。当它们达到最大速度时，就会迎头撞上，并释放出 14 万亿电子伏特的能量。这是人类创造出的最大能量爆发。（这种碰撞非常强大，以致一些人开始担心它可能会打开一个吞噬地球的黑洞。事实上，这种担忧并没有根据。因为我们不知道自然界有能量远远比这更高的亚原子粒子一直在撞击着地球。大自然的宇宙射线攻击我们时，它的威力远远超过实验室里那些微不足道的粒子。）

比大型强子对撞机更强大

大型强子对撞机已经登上过许多头条新闻，包括发现了难以捉摸的希格斯玻色子（一种标准模型里的基本粒子）。两位物理学家彼得·希格斯和弗朗索瓦·恩格勒因此获得了诺贝尔奖。这种对撞机的主要目的之一就是完成粒子物理标准模型的最后一块拼图。这是量子理论最先进的版本，它为我们提供了一个关于低能量宇宙的完整描述。

标准模型有时被称为“几乎万物理论”，因为它准确地描述了我们所看到的低能量宇宙。但它不可能是终极理论，原因有以下几点：

（1）它没有提到引力。更糟糕的是，当我们将标准模型与爱因斯坦的引力理论结合起来时，混合后的理论竟然会崩溃，带来无意义的结果（计算变得无穷大，这意味着这个理论没有用处）。

（2）它有一组看起来很不自然的奇怪粒子。它有 36 个夸克和反夸克、一系列的杨－米尔斯胶子、轻子（电子和介子）以及希格斯玻色子。

（3）它有 19 个左右的自由参数（粒子的质量和耦合），而且必须人为加入。这些质量和耦合不是靠理论左右的，也没有人知道为什么会有这些数值。

很难相信，包含各种混杂的亚原子粒子的标准模型会是自然的终极理论。这就像用透明胶带包裹着一只鸭嘴兽、非洲食蚁兽和鲸鱼，并把它称为大自然最好的造物，是数百万年进化的最终产物。

目前处于计划阶段的下一个大型粒子加速器是国际直线对撞机（ILC）。它由一根大约 30 英里长的直管组成，电子和反电子将在里面发生碰撞。目前的计划是，将这个直线对撞机安放在日本的北上山脉，预计耗资约 200 亿美元，其中一半将由日本政府提供。

尽管这个直线对撞机的最大能量只有 1 万亿电子伏特，但在很多方面它都优于强子对撞机。当质子相互撞击时，由于质子结构复杂，要分析它们的碰撞是极其困难的。质子包含三个夸克，由被称为胶子的粒子维系在一起。然而，电子却没有我们已知的结构，只是看起来像一个点粒子。因此，一个电子与一个反电子碰撞，将是一次简单利落的相互作用。

即使在物理上取得了这些进步，我们的 0 型文明也不能直接探测普朗克能量，但是好在这属于 III 型文明的范畴。建造像直线对撞机这样的加速器可能是关键的一步，它使得我们有朝一日能检测时空的稳定性，并确定我们是否能在其中找到捷径。

小行星带上的加速器

最终，一个先进的文明可能会建造一个小行星带大小的粒子加速器。在巨大的磁铁的引导下，一个圆形的质子束将运行在小行星带周围。在地球上，粒子被送入真空的圆形大管道中，但是由于外太空的真空比地球上的任何真空都更好，所以这个加速器根本不需要管道。

它所需要的只是在小行星带周围精心布置一系列巨大的磁场站，让质子束沿着环形路径运动而已。这有点儿像接力赛跑。每当质子经过磁场站时，大量的电能就会驱动磁铁，从而使质子束加速，并以正确的角度移动到下一站。每当质子束从磁场站旁经过时，就会有更多的能量以激光的形式注入质子束，直到它逐渐到达普朗克能量。

一旦加速器获得了这种能量，它就能将能量集中在一个点上。一个虫洞将在那里打开，然后它会被注入足够的负能量，以便获得稳定性，不会崩溃。

穿越虫洞的旅程会是怎样的？没有人知道，但加州理工学院的物理学家基普·索恩在为电影《星际穿越》提供建议时，做出了一个有根据的猜测。索恩用计算机程序来模拟光束经过虫洞时的路径，这样就能对穿越虫洞的旅程获得视觉印象。不像通常的电影表现，这是迄今为止电影银幕对这种旅程最为严谨的表述。（在电影中，当接近黑洞时，你会看到一个巨大的黑色球体，这被称为事件视界。当你穿过视界后，将无法返回。黑色球体内部是黑洞本身，这是一个密度和引力大得惊人的微小点。）

除了建造巨大的粒子加速器之外，物理学家还考虑了其他一些利用虫洞的方法。一种可能是，大爆炸能量巨大，可能使138亿年前的婴儿宇宙中的微小虫洞发生膨胀。当宇宙大小开始呈指数增长时，这些虫洞可能随之扩大。这意味着，尽管目前还没有人见过虫洞，但它们可能是一种自然发生的现象。一些物理学家已经在推测如何在太空中寻找一个虫洞。（找到一个自然形成的虫洞是《星际迷航》系列的主题之一。为了实现这个目标，你要寻找以特殊的方式扭曲星光的物体，也许它就像一个球体或一个环。）

当一艘星际飞船进入虫洞时，它必须承受由量子涨落引起的强烈辐射。原则上，只有弦理论能计算这种涨落，让你知道你是否能存活。

基普·索恩和他的合作伙伴探索了另一种可能，就是在真空中找到一个小的虫洞，然后扩展它。我们对太空的最新理解是，当宇宙开始存在时就有微小的虫洞，然后它们会消失。所以如果你有足够的能量，就可以操纵一个既存的虫洞并使它膨胀。

然而，所有这些方法都会遇到一个问题。虫洞被引力粒子包围着，这种粒子被称为引力子。当你穿过虫洞时，你会遇到引力辐射的量子修正。通常，量子修正是很小的，可以被忽略。但是计算表明，当穿过虫洞时，这些修正可能达到无限大，所以辐射很可能是致命的。而且辐射水平如此之强，以致虫洞可能会关闭，或许你根本不可能通过它。今天的物理学家仍然在争论穿过虫洞会有多危险。

事实上进入虫洞后，爱因斯坦的相对论将不再有效。因为量子效应非常强烈，所以我们需要一个更高级的理论来解决这些问题。目前，唯一能做到这一点的就是弦理论，它是物理学中最奇怪的理论之一。

量子模糊现象

在普朗克能量方面，什么理论可以将广义相对论和量子理论统一呢？爱因斯坦在他生命的最后 30 年里，一直在追求一种“万物理论”，希望“读懂上帝的思想”，但他失败了。这仍然是现代物理学面临的最大问题之一。其解决方案将揭示宇宙中一些最重要的秘密。而且，利用这一解决方案，我们也许能探索时间旅行、虫洞、更高维度、平行宇宙，甚至是大爆炸之前发生的事情。此外，这个答案也能告诉我们，人类能否以超光速旅行。

要理解这一点，我们必须理解量子理论的基础，即海森堡不确定性原理。这个听起来很简单的原理表明，无论你的仪器多么灵敏，你都永远不可能同时知道任何一个亚原子粒子的速度和位置，比如一个电子的速度和位置，因为总是有一种量子模糊性存在。因此，出现了一幅令人吃惊的图景。一个电子实际上是许多不同状态的集合，每种状态都是描述电子的不同位置和速度的组合。（爱因斯坦痛恨这一原理。他相信“客观现实”是一个常识性的概念，即物体以明确的、定义清楚的状态存在，你可以确定任何粒子的确切位置和速度。）

量子理论则不然。当你照镜子时，看到的并不是真实的自己，你是由大量波组成的，因此你在镜子里看到的图像实际上是所有这些波的平均和组合。甚至还有很小的可能性，这些波会从你的房间向太空扩散。事实上，你的一些波甚至可以扩散到火星或更远的地方。（我们给博士生的一个问题是，计算出你的一些波向火星扩散的概率。这会让你在某天离开你的床，然后在火星上醒来。）

这些波被称为量子修正或量子涨落。通常，这些修正是很小的，所以常识的认识是完全正确的。因为我们是原子的集合，所以只能看到波的平均值。但是在亚原子水平上，这些量子修正可以是很大的，所以电子可以同时出现在几个地方，并以平行的状态存在。（如果你向牛顿解释晶体管中的电子是如何在平行状态下存在的，他会感到震惊。这些修正使现代电子产品成为可能。因此，如果我们能以某种方式关闭这种量子模糊，那么所有这些技术奇迹将不复存在，社会将后退 100 年，回到电气时代之前。）

幸运的是，物理学家可以计算出亚原子粒子的量子修正，并对它们做出预测，其中一些修正甚至达到不可思议的精度，达到十万亿分之一。事实上，量子理论非常精确，可能是有史以来最成功的理论。当应用于普通物质时，没有什么能比得上它的准确性。它可能是有史以来最奇怪的理论（爱因斯坦曾说过，量子理论越成功，它就会变得越奇怪），但它有一个小小的魅力：无可辩驳地正确。

所以海森堡不确定性原理迫使我们重新评估我们对现实的了解。其中的一个结果是黑洞不可能真的是黑的。量子理论认为，对纯粹的黑暗必然存在量子修正，所以黑洞实际上是灰色的。（它们发出一种名为霍金辐射的微弱辐射。）许多教科书中说，在黑洞的中心，或者在时间的起点，存在一个奇点，一个引力无限大的点。但是无限大的引力违背了不确定性原理。（换句话说，没有所谓的"奇点"，它只是我们发明的一个词，用来掩饰当我们无法解出方程时的无知。在量子理论中没有奇点，因为其模糊的特性阻止了我们掌握黑洞的精确位置。）类似地，人们常说，纯粹的真空是一种彻底的虚无状态。零的概念违背了不确定性原则，所以没有纯粹的虚无。（相反，真空是一个由虚物质和反物质粒子组成的大杂烩，它们不断地出现又消失。）在绝对零度时，所有运动都会停止，因此，压根没有绝对零度这种东西。（即使我们接近了绝对零度，原子也会继续轻微地移动，也就是所谓的零点能量。）

然而，当我们试图形成引力的量子理论时，就会出现一个问题，那就是对爱因斯坦理论的量子修正是由引力子描述的。就像光子是光的粒子一样，引力子是引力的粒子。引力子神出鬼没，以致从来没有人在实验室里看到过它们的踪影。但是物理学家确信它们存在，因为它们是所有量子理论的基础。但当我们试图用这些引力子来计算时，会发现量子修正是无限大的。量子引力的修正几乎推翻了方程。虽然一些伟大的物理学家尝试解决这个问题，但都失败了。

所以这是现代物理学的目标之一：构建一个量子修正是有限并可计算的量子理论。换句话说，爱因斯坦的引力理论允许形成虫洞，这可能有一天会让我们在银河系找到捷径。但是爱因斯坦的理论不能告诉我们这些虫洞是否稳定。为了计算这些量子修正，我们需要一个将相对论与量子理论相结合的理论。

弦理论

到目前为止，解决这个问题的主要（也是唯一）候选者是弦理论，它认为宇宙中的所有物质和能量都是由微小的"弦"组成的。弦的每一次振动都对应着不同的亚原子粒子，所以电子并不是一个点粒子。如果你有一个超级显微镜，就会发现它不是一个粒子而是一根振动的弦。电子之所以看起来像一个点粒子，是因为弦如此之小。

以不同的频率振动的弦，对应着不同的粒子，例如夸克、μ 介子、中微子、光子等。这就是物理学家发现数量多到荒谬的亚原子粒子的原因。它们有几百个之多，因为它们只是一个微小的弦的不同振动。通过这种方式，弦理论可以解释亚原子粒子的量子理论。根据弦理论，当弦移动时，它会迫使时空像爱因斯坦预测的那样发生弯曲，因此，它能将爱因斯坦的理论和量子理论完美地统一起来。

这意味着亚原子粒子就像音符一样。宇宙是弦的交响乐，物理学代表了这些音符的和声，而爱因斯坦追逐了几十年的“上帝的思想”其实是宇宙音乐在超太空的共振。

那么，弦理论是如何消除困扰了物理学家几十年的量子修正的呢？弦理论中有一种名为“超对称”的东西。对于每一个粒子，它都有一个伴侣：超粒子。例如，电子的伴侣是“selectron”。夸克的伴侣是“squark”。所以我们有两种量子修正——来自普通粒子和来自超粒子的量子修正。弦理论的美妙之处在于，来自这两组粒子的量子修正完美地互相抵消。

因此，弦理论为我们提供了一种简单而优雅的方法来消除这些无限大的量子修正。它们的消失是因为这个理论揭示了一种新的对称，而这种对称赋予了弦理论数学力量和数学之美。

对艺术家来说，美可能是他们渴望在作品中捕捉到的一种被称为优雅的东西的数量。但对于理论物理学家来说，美是对称。这在探索空间和时间的终极本质时也是绝对必要的。举个例子，如果我有一片雪花，把它旋转 60 度，雪花将保持不变。同样地，万花筒创造出的漂亮图案，是它使用镜子复制出的一个图像，这个图案可以 360 度旋转。我们说雪花和万花筒都具有径向对称性，也就是说，它们在某种径向旋转之后保持不变。

假设我有一个包含许多亚原子粒子的方程，然后我把它们打乱或重新排列。如果在交换这些粒子之后，方程仍然不变，那么我就会说这个方程是对称的。

对称的力量

对称不仅仅是美学问题，也是一种消除方程式中的不完美和异常的有效办法。如果旋转雪花，你可以通过比较旋转前后的雪花图案来快速发现任何缺陷。如果它们是不同的，那么你就发现了需要纠正的问题。

类似地，在构造一个量子方程时，我们经常发现一个理论充斥着微小的异常和分歧。但是如果这个方程具有对称性，那么这些缺陷就会被消除。同样地，超对称也能处理量子理论中经常出现的无穷和不完美的情况。

作为一个意外收获，我们发现超对称性是物理学中发现的最大对称性。超对称可以把所有已知的亚原子粒子混合在一起，或者重新排列它们并保持原始方程不变。事实上，超对称性非常强大，大到可以应用到爱因斯坦的理论，包括标准模型的引力子和亚原子粒子，并旋转它们或交换它们。这让我们可以轻松自然地统一爱因斯坦的引力理论和亚原子粒子理论。

弦理论就像一片巨大的宇宙雪花，每一片不仅代表爱因斯坦方程的整个集合以及亚原子粒子的标准模型，还代表了宇宙中的所有粒子。当我们旋转雪花时，宇宙中的所有粒子都被互换了。一些物理学家注意到，即使爱因斯坦从未出生，也没有在碾碎原子创造标准模型方面花费数十亿美元，只要拥有弦理论，20 世纪的所有物理学依然可能被发现。

最重要的是，超对称性抵消了粒子的量子修正，使我们得到了有限的引力理论。这就是弦理论的奇迹。它也解答了对于弦理论最多的疑问：为什么它有 10 个维度？为什么不是 13，或者 20 个维度？

这是因为弦理论中的粒子数可以随着时空的维度变化。在更高维度上，粒子可以有更多的振动方式，因此，我们有更多的粒子。当我们试图消除粒子对超粒子的量子修正时，我们会发现，这种消除只能发生在十维空间中。

通常，数学家创造出全新又富有想象力的结构，物理学家而后将这些结构融入他们的理论中。例如，在 19 世纪，数学家创造了曲面理论，这一理论之后在 1915 年被纳入爱因斯坦的引力理论。但这一次，情况正好相反。弦理论已经开启了许多数学分支，数学专家对此感到震惊。年轻且有抱负的数学家通常对这一理论在自己学科的应用表现得不屑一顾。但如果他们想站在学术前沿，就必须学习弦理论。

尽管爱因斯坦的理论允许虫洞和超光速旅行，但你需要弦理论来计算在存在量子修正的情况下，这些虫洞的稳定性如何。

总之，这些量子修正无限大，所以移除这些修正是物理学最基本的问题之一。弦理论消除了这些量子修正，因为它有两种可以精确地相互抵消的量子修正。粒子和超粒子之间的精确抵消是由于超对称性。

然而，拥有了弦理论如此优雅和强大的理论仍不够，我们还必须面对终极挑战，即实验。

对弦理论的批评

尽管这幅图景很有吸引力和说服力，人们还是可以对这一理论提出有理有据的批评。首先，由于弦理论（或任何万物理论）在普朗克能量的水平就统一了所有的物理学理论，因此，地球上没有足够强大的机器能严格地检测它。一个直接的测试是在实验室里创造一个婴儿宇宙，但这显然不符合当前的技术水平。

第二，就像任何物理理论一样，弦理论也有不止一个解。例如，描述光的麦克斯韦方程组有无穷多个解。这并不是问题，因为在任何实验开始的时候，我们都会指定研究对象，不管是灯泡、激光还是电视。然后，在这些初始条件下，我们求解麦克斯韦方程组。但是如果这是一个关于宇宙的理论，那它的初始条件是什么呢？物理学家相信，“万物理论”应该自身带有它的初始状态，也就是说，物理学家认为，在某种程度上，决定大爆炸的初始条件是由理论本身产生的。然而，弦理论并没有告诉我们其诸多解中的哪一个才真正适合我们的宇宙。而在没有初始条件的情况下，弦理论包含了无数个标准的平行宇宙，它们被称为多重宇宙，每一个宇宙都和另一个同样有效。这一局面让我们很尴尬，弦理论不仅预言了我们熟悉的宇宙，也许还预言了无数其他同样有效的外星宇宙。

第三，也许弦理论最令人吃惊的预言是宇宙不是四维的，而是十维的。在所有的物理学科中，我们都没有看到过这样奇怪的预言——时空理论选择了自己的维度。这太奇怪了，许多物理学家起初把它当作科学幻想不予理会。（当弦理论最初被提出时，它只能存在于十维空间的事实让其遭到嘲笑。例如，诺贝尔奖得主理查德·费曼取笑弦理论的创始人之一约翰·施瓦兹。他会问：“约翰，我们今天生活在几维空间？”）

生活在超太空

我们知道，我们宇宙中的任何物体都可以用三个数字来描述：长度、宽度和高度。如果再加上时间，那么用 4 个数字就可以描述宇宙中的任何事件。举个例子，如果我想在纽约见某人，我可能会说，我们应该中午在第 42 街和第五大道交会处的 10 楼见面。因为三维空间或四维空间没有什么特别之处，所以只需要用 3 到 4 个坐标来描述事件。但是对于数学家来说，这显得很武断。他们会认为，为什么物理宇宙最基本的特征要用如此普通的数字来描述？

所以数学家对弦理论没有意见。但是为了使那些更高的维度变得更有意义，物理学家经常使用类比。在我小的时候，我经常花很多时间打量位于美国旧金山的日本茶园。看着鱼在浅池里游泳，我会问自己一个只有孩子才会问的问题：当一条鱼会是什么样呢？我想，它们会看到一个多么奇怪的世界。它们会认为宇宙只是二维的，所以只能在有限的空间里来回游动，而从不向上或向下游，任何胆敢提及池塘之外的第三维度的鱼都将被认为是疯子。然后我想象有一条鱼生活在池塘里，嘲笑着谈论超太空的人，因为在它看来，宇宙就是你能触摸和感觉到的东西，仅此而已。后来，我想象着抓住那条鱼，把它举到“上面”的世界，它将看到什么？它会看到动物不需要鳍也能移动。这是一项新的物理定律。动物不需要水也能呼吸。当然，这也是一项新的生物学定律。最后我想象着把这条科学家鱼放回池塘里，它必须向其他鱼类解释那些生活在“上面”世界中的不可思议的生物。

也许我们就是那些鱼。如果弦理论被证明是正确的，那就意味着在我们熟悉的四维世界之外，还有一些看不见的维度。但是这些更高的维度在哪里呢？一种可能性是，10个原始维度中的6个已经卷曲起来，所以我们再也看不见它们了。想想把一张纸卷成一个小小的管子。最初的纸张是二维的，但是卷起纸张便创造了一个一维的管子。从远处看，你只能看到一维的管子，但实际上它仍然是二维的。

同样，弦理论认为宇宙最初是十维的，但由于某种原因，其中的6个维度卷曲起来，让我们产生了错觉，认为这个世界只有4个维度。尽管弦理论的这个特征听起来很奇妙，但是我们正在努力去测量这些更高的维度。

但是更高维度如何帮助弦理论统一相对论和量子力学呢？如果你尝试将引力、核力和电磁力统一到一个理论中，你会发现在四维空间没有足够的空间来完成这个任务。它们就像拼图中无法放在一起的碎片，但是一旦你开始增加，有了越来越多的维度，就会找到足够的空间来拼装这些较低级的理论，就像把拼图拼成一个整体一样。

举个例子，想想二维平面世界中的平面国人。他们就像饼干人一样，只能左右移动，永远无法向上移动。设想有一个美丽的三维水晶爆炸了，碎片撒在了平面国。平面国人用了许多年才把这种晶体重新组装成两个大碎片。尽管他们努力尝试，但是仍无法将最后的两块碎片拼在一起。后来有一天，平面国人提出了一个离谱的建议，如果他们把一块碎片向上移动到看不见的第三维，那么这两块碎片就会合在一起，形成一个美丽的三维水晶。因此，重新形成水晶球的关键是通过第三个维度将这些碎片拼接起来。这里，我们可以把这两块碎片类比为相对论和量子理论，那么水晶球就是弦理论，破坏水晶球的爆炸是大爆炸。

尽管弦理论与数据精妙地相符，我们仍要检验它。正如我们讨论的，直接测试是不可能的，大多数物理检验都是间接完成的。例如，我们知道太阳主要由氢和氦组成，但没有人去过太阳。我们知道太阳的构成，因为我们间接地分析它——观察阳光穿过棱镜，被分解成各种颜色。通过研究彩虹中的这些光波段，我们可以识别氢和氦存在的痕迹。（事实上，最初在地球上并没有发现氦。1868 年，科学家在日食期间发现了一种奇怪的新元素，这种新元素被命名为氦，意思是来自太阳的金属。直到 1895 年在地球上发现氦的直接证据，科学家才意识到它是一种气体，而不是一种金属。）

暗物质和弦

同样地，可以通过各种间接测试来检验弦理论。由于弦的每一次振动都对应一个粒子，所以我们可以在粒子加速器中寻找代表高八度弦的全新粒子。我们希望通过用数万亿伏特的电压碾碎质子，在碎片中短暂地创造出一个弦理论预言的新粒子。这反过来可能有助于解释天文学中的一个未解之谜。

在 20 世纪 60 年代，天文学家研究银河系的自转时，发现了一个奇怪的现象。它旋转得非常快，按照牛顿定律，高速旋转的它应该会散开。然而银河系已经稳定存在了约 100 亿年。事实上，根据传统的牛顿力学，银河系的旋转速度应该是观测到的速度的 10 倍。

这提出了一个重大的问题。要么牛顿的方程错了（这几乎是不可想象的），要么有未知物质组成的不可见暗晕围绕着星系，使星系的质量足以让引力把它们聚集在一起。这也许意味着，我们看到的美丽星系和它们美丽旋臂的图片并不完整，它们实际上被一个巨大的不可见暗晕包围着，其质量是可见星系的十倍。由于星系的照片只显示了恒星的质量，所以无论是什么东西把质量聚集在一起的，它都不与光相互作用，它必须是不可见的。

天体物理学家将这种缺失的质量称为暗物质。它的存在迫使科学家修改了理论。过去这些理论认为，宇宙主要由原子构成。现在我们有了整个宇宙中暗物质的分布地图。虽然看不见它，但它会像任何有质量的物体一样使星光发生弯曲。因此，通过分析星系周围星光的扭曲，我们可以用计算机计算出暗物质的存在，并在宇宙中绘制它的分布。可以肯定的是，这张地图显示，星系的大部分质量都以这种形式存在。

除了不可见外，暗物质还有引力，但你不能把它握在手里。因为它根本不与原子相互作用（它是电中性的），它会穿过你的手、地板，然后穿过地球的地壳。它会在纽约和澳大利亚之间振荡，就好像地球根本不存在一样，只不过它会被地球的引力束缚。因此，尽管暗物质是不可见的，但它仍然通过引力与其他粒子相互作用。

有一种理论认为，暗物质是超弦的高频振动。至于这种超弦是什么，呼声最高的候选者是光子的超粒子，它被称为“photino”或“小光子”。它的所有特征都符合暗物质：它不可见，因为它不与光相互作用，但它有重量，而且是稳定的。

有几种方法可以证明这个猜想的正确性。第一种方法是直接用大型强子对撞机将质子互相碰撞，产生暗物质。在很短的时间内，加速器中会形成一个暗物质粒子。如果这是可能的，那么它将对科学产生巨大的影响。这将是历史上第一次发现一种不以原子为基础的新物质形式。如果强子对撞机的能量不足以产生暗物质，那么也许直线对撞机可以。

还有另一种方法可以证明这个猜想。因为地球在这种看不见的暗物质中移动，所以人们希望，暗物质粒子可能会在粒子探测器内与质子碰撞，从而产生一簇可能被拍摄下来的亚原子粒子。目前，世界各地的物理学家都在耐心地等待着在探测器中发现物质和暗物质碰撞的踪迹。诺贝尔奖仿佛在向第一个获得成功的物理学家招手。

如果发现暗物质，无论在粒子加速器还是地面传感器中，我们都能将其特征与弦理论预言的特征进行比较。通过这种方式，我们将有证据来评估这一理论的有效性。

尽管寻找暗物质是证明弦理论的重要一步，但用其他方法或物质来证明也是有可能的。例如，牛顿的万有引力定律支配着恒星和行星这些大物体的运动，但是其对引力在短距离上的作用却知之甚少，比如在几英寸或几英尺内的尺度上的作用。由于弦理论假定了更高的维度，这意味着牛顿著名的平方反比定律（即引力随着距离的平方成比例地减小）在很小的距离上不再成立，因为牛顿定律是建立在三维的基础上的。（例如，如果空间是四维空间，那么引力应该与距离的三次方成反比。到目前为止，对牛顿万有引力定律的检验并没有显示出更高维度上的任何证据，但物理学家没有放弃。）

另一个可能的方法是将引力波探测器送入太空。位于美国路易斯安那州和华盛顿州的激光干涉引力波天文台（LIGO）在2016年成功地探测到黑洞碰撞产生的引力波，并在2017年探测到中子星碰撞形成的引力波。改进版的太空激光干涉仪空间天线（LISA）或许能够探测到大爆炸瞬间产生的引力波。人们希望可以重演这个过程，并推测出大爆炸前的本质。这可以对弦理论关于大爆炸前宇宙的预测进行粗略的检验。

弦理论和虫洞

还有一些弦理论的测试可能会发现理论预言的其他具有奇异性的粒子，比如微黑洞，它与亚原子粒子相似。

我们已经看到了物理学是如何帮助我们预测未来文明，并根据其能量消耗做出合理的猜想的。我们可以期望I型行星文明发展到II型恒星文明，并最终发展为III型星系文明。反过来，星系文明可能通过冯·诺伊曼机器或激光传送它们的意识穿越星系来探索星系。关键的一点是，III型文明可能可以达到普朗克能量，即时空变得不稳定、超光速旅行成为可能的那个点。但是为了计算超光速旅行的物理原理，我们需要一个超越爱因斯坦理论的理论。它很可能是弦理论。

我们希望利用弦理论计算出必要的量子修正来分析奇异现象，如时间旅行、跨维度旅行、虫洞以及大爆炸之前发生的事情。例如，假设一个III型文明能够操纵黑洞，从而通过虫洞创造通往平行宇宙的通道。如果没有弦理论，就不可能推测出当你进入虫洞的时候会发生什么。它会爆炸吗？当你进入虫洞的时候，引力辐射会关闭它吗？你是否能够通过它并活着来讲述这次经历？

弦理论应该能够计算出当你穿过虫洞会遭遇多大的引力辐射，并回答上述问题。

物理学家之间另一个热议的问题是，如果你进入一个虫洞，时间倒退，那么会发生什么？如果你进入虫洞，在你出生之前杀死了你的祖父，那么这就形成一个悖论。如果你杀死了你的祖先，你怎么能存在呢？爱因斯坦的理论允许时间旅行（如果存在负能量），但却没有说明如何解决这些悖论。因为弦理论是一个有限的理论，所以在这个理论中，一切都可以被计算出来，这个理论应该能够解决所有这些扭曲的悖论。（我个人的观点是，当你进入时间机器，时间之河会分成两条河流。换句话说，时间线会分裂。这意味着你杀死的是别人的祖父，他只是看起来像你的祖父，但实际上你自己的祖父却存在于平行宇宙的另一个时间轴上，所以多重宇宙解决了所有的时间悖论。）

然而，由于弦理论涉及复杂的数学，物理学家还不能用它来解答这些问题。这是一个数学问题，而不是实验问题，所以也许有一天，一个有进取心的物理学家也能够确切地计算出虫洞和超太空的特征。人们不再毫无意义地猜测超光速旅行，因为物理学家能使用弦理论来判断这是否可能。但我们必须等待科学家充分理解这个理论，才能知道答案。

这是大迁徙的终结吗

因此，有一种可能是，III 型文明也许能利用引力的量子理论来实现超光速宇宙飞船的建造。

但这对人类有什么影响呢?

早些时候，我们注意到，以光速为界的 II 型文明，可能会建立最终互相分离的太空移民地，创造出许多不同的遗传谱系，它们最终可能与母行星不再有任何联系。

现在的问题是，当 III 型文明掌握了普朗克能量，并开始与人类的这些分支接触时，又会发生什么呢?

历史可能重演。例如，飞机和现代技术让我们有了快速的国际运输网络，大迁徙随之结束。今天，我们可以乘坐飞机快速穿越大陆旅行，而这曾经需要花费我们的祖先数万年的时间。

同样，当我们从 II 型文明过渡到 III 型文明时，我们将会有足够的能力去探索普朗克能量，即时空变得不稳定的那个点。

如果我们假设超光速旅行成为可能，就意味着 III 型文明也许能统一分布在整个银河系各种类型的 II 型文明中。考虑到我们共同的人类遗产，它可能会像阿西莫夫设想的那样，创造一个新的星系文明。

正如我们之前看到的，人类在未来数万年可能产生的遗传差异，与自大迁徙以来已经发生的遗传差异大致相同。关键的一点是，我们一直保持着人性。出生在某种文化中的小孩子，可以很容易地在另一种完全不同的文化中长大和成熟，即使这两种文化可能被巨大的文化鸿沟割裂。

这也意味着，对古代人类迁徙好奇的 III 型考古学家，可能会追溯银河系中不同 II 型文明分支的古代迁徙路线。银河系的考古学家可能会寻找各种古代 II 型文明的迹象。

在“基地”这个传奇故事中，我们的英雄寻找着那个孕育了银河帝国的祖先星球，在银河系史前的混乱中人们丢失了这个星球的名字和位置。考虑到星系中的人口数量数以万亿计，以及存在数百万颗有人居住的行星，这似乎是一项不可能完成的任务。但是通过探索银河系中最古老的行星，他们发现了最早的行星群的遗迹。他们看到了人们如何因为战争、疾病和其他灾难遗弃了行星。

同样，III 型文明可能从 II 型文明进化而来，并试图追溯若干世纪前那个亚光速宇宙飞船探索过的文明分支。就像我们现在的文明因不同的文化而丰富多彩，每一种文化都有不同的历史和视角，III 型文明也能通过与 II 型文明的不同分支互动而变得丰富多彩。

因此，超光速宇宙飞船的诞生，可能会使阿西莫夫的梦想成真，将人类统一为一个银河文明。

正如马丁·里斯爵士所言：“如果人类能避免自我毁灭，那么后人类时代就会到来。来自地球的生命可以在整个星系扩散，进化到远超我们想象的复杂程度。如果是这样，我们的小星球——这个在太空中飘浮的暗淡蓝点，可能是整个银河系最重要的地方。来自地球的第一批星际航行者的任务，将会在整个银河系以及更远宇宙中达成共识。”

但最终，任何先进的文明都将不得不面对终极挑战，即宇宙本身的终结。我们不得不问，一个拥有庞大技术的先进文明，能逃避这个终极死亡吗？也许智慧生命的唯一希望就是进化成 IV 型文明。

有人说，世界会毁于烈火，

有人说，世界会毁于冰。

根据我对欲望的体验，

我同意毁于火的观点。

——罗伯特 · 弗罗斯特，1920 年

永生是非常长的时间，越到后面越是如此。

——伍迪 · 艾伦

第 14 章 离开宇宙

地球正在死去。

在电影《星际穿越》中，一种奇怪的枯萎病席卷地球，导致农作物歉收，农业崩溃。人们忍受着饥饿，文明正面临着毁灭性的吞噬，正在慢慢崩溃。

电影中，马修 · 麦康纳饰演美国国家航空航天局的一名前宇航员，肩负着一项危险的任务。早些时候，土星附近出现了一个神秘的虫洞。它是一条通道，能把任何进入它的人带到银河系的一个遥远地方，那里可能有适宜居住的新世界。为了拯救人类，他自愿进入虫洞，在群星中为人类寻找新家园。

与此同时，地球上的科学家正拼命破解虫洞的秘密——谁制造了它？为什么它会在人类即将灭亡的时候出现？慢慢地，科学家明白了事情的真相。制造了这个虫洞的技术比我们先进了几百万年，制造的人实际上是我们的后代。他们非常先进，生活在我们熟悉的宇宙之外的超太空。他们建造了通往历史的通道，用来传送先进的技术拯救他们的祖先（也就是我们）。说是拯救人类，他们实际上是在拯救自己。物理学家基普·索恩是这部电影的制片人之一。他说，这部电影背后的物理灵感来自弦理论。

如果这样生存下去，总有一天我们会面临同样的危机，除了这一次，宇宙正在消亡。

在遥远未来的某一天，宇宙将变得寒冷和黑暗，当宇宙陷入冷寂时，恒星将不再发光。当宇宙自身死去时，所有的生命都将不复存在，宇宙最终将达到绝对零点。

但问题是，是否存在漏洞？我们能避免这种宇宙末日的到来吗？我们能像马修·麦康纳那样，在超太空中得到救赎吗？

为了了解宇宙是如何死亡的，分析爱因斯坦的引力理论对遥远未来的预测很重要，然后分析过去十年中那些令人吃惊的新发现。

根据这些方程，我们得出宇宙可能有三种最终命运。

大挤压、大冻结/冷寂，或大撕裂

第一种结局是大挤压，这时宇宙膨胀会减慢速度、停止，并发生反转。在这种情况下，宇宙中的星系最终会停止膨胀并开始收缩。随着遥远的恒星变得越来越近，温度将急剧上升。最终，所有恒星汇聚成一团原始的超热物体。在某些情况下，甚至可能会出现大反弹，大爆炸会重新上演。

第二种结局是大冻结，这时宇宙膨胀速度毫不减缓。热力学第二定律认为，系统的熵总是增加的，所以最终，随着物质和热量变得更分散，宇宙也会随之冷却下来。恒星将不再发光，夜空将完全变黑，温度将降至接近绝对零点，即使是分子也几乎停止了运动。

几十年来，天文学家一直在试图确定哪种情况会决定我们宇宙的命运。确认的办法是通过计算宇宙的平均密度。如果宇宙密度足够大，那么它就有足够的物质和引力来吸引遥远的星系并使其逆转膨胀，因此，大挤压具有现实可能性。如果宇宙没有足够的质量，那么它就没有足够的引力来逆转膨胀，宇宙会进入大冻结的结局。区分这两种情况的临界密度大约是每立方米 6 个氢原子。

但在 2011 年，诺贝尔物理学奖颁给了索尔·珀尔穆特、亚当·里斯和布莱恩·施密特，因为他们的发现颠覆了几十年来人们笃信的信仰。他们发现宇宙非但没有在膨胀中减速，反而加速了。宇宙有 138 亿年的历史，但大约 50 亿年前，它开始呈指数级膨胀。今天，宇宙以一种近乎失控的方式膨胀。《科学美国人》杂志称，当得知宇宙正在加速膨胀时，天体物理学界感到震惊。通过分析遥远星系中的超新星爆发，并确定数十亿年前宇宙膨胀的速度，这些天文学家得出了这个惊人的结论。(一种名为 Ia 型的超新星的爆炸具有固定的光度，因此，可以用它的亮度精确地测量它的距离。如果一个人有一个已知亮度的头灯，那么你很容易就能知道它有多远，但如果你不知道它的亮度，就很难知道它的距离。已知亮度的头灯被称作“标准烛光”。Ia 型超新星就像一束标准烛光，因此很容易分辨出它的距离。）在分析这些超新星时，科学家发现它们像预料的那样正在远离我们。但令他们吃惊的是，他们发现离自己较近的超新星移动的速度似乎比它们本应有的速度更快，这说明膨胀速度正在加快。

因此，除了大冻结和大挤压之外，第三种可能开始从数据中浮现出来——大撕裂，就像类固醇上的大冻结一样。这是宇宙生命周期大大加速的一个时间框架。

在大撕裂的图景中，遥远的星系最终离开我们的速度非常快，甚至超过了光速，消失在我们的视野中。（这并不违反狭义相对论，因为太空膨胀速度超过了光速。物质物体的运动速度不能超过光速，但真空太空可以以任何速度延展和膨胀。）这意味着夜空会变黑，因为遥远星系远离我们的速度非常快，它发出的光无法抵达我们这里。

最终，这种指数级膨胀变得非常巨大，不仅是星系被撕裂，太阳系被撕裂，构成我们身体的原子也会被撕裂。正如我们所知，物质不可能幸存于大撕裂的最后阶段。

《科学美国人》写道，星系会被摧毁，太阳系的束缚会被瓦解，最终所有的行星都会由于太空快速膨胀撕裂其原子而崩溃。最后，我们的宇宙将会以爆炸而告终，这是一个能量无限的奇点。

伟大的英国哲学家、数学家伯特兰·罗素曾经写道：

所有的热情，所有的灵感，所有如日中天的人类天才，都

> 注定要在太阳系的无边无际的死寂中灭绝。而整个人类成就的殿堂，必然埋葬在宇宙毁灭的废墟中……只有在这些真理的构架中，只有在坚定的绝望的坚实基础之上，灵魂的居所才能从此安全地建立起来。

罗素在书中描写了“一片废墟中的宇宙”和“坚定的绝望”，以回应物理学家的地球终将灭亡的预言。但他没有预见太空计划的到来，没有预见技术的进步可能会使我们逃脱地球的毁灭。

尽管我们有一天可以乘宇宙飞船从太阳的死亡中幸存，但是我们又如何逃脱宇宙本身的死亡呢？

火，还是冰？

在某种意义上，古人预见了这些暴力事件的发生。

似乎每一种宗教都会用一些神话来解释宇宙的诞生和死亡。

在北欧神话中，诸神的黄昏被称为世界毁灭。这是清算的日子，世界被无边无际的冰雪覆盖，天空冻结。世界见证了冰霜巨人和阿斯加德北欧诸神之间最后的战斗。在基督教神话中，我们有世界末日，善恶力量会最后一次发生冲突。天启的四个骑士出现了，预示着最后的审判。在印度教神话中，根本没有末日。相反，存在着一系列无穷无尽的轮回，每个轮回持续约 80 亿年。

但经过数千年的猜测和猜想，科学开始了解我们的世界将如何演变并最终走向死亡。

地球，未来将毁于火焰。在大约 50 亿年后，我们的家园将迎来最后美好的一天，然后太阳将耗尽氢燃料，膨胀成一颗红巨星。最终，太阳将点燃天空，海洋会沸腾，山脉会熔化。地球将被太阳吞没，看起来如同其轨道上炽热大气层中燃烧的灰烬。《圣经》说“尘归尘，土归土”。物理学家则说，我们从星尘中来，将回到星尘中去。

太阳本身的命运却不同。在红巨星阶段之后，它最终会耗尽所有的核燃料，然后开始收缩、冷却。它将成为一颗与地球大小相当的小白矮星，最终以一颗暗矮星的形式死去，成为一块飘浮在银河系中的核废料。

与太阳不同，银河系将在火焰中死去。大约 40 亿年后，它将与最近的旋涡星系——仙女座星系发生碰撞。仙女座星系的大小大约是银河系的两倍，所以在这次碰撞中它将占据主导地位。计算机对碰撞的模拟表明，这两个星系将互相绕转，跳起死亡之舞。仙女座星系会撕裂银河系的许多旋臂，将它们分解。这两个星系中心的黑洞将互相绕转，最终碰撞在一起形成一个更大的黑洞，一个巨大的椭圆星系将从碰撞中诞生。

在这些场景中，重要的是认识到重生也是宇宙循环的一部分。行星、恒星和星系都经历着这种循环。例如，我们的太阳很可能是第三代恒星。每当一颗恒星爆炸时，它喷出的尘埃和气体都会撒播下一代恒星的种子。

科学也让我们了解了整个宇宙的生命历程。直到最近，天文学家才认为自己真正了解了宇宙的历史以及数万亿年后的最终命运。他们推测宇宙的缓慢演变可分为五个时代：

（1）第一个时代是大爆炸后最初的10亿年，宇宙充满了炽热且不透明的电离分子云。它们实在太热了，以致电子和质子无法结合成原子。

（2）第二个时代是大爆炸的10亿年之后，宇宙的温度降到足够低，原子、恒星和星系能从混沌中诞生。空荡荡的太空突然变得清晰，恒星的光芒第一次照亮了宇宙。我们正生活在这个时代。

（3）第三个时代是大爆炸后约1 000亿年，恒星将耗尽它们大部分的核燃料。宇宙将主要由小红矮星组成。它们的燃烧非常缓慢，可以在长达数万亿年里一直发光。

（4）第四个时代是大爆炸后数万亿年，所有恒星都将耗尽核燃料，宇宙将完全变成黑暗。只有死去的中子星和黑洞依然存在。

（5）在第五个时代，甚至连黑洞都开始蒸发和解体，因此，宇宙变成了核废料和漂浮着亚原子粒子的海洋。

随着宇宙加速膨胀的发现，上述整个过程可能被压缩至数十亿年。大撕裂将打乱整个过程。

暗能量

是什么突然改变了我们对宇宙最终命运的理解？

根据爱因斯坦的相对论，有两种能量推动着宇宙演化。第一种是时空的弯曲，它创造了恒星和星系周围那些我们熟悉的引力场。这种弯曲使我们的脚保持在地面上。这是天体物理学家研究得最多的能量来源。

但还有另一种能量来源，它常常被忽视，那就是暗能量（不要和暗物质混淆），是虚无的能量、真空的能量。空虚的太空也包含着能量。

最近的计算表明，暗能量的作用类似于反引力，它使宇宙的各种元素互相远离。宇宙膨胀程度越大，暗能量就越多，它会使宇宙膨胀得更快。

目前，数据表明，宇宙中大约有 69% 的物质 / 能量（因为物质和能量可以互相转化）是暗能量。（相比之下，暗物质约占 26%，氢原子和氦原子约占 5%，而构成地球和我们身体的重元素仅占微小的 0.5%。）因此，把星系推离我们的暗能量显然是宇宙的主导力量，它远远大于时空弯曲所包含的能量。

因此，所有宇宙学理论的核心问题之一就是理解暗能量的起源。它从何而来？它最终会毁灭宇宙吗？

通常，当粗略地把相对论和量子理论结合在一起时，我们就能对暗能量做出预测，但预测结果却偏差了 10^{120} 倍，这是科学史上最大的偏差。我们无法解释为什么会出现这么大的偏差。它表明我们对宇宙的理解存在严重的问题。因此，统一场论不是科学上的奇思妙想，而是理解万物如何运转的关键理论。这个问题的答案将告诉我们宇宙和其中所有智能生物的命运。

逃离世界末日

既然宇宙很可能在遥远的未来冰冷地死去，那我们还能做些什么呢？这些宇宙力量能被逆转吗？

我们至少有三种选择。

第一种选择是什么都不做，让宇宙的生命周期自然结束。物理学家弗里曼·戴森说过，当宇宙变得越来越冷时，智能生命会进行调整，其思考速度也会越来越慢。最终，一个简单的想法可能要花费数百万年的时间，但这些生命永远也不会注意到这一点，因为所有其他的生命将思考得更慢。这些生命之间进行智能对话是可能的，即使这需要花费数百万年时间。从这个角度来看，一切看起来都是正常的。

生活在这样一个寒冷的世界里，也许真的很有趣。原本在人的一生中不太可能发生的量子跃迁，可能会开始常规性地发生。虫洞可能在我们眼前打开和关闭，泡沫宇宙可能会突然出现或消失。这些生命可能会一直看到这些东西，因为他们的大脑运转得太慢。

然而，这只是一个暂时的解决方案，因为分子运动最终会变得很慢，以致信息无法从一个地方传递到另一个地方。此时，所有的活动，包括思考，无论它们有多缓慢，都将停止。绝望中的一个希望是，在这一切发生之前，暗能量引起的宇宙加速膨胀会突然消失。因为没有人知道宇宙为什么在加速膨胀，所以存在这种可能性。

成为 IV 型文明

第二种选择是我们进化成 IV 型文明，并学会利用我们自己星系之外的能量。我曾经做过一次宇宙学的演讲，并讨论了卡尔达肖夫指数。之后，一个 10 岁的男孩走过来对我说我说错了，他认为在通常的卡尔达肖夫的 I 型、II 型、III 型文明之外，一定还有一种 IV 型文明。我纠正他说，宇宙中只有行星、恒星和星系，因此，不可能有 IV 型文明。银河系之外没有任何能量来源。

后来，我意识到，也许我对这个男孩不够耐心。

每一类型文明都比它的前一类型文明强大 100 亿至 1 000 亿倍。由于可见宇宙中大约有 1 000 亿个星系，所以 IV 型文明可以利用整个可见宇宙的能量。

也许银河系外的能量来源是暗能量，它是宇宙中最大的物质 / 能量来源。IV 型文明会如何操纵暗能量并逆转大撕裂呢？

因为根据定义，IV 型文明可以利用银河系外的能量，所以它们可能操纵弦理论中的一些超维，并创造一个暗能量反转极性的球体，以逆转宇宙膨胀。在球体之外，宇宙可能仍以指数级膨胀。但是在球体内部，星系在正常演化。这样，即使宇宙在其周围死去，IV 型文明也能生存下去。

从某种意义上说，它就像一个戴森球。但是戴森球的目的是捕捉阳光，而这个球体的目的是捕捉暗能量，这样就可以抑制宇宙膨胀。

最后一种可能是在时空中创造一个虫洞。如果宇宙正在消亡，那么一种选择可能是离开它，进入另一个更年轻的宇宙。

在最初爱因斯坦为我们描绘的图像中，宇宙是一个膨胀的巨大气泡。我们生活在气泡的表面。弦理论给我们描绘的新图景表明还有其他的气泡，它们每一个都是弦方程的解。事实上，有许多宇宙气泡，它们形成了多重宇宙。

这些气泡中有许多是极小的，在微型宇宙大爆炸中突然出现，然后迅速坍缩。它们中的大多数对我们来说没有意义，因为它们在太空的真空中度过了短暂的一生。斯蒂芬·霍金把在真空中不断搅动宇宙的它们称为时空泡沫。所以虚无不是空的，而是充满了不断运动的宇宙。奇怪的是，这意味着，即使在我们的身体内部，也存在着时空泡沫的振动，但它们非常微小，很幸运我们没有意识到它们。

这个理论的惊人之处在于，如果大爆炸发生过一次，那么它可能会反复发生。所以一幅新的图景出现了：婴儿宇宙从母宇宙中萌芽，而我们的宇宙只不过是一个更大的多重宇宙的一小块。

（偶尔，这些气泡中的一小部分不会消失到真空中，而是由于暗能量大幅膨胀。这可能就是宇宙的起源，或者我们的宇宙可能是两个气泡碰撞或分裂成更小的气泡的结果。）

正如我们在上一章看到的，一个先进的文明可能会建造一个大小相当于小行星带的巨大粒子加速器，用它打开一个虫洞。如果它被负能量稳定下来，那么它可能会提供一条通向另一个宇宙的逃生之路。我们已经讨论过利用卡西米尔效应来产生负能量，但是负能量的另一个来源是这些高维度。这些高维度可以起到两个作用：改变暗能量的值，从而防止发生大撕裂，或者产生负能量来帮助稳定虫洞。

多重宇宙中的每个气泡或宇宙都有不同的物理定律。理想情况下，我们想要进入一个原子处于稳定状态的平行宇宙（这样，当进入平行宇宙时，我们的身体不会分解），但这个平行宇宙的暗能量总量却少得多。这使它能通过膨胀将温度降到足够低，形成宜居行星，而又不至因为加速膨胀较早进入大冻结。

暴胀

所有这些推测最初看起来似乎都很荒谬，但卫星获得的最新宇宙学数据似乎支持了这一物理影像的说法。甚至连怀疑论者也不得不承认多重宇宙理论与暴胀理论是一致的。暴胀理论是过去的大爆炸理论的超级版本。在这种理论中，在大爆炸的时候，发生了一场名为“暴胀”的爆炸，它在最初的 10^{-33} 秒内创造了宇宙，比最初的理论宣称的要快得多。麻省理工学院的艾伦·古斯和斯坦福大学的安德烈·林德最先提出了这个想法，解决了许多宇宙学难题。例如，宇宙似乎比爱因斯坦的理论所预测的更平稳、更均匀。但如果宇宙经历了宇宙级膨胀，它就会变得平坦，就像吹起一个巨大的气球一样。暴胀气球的表面会因其体积变大而显得扁平。

同样，当我们朝宇宙的一个方向看，然后再朝相反的方向看时，我们会发现无论往哪儿看，宇宙几乎都是一样的。这需要使宇宙的不同部分进行某种形式的混合，但是因为光的速度是有限的，所以信息没有足够的时间穿越那遥远的距离。正因为没有足够的时间来混合物质，因此，宇宙本应该看起来很混乱。暴胀理论通过假设宇宙最初是一小块均匀的物质，解决了这个问题。暴胀使这一小块物质膨胀，于是创造出我们今天看到的宇宙。因为暴胀是一种量子理论，所以它有很小但有限的可能性再次发生。

尽管暴胀理论在解释这些数据方面取得了不可否认的成功，但宇宙学家仍在争论其背后的原理。卫星获得了相当多的证据表明宇宙经历了快速暴胀，但究竟是什么驱动了这种暴胀还不得而知。到目前为止，解释暴胀理论的主要方法是弦理论。

我曾问过古斯博士，是否有可能在实验室里创造出一个婴儿宇宙。他回答说自己确实做了相关计算。这必须在某一点集聚大量的热量。如果在实验室里形成了婴儿宇宙，它会在大爆炸中剧烈爆炸。然而，它会在另一个维度爆炸，因此，从我们的角度来看，婴儿宇宙将会消失。但我们仍然会感受到它的诞生所带来的冲击波，这等同于许多核武器的爆炸。他总结说，如果我们真的创造了一个婴儿宇宙，那我们就得赶紧撤离！

涅槃

我们也可以从神学的角度来看待多重宇宙。所有的宗教都可以分为两类：一类是认为存在创造宇宙的瞬间的宗教，另一类是认为宇宙永恒的宗教。例如，犹太基督教哲学讨论的是创世，即宇宙诞生时的宇宙级事件。（毫不奇怪，大爆炸最初的计算是由一位天主教牧师兼物理学家乔治·勒梅特完成的，他认为爱因斯坦的理论与《创世纪》是一致的。）然而，在佛教中，根本没有（创世的）神，宇宙是永恒的，没有起点也没有终点。宇宙只有涅槃。这两种理念看起来似乎完全相反。一种认为宇宙有开端，而另一种认为没有。

但如果我们采用多重宇宙的概念来解释，这两种截然相反的哲学就有可能融合在一起。在弦理论中，我们的宇宙的确有一个灾难性起源——大爆炸。但我们生活在泡沫宇宙的多重宇宙中。反过来，这些泡沫宇宙飘浮在一个更大的舞台中，飘浮在一个没有起点的十维超太空中。

《创世记》一直发生在涅槃（超太空）的大舞台中。

这使犹太基督教与佛教关于宇宙起源的故事简单优雅地统一起来。我们的宇宙确实有一个炽热的开始，但我们共同存在于平行宇宙的无限涅槃中。

造星者

这把我们带回到奥拉夫·斯塔普尔顿的作品中，他想象有一个造星者，一个创造又抛弃了整个宇宙的宇宙生命。他就像一个天堂画家，不断地变出新的宇宙，改变着它们的属性，然后转向下一个。每个宇宙都有不同的自然规律和不同的生命形式。

造星者本人却在这些宇宙之外。当他在多重宇宙的画布上作画时，他可以看到所有宇宙的整体。斯塔普尔顿写道："每一个宇宙……本身都具有它自己的特有时间。通过这种方式，造星者不仅能从这个宇宙本身时间的角度审视宇宙中整个事件的序列，也能从与造星者自己生活相匹配的外部时间的角度来审视。从造星者的外部时间来看，所有的宇宙时代一起共存。”

这与弦理论家看待多重宇宙的方式非常相似。多重宇宙中的每一个宇宙都是弦方程的一个解，每个宇宙都有它自己的物理定律、时间尺度和度量单位。正如斯塔普尔顿所说，一个人必须在正常时间之外，在所有这些宇宙之外，才能同时看到这些泡沫宇宙。

（这也让人想起圣·奥古斯丁对时间本质的看法。如果上帝是全能的，那么他就不会被尘世的忧虑束缚。换句话说，神不需要赶在最后期限前完成任务，也不需要做出约定。因此，在某种意义上，上帝一定是在时间之外的。同样地，凝视着多重宇宙的泡沫宇宙的造星者和弦理论家，也处在时间之外。）

但是如果我们有许多可能的泡沫宇宙，那么哪个是我们的宇宙呢？这提出了一个问题：我们的宇宙是否有一个更高层次的设计者。

当我们研究宇宙中的基本力时，我们发现它似乎被“调整”得恰到好处，使智慧生命成为可能。例如，如果核力强大一点，太阳在数百万年前就已经燃烧殆尽。如果它弱一点，那么太阳最初根本就不会开始燃烧。

引力也是如此。如果它强大一点，我们在几十亿年前就经历了大紧缩。如果它弱一点，我们就经历了大冻结。在这两种情况下，核力和引力都被“调整”到合适的强度，这使地球上的智慧生命成为可能。当研究其他力和参数时，我们会发现相同的模式。

为了解决这些基本定律如此巧合能使生命存在的问题，出现了几种理念。

第一种是哥白尼原理。它简单地认为地球没有什么特别之处。因此，地球只是一颗在宇宙中漫无目的游荡的宇宙尘埃。自然的力量被“调整”得刚刚好，这仅仅是一种巧合。

第二种是人择原理。它指出我们的存在对能存在什么类型的宇宙形成了巨大的限制。这一原则的一种弱形式简单地认为，我们存在并正在思考这些法则，这说明自然法则就应该如此，它使生命成为可能。任何宇宙都和其他宇宙一样美好，但只有我们的宇宙才有能够思考和记录这些的智慧生物。但是这一原则的一个强版本认为，智能生命的存在本是极其不可能的，但可能宇宙受到某种强制约束才使智能生命成为可能，而宇宙则是根据这一目的设计的。

哥白尼原理认为，我们的宇宙并不特殊，而人择原理认为它是特殊的。奇怪的是，虽然这两种原理完全相反，但它们都与我们所认识的宇宙相容。（我清楚地记得，当我读二年级时我的老师向我解释这个观点。她说，上帝是如此热爱地球，因此他让地球与太阳的距离恰到好处。如果这个距离太近，海水就会沸腾。如果这个距离太远，海洋就会结冰。所以上帝为地球选择了与太阳合适的距离。这是我第一次听到这样解释科学原理。）

系外行星是不诉诸宗教来解决这个问题的方法。它们大多离恒星的距离太近或太远，无法支持生命的存在及生活。我们今天出现在地球是因为运气，我们幸运地生活在太阳周围的宜居带。

同样，对于为什么宇宙似乎被微调从而允许我们所知道的生命存在于其中，答案也是运气，因为有数十亿个平行宇宙没有被微调为适合生命生存，它们显得毫无生机。我们是幸运的人，能够活下来讲述这一切。所以宇宙不一定有一个卓越的设计者。我们能在这里讨论这个问题，是因为我们生活在一个与生命相容的宇宙中。

但还有其他方式来看待这个问题。这正是我喜欢的理念，也是我目前正在研究的理念。在这种方法中，多重宇宙中有许多宇宙，它们大多数并不稳定，但最终会衰变为一个更稳定的宇宙。过去可能存在许多其他的宇宙，但它们并没有持续存在，并被包含在我们的宇宙中。在这幅物理图像中，我们的宇宙幸存的原因是它是最稳定的一个。

所以我的观点结合了哥白尼原理和人择原理。我相信我们的宇宙并不特殊，就像哥白尼原理认为的一样，除了两个特征之外：它非常稳定，适合我们所知道的生命在这里生存。所以在超太空的涅槃里并非飘浮着无数的平行宇宙，它们中的大多数是不稳定的，也许只有少数能存活下来，创造出像我们这样的生命。

弦理论还没有得出最终结论。一旦获得了完整的理论，我们就可以将其与宇宙中暗物质的数量以及描述亚原子粒子的参数进行比较，从而确定这个理论是否正确。如果它是正确的，那么弦理论就可以揭开暗能量的奥秘，物理学家相信暗能量有朝一日可能会毁灭宇宙。如果我们能够足够幸运地进化成IV型文明，能够运用银河系外的能量，那么弦理论就可以解释如何避免宇宙的死亡。

也许一些有进取心的年轻人读了这本书，会受启发去完成弦理论研究中的最后一步，并回答是否能逆转宇宙的灭亡。

最后的问题

艾萨克·阿西莫夫曾经说过，在他写的所有短篇小说中，他最喜欢的是《最后的问题》。这本书对数万亿年后的未来生命提出了令人吃惊的新见解，并解释了人类如何面对宇宙的尽头。

在这个故事里，人们在漫长的时间里追问宇宙是否一定会消亡，或者是否有可能逆转宇宙膨胀，阻止宇宙的冻结。当被问到“熵是否可以逆转”时，主计算机每次都回答说：“没有足够的数据来得出有意义的答案。”

后来，在遥远未来的数万亿年后，人类已经超越了物质本身的束缚。人类已经进化成纯粹的能量生物，能够使自己穿越银河系。没有物质的束缚，他们可以作为纯意识去探访遥远的星系。他们的肉体是不朽的，被储存在某个遥远的、被遗忘的太阳系里，因此，他们的思维可以自由地漫游。但是每次他们问起这个决定性的问题：“熵能被逆转吗？”得到的答案都是相同的：“没有足够的数据来得出有意义的答案。”

最后，由于主计算机非常强大，它不能放在任何行星上，只能被安置在超太空。组成人类的数以万亿计的思维与之融合。随着宇宙进入最后的死亡阵痛，计算机最终解决了逆转熵的问题。就在宇宙即将消亡的时候，主计算机宣布：“要有光！”于是就有了光。

所以，人类最终的未来是进化成一个能够创造全新宇宙并使之重新开启的神。这是一部科幻杰作。但现在让我们从现代物理学的角度来分析这个短篇故事。

正如我们在上一章提到的，我们可能能够在 22 世纪前后用激光以光速传输我们的意识。最终，激光传输可能会成为一条巨大的星际高速公路，它承载着数十亿人的思想在银河系中驰骋。所以阿西莫夫关于纯能量生命探索银河系的设想并不是那么遥不可及。

接下来，主计算机变得非常巨大和强大，以至它必须被放置在超太空中，最终人类将与它融合。也许有一天，我们可以像造星者一样，从我们在超太空的有利位置俯视我们的宇宙。我们的宇宙与多重宇宙中的其他宇宙共存，每个宇宙都包含数十亿个星系。分析可能存在的宇宙景观，我们可以选择一个年轻的新宇宙作为新家园。我们会选择一个拥有像原子那样的稳定物质的宇宙，而且它要足够年轻，使恒星能形成新的行星系统以孕育新的生命形式。因此，遥远的未来不是智慧生命的死胡同，我们可能会见证新家园的诞生。如果这样的话，那么宇宙的死亡并不是故事的结局。

> 我们长期生存的唯一机会不是继续潜伏在地球上，而是探索太空……但我是一个乐观主义者。如果我们能在未来的两个世纪里逃过一劫，那么我们的物种就应该是安全的，因为我们已经扩张到太空。一旦我们建立了独立的移民地，我们的整个未来就应该是安全的。
>
> **——斯蒂芬·霍金**

> 每个梦想都始于一个梦想家。永远记住，你有力量和激情，去向群星进发，改变世界。
>
> **——哈丽特·塔布曼**